本研究成果获得广东省哲学社会科学"十三五"规
北京师范大学一带一路学院科研项目（编号2019BF

集聚、城市经济韧性与城市出口比较优势研究

王世平 ◎ 著

中国财经出版传媒集团
经济科学出版社
Economic Science Press

图书在版编目（CIP）数据

集聚、城市经济韧性与城市出口比较优势研究/王世平著. --北京：经济科学出版社，2022.1
ISBN 978－7－5218－2765－1

Ⅰ.①集… Ⅱ.①王… Ⅲ.①城市经济-经济增长-研究-中国 Ⅳ.①F299.21

中国版本图书馆 CIP 数据核字（2021）第 162695 号

责任编辑：王柳松
责任校对：孙　晨
责任印制：王世伟

集聚、城市经济韧性与城市出口比较优势研究
王世平　著
经济科学出版社出版、发行　新华书店经销
社址：北京市海淀区阜成路甲 28 号　邮编：100142
编辑部电话：010-88191441　发行部电话：010-88191522
网址：www.esp.com.cn
电子邮箱：esp_bj@163.com
天猫网店：经济科学出版社旗舰店
网址：http://jjkxcbs.tmall.com
北京季蜂印刷有限公司印装
710×1000　16 开　15 印张　230000 字
2022 年 1 月第 1 版　2022 年 1 月第 1 次印刷
ISBN 978－7－5218－2765－1　定价：59.00 元
（图书出现印装问题，本社负责调换。电话：010-88191510）
（版权所有　侵权必究　打击盗版　举报热线：010-88191661
QQ：2242791300　营销中心电话：010-88191537
电子邮箱：dbts@esp.com.cn）

前　言

经济活动的空间集聚已经成为世界经济发展中的常态，在任何规模的地理区位，经济活动分布总是呈现出清晰的等级：大城市或人口稠密地区的企业和劳动力的平均生产率更高（Marshall，1890；Combes et al.，2008）。其主要原因在于，在特定城市中，经济活动越密集或市场潜力越大，企业的生产率和劳动力技能水平的增长越显著；而高生产率企业、高技能劳动力越集中，该城市的劳动生产率和全要素生产率（total factor productivity，TFP）提速越快，对高生产率企业和高技能劳动力的吸引力越强。这意味着，高生产率企业、高技能工人更倾向于经济集聚程度更高的城市，并从城市经济集聚中获得更大收益。经济集聚已经成为推动城市生产率提高和城市经济增长的根本因素，是促进城市经济增长的发动机。

城市经济集聚在促进城市经济快速增长的同时，使城市面临诸如拥挤、污染、移民、经济危机、自然灾害等许多内外部冲击和挑战。异质性城市（主要体现为城市经济集聚程度差异）面对冲击时，会表现出较大差异。有些城市遭受冲击的影响较小，或者能够快速摆脱冲击造成的不利影响而恢复到冲击之前经济增长的状态，甚至超越之前的经济增长状态，这些城市体现出了良好的城市经济韧性。但有些城市在遭受冲击后，经济发展持续低迷或者陷入衰退状态，反映了城市经济韧性较差。因此，探究外部冲击背景下造成异质性城市经济发展差异的原因、城市经济集聚与城市经济韧性之间的关系，以及城市经济韧性的主要决定因素，对于促进中国城市经济的健康稳定增长，具有重要的理论意义和现实意义。

从国际贸易角度来看，城市是国际贸易的主要参与者。城市规模和城市经济集聚程度的提高，使得城市对自身生产产品的需求及城市出口产品规模都会扩大，对其他城市生产产品、进口产品的需求也会随之增加。从中国的现实情况来看，尽管近年来城市出口贸易额在中国出口贸易总额中所占比重有所下降，但城市出口贸易额仍占据中国出口贸易额的50%以上，[①] 城市是中国对外贸易的主要力量。同时，制造业集聚、对外贸易集聚和 FDI 集聚在中国东部沿海城市表现突出，出口企业尤其是规模以上出口企业集中分布在东部沿海城市，空间集聚特征显著；城市生产率越高，城市出口贸易额越大，即城市生产率与城市出口贸易额之间呈正向关系。这表明，中国城市出口贸易发展是不平衡的。与此同时，2008年金融危机的影响依然持续，全球总需求持续萎靡，中国经济发展下行压力较大。复杂的内部环境和外部环境不断冲击着中国城市出口贸易的发展。面对内部冲击和外部冲击，中国城市出口贸易所受到的影响也呈现出较大差异，有些城市出口贸易下降幅度较小或下降后快速恢复，有些城市出口贸易遭受重创或出口贸易发展持续低迷。因此，探讨城市经济集聚、城市经济韧性与城市出口贸易发展之间的关系，厘清城市经济集聚、城市经济韧性与城市出口贸易发展之间的影响机制，对于合理推进城市经济集聚发展、构建更具韧性的城市、充分发挥城市出口比较优势，进一步推动中国城市出口转型升级，必将产生重大而深远的影响。

本书试图结合国际贸易学和空间经济学的研究框架，从城市经济集聚与城市经济增长之间的关系出发，研究中国城市经济集聚、城市经济韧性与城市出口比较优势之间的关系，对中国城市贸易不平衡发展产生的原因提供新的解释视角。本书的研究思路是，首先，阐述城市经济集聚、城市经济韧性和城市出口比较优势之间的理论机制；其次，采用理论研究与实证研究相结合的方法，对中国地级及以上城市的经济集聚与城市经济韧性、城市经济集聚与城市出口贸易、城市经济韧性与城市出口贸易、外部需求冲击与城市出口贸易之间的关系进行考察，并对城市经济集聚影响城市出口贸易的作用渠道进行分解；最后，提出本书的结

---

① 笔者根据2000~2011年中国海关数据库、中国工业企业数据库等相关数据资料整理计算而得。

论、政策建议及未来研究方向。本书主要包括八章，每章的主要内容如下。

第一章，导论。首先，阐述了本书的研究背景和研究意义；其次，对相关文献进行回顾；再次，介绍了本书的研究内容、研究框架、研究方法和技术路线图；最后，阐述了本书的主要创新和不足。

第二章，经济集聚、城市经济韧性与城市贸易：理论源起与演进。本章首先分析了城市经济集聚形成的基本逻辑结构；其次，分析了城市经济集聚与城市经济增长之间的基本框架；再次，在分析城市经济韧性含义和基本特征的基础上，进一步分析了城市经济韧性、城市经济增长和城市出口贸易之间的关系；最后，在统一框架下，分析了城市经济集聚、城市经济韧性与城市出口贸易的相互关系。

第三章，经济集聚对城市经济韧性的影响及作用机制分解。本章首先从理论与实证两方面探讨了城市经济集聚与城市经济韧性之间的相互关系；其次，将城市经济集聚的源泉分解为多样化集聚和专业化集聚；再次，从理论上探讨了多样化集聚、专业化集聚与经济韧性的关系；最后，对多样化集聚、专业化集聚与经济韧性之间的关系进行了实证研究。

第四章，经济集聚对城市出口贸易的影响：集聚效应还是排序效应。本章在分析中国城市出口贸易基本特征的基础上，从不同角度实证检验了城市经济集聚带来的集聚效应、排序效应与城市出口贸易发展之间的关系，试图厘清促进城市出口贸易发展的核心源泉。

第五章，城市经济韧性对城市出口贸易的影响。本章探讨了影响城市经济韧性的主要因素，深入分析、检验了城市经济韧性对中国城市出口贸易发展的影响。

第六章，外部需求冲击对城市出口贸易的影响：机制与经验研究。本章从外部需求冲击视角，分析了外部冲击对中国城市出口贸易的影响，并实证检验了外部冲击下，城市经济集聚、城市经济韧性对城市出口贸易的影响。

第七章，经济集聚影响城市出口贸易的作用渠道分解。本章先对城市经济集聚影响城市出口贸易的作用渠道进行了理论分析，在此基础上，对城市经济集聚影响城市出口贸易的渠道以及每个渠道的作用大小进行了翔实的实证检验。

第八章，结论和政策含义。本章对全书的理论分析与实证研究的主要结论进行了归纳总结，并提出了相应的政策建议以及未来的研究方向。

综上所述，本书研究结论主要有以下五点。

第一，城市经济集聚显著促进了城市经济韧性的提高，多样化集聚是促进城市经济韧性提升的核心因素，专业化集聚对城市经济韧性的作用不明显。从城市规模层面来看，多样化集聚显著提高大城市、中等城市的经济韧性，而专业化集聚显著提高了小城市的经济韧性；从城市区位层面来看，无论城市处于哪个区位，多样化集聚是增强城市经济韧性的关键因素，且多样化集聚对东部城市经济韧性的促进作用最大，西部城市次之，中部城市最小；而专业化集聚同样对东部城市经济韧性的促进作用最大，但中部城市次之，西部城市最小。

第二，中国城市出口贸易发展是集聚效应和排序效应共同作用的结果，但集聚效应是促进城市出口贸易发展的核心源泉。从城市规模层面来看，集聚效应、排序效应对中等城市出口贸易发展的促进作用最大，大城市次之，小城市最小；从城市区位层面来看，集聚效应、排序效应对中部城市出口贸易发展的促进作用最大，西部城市次之，东部城市最小。

第三，城市经济韧性显著促进了中国城市出口贸易的发展。从城市规模层面来看，城市经济韧性对大城市、中等城市的出口贸易影响显著为正，且对大城市的影响程度高于中等城市，而城市经济韧性对小城市出口贸易的影响作用不显著；从城市区位层面来看，城市经济韧性显著促进了东部城市、中部城市出口贸易的发展，且对东部城市的影响最大，而城市经济韧性对西部城市出口贸易发展的影响作用不显著。

第四，外部需求冲击对中国城市出口贸易的作用显著为负。从城市规模层面来看，外部需求冲击对小城市的负面影响作用最大，中等城市次之，大城市最小；从城市区位层面来看，外部需求冲击对中部城市的负面影响作用最大，东部城市次之，西部城市最小。

第五，城市经济集聚通过提升城市生产率和城市经济韧性两个渠道，显著促进了城市出口贸易的发展，但相比而言，城市生产率提高对城市出口贸易的促进作用更大。

  针对上述研究结论，本书认为，应该积极采取差异化的城市产业集聚政策，根据城市禀赋调整城市产业结构，鼓励相应的产业在本市集聚；优化城市产业布局，根据产业集聚的规模效率，合理引导产业在城市的迁移和扩散；促进资本和劳动力在城市间合理流动、集聚，加大城市研发投入和人力资本投入；完善促进城市经济集聚健康发展的公共政策，进而促使城市经济集聚、城市经济韧性和城市出口贸易协调发展。

王世平

2021 年 6 月

目　录

第一章　导论 ……………………………………………………… 1
　第一节　研究背景和研究意义 ……………………………………… 1
　第二节　相关文献回顾 ……………………………………………… 8
　第三节　研究内容、研究框架与研究方法 ……………………… 22
　第四节　主要创新和不足 ………………………………………… 26

第二章　经济集聚、城市经济韧性与城市贸易：理论源起与演进 …… 28
　第一节　城市经济集聚的基本逻辑 ……………………………… 28
　第二节　城市经济集聚与城市经济增长 ………………………… 34
　第三节　城市经济韧性与城市经济增长 ………………………… 43
　第四节　城市经济集聚、城市经济韧性与城市比较优势 ……… 50

第三章　经济集聚对城市经济韧性的影响及作用机制分解 ………… 58
　第一节　问题的提出 ……………………………………………… 59
　第二节　城市经济集聚对城市经济韧性影响的经验证据 ……… 62
　第三节　城市经济集聚对城市经济韧性作用机制分析 ………… 78
　第四节　本章小结 ………………………………………………… 90

第四章　经济集聚对城市出口贸易的影响：集聚效应还是排序效应 … 93
　第一节　问题的提出 ……………………………………………… 94
　第二节　城市经济集聚：集聚效应和排序效应的理论基础 …… 98
　第三节　集聚效应和排序效应对城市出口贸易影响的经验研究 …… 101
　第四节　本章小结 ………………………………………………… 123

第五章　城市经济韧性对城市出口贸易的影响 ………… 125
- 第一节　问题的提出 ………… 126
- 第二节　城市经济韧性影响城市出口贸易的模型构建 ………… 126
- 第三节　城市经济韧性影响城市出口贸易的计量结果分析 ………… 129
- 第四节　本章小结 ………… 153

第六章　外部需求冲击对城市出口贸易的影响：机制与经验研究 …… 155
- 第一节　问题的提出 ………… 156
- 第二节　外部需求冲击影响城市出口贸易的作用机制 ………… 156
- 第三节　外部需求冲击影响城市出口贸易的经验研究 ………… 158
- 第四节　本章小结 ………… 175

第七章　经济集聚影响城市出口贸易的作用渠道分解 ………… 177
- 第一节　问题的提出 ………… 178
- 第二节　城市经济集聚影响城市出口贸易作用渠道的理论分析 ………… 179
- 第三节　城市经济集聚影响城市出口贸易作用渠道的经验研究 ………… 181
- 第四节　本章小结 ………… 202

第八章　结论和政策含义 ………… 204
- 第一节　主要结论 ………… 204
- 第二节　政策建议 ………… 207
- 第三节　未来研究方向 ………… 210

参考文献 ………… 212

后记 ………… 230

第一章
导　论

第一节　研究背景和研究意义

一、研究背景

世界经济发展是不平衡的，位置相互接近的企业经常会呈现经济地理的特征。制造带、产业集聚、城市或科技园等都呈现了这种现象。现实中的地理状况、山丘、河流和海岸线或者日照时间等，也会决定企业的区位分布。然而，节约运输成本、企业协作或者各种马歇尔外部性而形成的集聚力，导致了这些区域集聚现象的产生。在任何规模的地理区位，经济活动的分布总是表现出清晰的等级。高生产率企业、高技能工人，通常集聚在人口密集地区和主要城市。而城市经济集聚程度的提高，也促进了城市生产率提升和城市经济的发展。实证研究发现，随着市场规模扩大，劳动生产率和全要素生产率（total factor productivity，TFP）也提高。西科尼和霍尔（Ciccone and Hall，1996）发现，劳动力密度增加一倍，可以使劳动生产率平均增加6%。德克尔和伊顿（Dekle and Eaton，1999）使用日本的数据研究发现，集聚使得日本制造业劳动生产率增长了5.6%。斯维考斯卡斯（Sveikauskas，1975）发现，城市规模增加一倍，行业的平均劳动生产率会增加5.98%。布鲁哈特和马蒂斯

（Brülhart and Mathys，2008）发现，欧洲各地区间劳动力密度对全要素生产率的影响为13%。城市集聚是促进城市生产率提高、城市经济增长的根本原因（Jacobs，1984；Glaeser et al.，1992）。因此，城市化与工业化也被认为是促进经济增长的"双引擎"。

尽管城市化为经济增长提供了更多机会，是经济增长的发动机，但与此同时，城市也必然面临许多内外部冲击和挑战，如经济危机、移民、污染、自然灾害等。面对这些内部冲击和外部冲击，一些城市会比其他城市表现出更好的经济韧性。这些城市受外部冲击的影响较小，且能够从长期冲击的不利影响中快速恢复，而另一些城市则会陷入衰退。一直以来，为了探究经济冲击的根源、分析经济冲击的结果并提供政策参考，经济衰退冲击和经济复苏期限是备受学者关注的重要问题。既有文献尽管对经济冲击与一国经济增长之间的关系进行了较为丰富的研究，但对于一国国内不同空间区位的城市而言，经济冲击产生的影响和城市经济恢复以及城市对于经济冲击的抵抗能力（即城市经济韧性）的研究仍比较匮乏。马丁（Martin，2012）既考虑了在均衡水平时外部冲击的短期影响，又考虑了均衡水平以外城市经济的持续演变和城市经济韧性，关于城市经济韧性的研究弥补了上述缺憾。马丁和桑利（Martin and Sunley，2015）对城市经济韧性的含义、外部冲击的影响等进行了深入、细致的分析。城市集聚程度与城市经济韧性之间可能存在的相关性表明，城市化也是刻画城市或区域应对外部冲击能力程度的信号（Glaeser，2008；Martin et al.，2016）。此外，马丁等（Martin et al.，2016）发现，集聚程度越高，城市中企业韧性就越高，在危机中存活的概率越高，且具有更高的增长率。

城市化是未来10~20年中国经济增长的重要引擎。尽管中国的城市化率近年来保持了快速稳定上升，2019年城市化率达到了60.6%[①]，但是，与发达国家或者发展水平相近的发展中国家相比，中国的城市化率依然滞后。从产业集聚程度和贸易发展程度来看，中国东部沿海地区是中国制造业和国际贸易的主要集聚地。从国际贸易份额来看，城市出口

---

① 数据来源于中华人民共和国国家统计局网站. http：//www.stats.gov.cn/tjsj/zxfb/202002/t20200228_1728913.html。

贸易额占据中国出口贸易总额的一半以上，即城市贸易是中国对外贸易的中坚力量，城市贸易的持续健康发展，不仅关系到城市产业结构优化和城市经济集聚程度的提升，也关系到中国新型城市化战略的顺利实施。

2008年国际金融危机的爆发以及随之而来的各国严厉的经济政策，使得许多国家的制造业遭受了重大打击。特别是国际贸易的大幅下降使得许多企业退出出口市场或停止了经济活动，从而严重影响了城市贸易的发展。本书使用中国城市出口贸易和城市经济集聚的微观数据，试图通过分析为什么有些城市在金融危机期间的国际贸易受外部冲击的影响较小，而有些城市则遭受致命打击，进而探寻金融危机期间城市经济韧性背后的因素。

二、研究意义

（一）理论意义

空间经济学的渊源最早可以追溯至德国传统的古典区位理论，冯杜能（Von Thünen，1826）对于孤立国（即城市）的论述，成为城市经济学的起源。在李嘉图之前的国际贸易理论中，空间因素是被纳入研究框架的，但是，李嘉图在其比较优势理论中，使用比较成本代替了空间因素，使得空间因素几乎从主流经济学理论中被剔除。D－S模型（Dixit and Stiglitz，1977）的诞生，掀起了不完全竞争与收益递增的革命，空间经济理论是不完全竞争与收益递增革命的第四次浪潮[1]（梁琦，2005）。作为空间经济学主要分支之一的新经济地理学（new economic geography, NEG），其核心问题是解释不同地理空间上经济活动集聚的现象。NEG通过一般均衡模型分析框架，清晰地展示了经济集聚的微观机制，并解释了不同空间层次上经济集聚和集聚力的源泉（梁琦，钱学锋，2007），因而为新贸易理论和新增长理论等提供了一个思想和实证的实验室（梁琦，2005）。

城市的出现是经济活动在特定区位集聚的结果，经济集聚是促进城

---

[1] 第一次是产业组织理论，第二次是新贸易理论，第三次是新增长理论，第四次是空间经济理论。

市经济发展的重要力量（Jacobs，1984；Glaeser et al.，1992），也是国际贸易中促进区域专业化的重要因素（Krugman，1991）。城市化和工业化是经济增长的"双引擎"，尽管城市化并不能产生经济增长，但是，如果没有城市化，可持续发展的经济增长就不会产生。城市也是国际贸易的重要参与者之一。俄林（Ohlin，1933）将国际贸易理论与区位理论密切联系在一起，开拓了国际贸易理论与区位理论之间关系的新领域。生产要素的集聚导致了特定区域内经济活动的集聚，这就为拓展标准国际贸易理论提供了可能性，同时，也可以加深对传统国际贸易理论实证分析时所忽视的国际贸易流量问题的理解。在要素禀赋模型（H－O模型）框架内，一国国内要素不平等的分布，能够通过比较复杂的方式影响贸易流量的结构（Courant and Deardorff，1992，1993）。之所以忽视了对这一问题的解释，主要原因在于贸易模式的不稳定性，较难获得一国国内要素禀赋的详细数据和贸易流量的数据。但是，这并不是说集聚问题不重要。集聚最显而易见的表现是，生产要素在城市或地区的集中分布。如果流动生产要素集聚在城市地区，通过一国国内生产要素的不平衡分布，现有贸易模式将会扩大甚至发生颠覆。城市是生产要素集聚最典型的表现，城市化模式与国家之间的不同可能引起贸易模式的差异，这种差异来自H－O模型基于全部可用生产要素基础上的预测（Brakman and Van Marrewijk，2013）。这就产生了一个结论，一国国内生产要素的集聚，能够影响国际贸易流量（Brakman et al.，2015）。此外，戴维斯和丁格尔（Davis and Dingel，2014）将比较优势和城市化直接联系在一起，研究了城市的比较优势，将现代贸易理论与城市经济学结合，开拓了现代城市理论体系的新方向。

然而，当今世界经济发展形势错综复杂，全球经济冲击、国家经济冲击、行业经济冲击以及其他外部经济冲击等对城市经济和贸易发展产生巨大影响。因此，如何应对外部经济冲击、提升经济体抵抗外部冲击的韧性（resilience），[①] 越来越受到政府、研究者的重视。近年来，尽管

---

① 对于resilience一词，本书之所以译为韧性而不是弹性，主要原因是：首先，本书中使用韧性来刻画城市所具有的一种抵御外部冲击的性质和本能，不同于力学等讨论的物质与物质之间相互作用时表现出的弹性力；其次，韧性不仅意味着城市经济在遭受外部冲击后恢复到原有状态，更强调城市经济在遭遇冲击后所表现出的坚韧力和恢复力；最后，韧性一词偏重于主动性，弹性一词偏重于被动性。综上所述，本书认为，将resilience一词译为韧性，更符合本书的研究主题。

经济发展韧性问题备受关注，且涌现出大量研究文献，但是，鲜有文献从城市经济韧性角度入手，在一个统一的框架下研究城市经济集聚、城市经济韧性与城市出口贸易之间的关系，尤其是对于中国城市出口贸易的研究，相关研究文献更是稀少。在这一背景下，本书试图厘清影响城市经济韧性（city economy resilience）的因素，刻画城市经济韧性与城市经济和国际贸易增长之间的影响机制，构建具有较强韧性的城市经济体系，将城市经济韧性作为城市出口贸易的一种比较优势，以减少外部冲击对城市出口贸易的影响，进而为推进中国城市化进程和城市经济贸易的持续健康发展提供理论参考。因此，本书选题具有较强的理论意义。

（二）现实意义

自人类进入文明社会以来，城市生活已经成为现代化和经济增长的核心原因（Bairoch and Braider，1991；Jacobs，1969，1984）。城市化，即人口在城市、城镇的集聚，是经济发展的一个重要特征，是人类社会发展的客观趋势（Michaels et al.，2008），是生产率提高的最终原因或根本原因（Rosenthal and Strange，2004；Combes et al.，2012），也是经济长期增长的发动机（Lucas，1988；Black and Henderson，1999）。在一些具有相似历史模式的国家，如中国和韩国，城市化水平随着收入的增长而提高（Glaeser，2014）。

对于中国而言，城市化既是中国现代化建设的必由之路，也是加快产业结构转型升级、保持经济持续健康发展的强大引擎。改革开放以来，中国的城市化快速增长。1978~2011年，中国城市化率年均提高1.02%；尤其是2000年以来，中国城市化率年均提高1.36%；2011年，中国城市化率首次突破50%，达到51.3%；而2019年，中国城市化率高达60.6%，城市化率基本上达到世界平均水平。[①] 但和世界同等发展水平国家的城市化水平相比，中国的城市化水平依然滞后（Au and Henderson，2006；王小鲁，2010；简新华、黄锟，2010；李强等，2012；倪鹏飞等，

---

① 笔者根据中华人民共和国国家统计局相关统计数据整理而得。

2014)。中国的城市化发展既关系到"三农"问题的解决、区域经济协调发展、内需市场扩大,也是优化国际贸易结构、提升贸易产品质量、增加贸易利得的关键因素。因此,我国中央政府对城市化建设予以高度重视:① 2013年12月中央城镇化工作会议召开,提出了推进中国城市化的六大任务;② 2014年3月出台的《国家新型城镇化规划(2014~2020年)》在城市化发展目标中明确提出,稳步提升城市化水平和城市化质量;③ 2014年7月颁布的《国务院关于进一步推进户籍制度改革的意见》,进一步加速了中国城市化进程;④ 2015年3月28日发布的《推动共建丝绸之路经济带和21世纪海上丝绸之路的愿景与行动》,即"一带一路"倡议中,涉及中国18个省、自治区和直辖市的几十个重要节点城市,这一重要发展倡议的实施必将会对中国城市产业分工和对外贸易发展战略产生深远影响,推动中国城市尤其是中国沿海城市、重要节点城市及周边城市的对外贸易发展和贸易结构调整,进而完善、强化中国新型城市化空间战略和中国对外贸易区域发展战略;⑤ 党的十九大报告明确指出:"以城市群为主体构建大中小城市和小城镇协调发展的城镇格局,加快农业转移人口市民化";⑥ 2020年11月3日发布的《中共中央关于制定国民经济和社会发展第十四个五年规划和二〇三五年远景目标的建议》中指出,要"优化国土空间布局,推进区域协调发展和新型城镇化。"⑦ 这些都为研究中国城市化及其相关问题提供了良好的现实背景。

城市是国际贸易的一个主要参与者。随着城市规模和城市生产总值(GDP)的扩大,城市的生产潜力也在扩大,也就是说,城市对自身产品的需求和出口都会增加,对周边城市生产产品的需求也随之增加(Au and Henderson, 2006)。过去几十年,在中国经济和国际贸易均取得快速增长的同时,中国制造业企业和劳动力在空间上的集聚现象也愈发明显,

---

① 中国政府网. http://www.gov.cn/ldhd/2013-12/14/content_2547880.htm.
② 中国经济网. http://www.ce.cn/xwzx/gnsz/szyw/201312/14/t20131214_1919603.shtml.
③ 中国政府网. http://www.gov.cn/gongbao/content/2014/content_2644805.htm.
④ 中国政府网. http://www.gov.cn/zhengce/content/2014-07/30/content_8944.htm.
⑤ 中国政府网. http://www.gov.cn/xinwen/2015-03/28/content_2839723.htm.
⑥ 中国政府网. http://www.gov.cn/zhuanti/2017-10/27/content_5234876.htm.
⑦ 中国政府网. http://www.gov.cn/xinwen/2021-03/13/content_5592681.htm.

大量制造业企业和劳动力集聚在中国东部沿海地区。因此，中国东部沿海地区是中国对外贸易的主力军，三大集聚（制造业集聚、对外贸易集聚和外商直接投资（FDI）集聚）在中国东部沿海地区表现突出（梁琦，2004）。从企业层面来看，1998~2007年，中国出口企业尤其是规模以上企业集中分布在东部沿海地区，空间集聚特征非常明显（孙楚仁等，2015b），从而使得中国城市发展差距扩大，这显然不利于中国新型城市化发展。此外，城市规模越大，城市生产率越高（Rosenthal and Strange，2004；范剑勇，2006；陈良文等，2008；Combes et al.，2010，2012）。同时，大城市又表现出更大的出口规模、更多的出口种类以及更多的出口目的地等特征。大城市的这种出口优势来源于生产率优势，而大城市生产率优势又有三个来源：集聚效应、选择效应、排序效应。那么，中国大城市生产率优势究竟是哪种效应起了决定作用？还是三种效应的共同结果？目前，鲜有文献研究这一问题。因此，这也成为本书研究的一个核心问题。另外，已有文献研究发现，国际贸易有利于城市化水平的提高。王家庭（2005）研究发现，国际贸易对中国城市化的贡献在1.5%以上，国际贸易提高了中国城市化水平。佟家栋和李胜旗（2014）使用1989~2011年131个国家的面板数据，研究发现国际贸易每增加1%，该国城市化水平可提高0.224%~0.244%，对于中低收入国家而言，国际贸易对城市化水平的影响更加显著。但是，中国经济易受外部冲击的影响，而出口则是外部冲击传递的主要渠道。原因在于，作为中国经济增长"三驾马车"之一的出口贸易增长，在很大程度上是由外部需求拉动的（章艳红，2009）。因此，对于经历了金融危机并于2009年已经成为世界第一出口大国的中国而言（钱学锋和熊平，2010），在全球总需求持续萎靡、中国经济下行压力较大、低成本出口竞争优势削弱、出口结构调整等复杂国际环境和中国经济新常态背景下，如何应对复杂的外部冲击、构建更加合理的城市产业结构、提高城市经济集聚正外部性、强化城市经济韧性，充分利用城市经济集聚和城市经济韧性，发挥城市出口比较优势，进而推动中国城市国际贸易的发展，是中国城市化的发展方向之一。因此，本书选题具有较强的现实意义。

第二节 相关文献回顾

一个城市能够充分发掘并利用自身比较优势，对该城市的经济贸易发展具有非常重要的意义。经历了200多年发展历程的比较优势理论，其内涵早已远远超出了李嘉图比较优势理论、要素禀赋理论的最初研究范畴，规模经济、集聚、区位、制度、异质性等因素逐渐被纳入比较优势来源，进一步增强了比较优势理论的现实解释力。本节将重点对城市比较优势、城市经济集聚与城市经济韧性、城市经济集聚与城市贸易、城市经济韧性与城市贸易等相关文献进行归纳、总结，为本书研究提供了文献指导。

一、城市比较优势

自大卫·李嘉图（David Ricardo，1817）提出比较优势理论以来，学者们对比较优势模型进行了卓有成效的拓展、完善和检验（Dornbusch, Fischer and Samuelson，1977；Eatom and Korton，2002，2012；Bernard, Redding and Schott，2007；Costinot，2009；Costinot and Vogel，2010），使得比较优势理论的适用性和解释力越来越强。[1] 然而，在现有理论文献中，古典贸易理论和新贸易理论研究的对象是国家或者行业，在研究比较优势时没有考虑空间的异质性，从而也就无法研究城市比较优势；异质性企业贸易理论研究的对象是企业层面，强调的是企业特征对贸易的影响，而忽视了城市贸易中城市的比较优势。

近些年来，大量的连续统要素和连续统部门的比较优势研究文献大都与科斯蒂诺（Costinot，2009）、科斯蒂诺和沃格尔（Costinot and Vogel，

---

[1] 国内对于比较优势的研究，主要集中于两个方面：一方面，是对于比较优势发展战略与比较优势陷阱的争论（洪银兴，1997；杨小凯，张永生，2001；梁琦，张二震，2002；林毅夫，李永军，2003；佟家栋，2004）；另一方面，更多的则是对比较优势与经济贸易发展关系的验证（魏浩等，2005；张彬，桑百川，2015）。

2010）的研究有关。科斯蒂诺（Costinot，2009）、科斯蒂诺和沃格尔（Costinot and Vogel，2010）认为，比较优势使得技能水平更高的劳动力进入技术密集度更高的部门工作。戴维斯和丁格尔（Davis and Dingel，2014）在科斯蒂诺（Costinot，2009）研究的基础上，通过引入由异质性劳动力比较优势和劳动力的区位选择共同控制的多城市空间均衡模型、城市内部多区位的空间均衡模型，解释了城市比较优势，将现代贸易理论和城市经济学结合了起来。在国际贸易背景下，学者们通常将区位要素供给看作是外生禀赋。因为劳动力在城市间流动，所以，当刻画比较优势如何决定产出构成时，戴维斯和丁格尔（Davis and Dingel，2014）将城市要素供给外生化，并通过使用美国 270 个大都市地区、3～9 组教育类别、22 个职业和 21 个制造业的行业数据，检验了美国城市的比较优势。尽管戴维斯和丁格尔（Davis and Dingel，2014）研究城市比较优势时，没有涉及城市贸易，但这一研究为将来城市贸易的研究提供了良好的借鉴思路。

国内从城市比较优势视角或区域比较优势视角研究城市国际贸易或区域国际贸易的文献相对较少。陈晓玲等（2011）使用系统 GMM 方法，研究了 1985～2007 年中国除海南和西藏以外的 28 个省区市（其中，重庆市的数据归入四川省的数据，未包括中国港澳台地区），以及东部地区、中部地区和西部地区的资源密集型行业、劳动密集型行业、资本密集型行业的比较优势动态变化，研究发现，上海市、浙江省、江苏省等少部分省市完成了向资本密集型行业转变及比较优势的动态升级，东部地区在劳动密集型行业、资本密集型行业产品生产上具有比较优势，西部地区在资源密集型行业产品生产上具有比较优势。蔡昉和王德文（2002）从资本（包括物质资本和人力资本）、劳动力和自然资源等角度，研究了区域的禀赋比较优势与显性比较优势变化，从区域比较优势视角解释了区域差异。王世平等（2015）借鉴戴维斯和丁格尔（Davis and Dingel，2014）的做法，基于城市比较优势研究了中国异质性劳动力在异质性城市之间的就业分布。但上述研究并没有将城市比较优势或区域比较优势与城市国际贸易直接联系。尽管杨宝良（2003）研究了区域比较优势和产业集聚的关系，发现两者之间呈非协整性发展关系，但是，在国际贸易进程中，中国各省区市或东部地区、中部地区、西部地区的出口贸易均较好地发挥了地区比较优势。王永进等（2009）通过构建经济地理模型，检验了集聚影响地区出口贸易比较优势的微观机制，研究发现集聚程度越高的地区，在不完全契约程度越高的产品上，拥有的比较优势越强。王世平和赵春燕（2016）在测算了中国 286 个地级及以上城市的城市经济韧性基础上，检验了城市经济韧性对城市出口贸易的影响，发现城市经济韧性的提升显著促进了城市出口贸易的发展，但影响效应因城市规模和城市区位的不同而不同。贺灿飞和陈韬（2019）使用中国出口产品数据，研究了出口产品结构相关多样化对城市出口韧性的影响。但是，总体来看，从城市集聚、城市经济韧性视角出发，研究城市出口比较优势的文献，无论是外文文献还是中文文献，都是非常匮乏的。

二、城市经济集聚与城市经济韧性

尽管城市经济韧性研究处于起步阶段，但有关城市经济韧性研究的文献还是比较丰裕的，这就为本书提供了较为坚实的研究基础。通过对现有文献的梳理，研究城市经济集聚与城市经济韧性关系的文献可以归纳为如下三类。

第一类文献主要研究城市经济韧性的含义和特征等。雷贾尼等（Reggiani et al., 2002）首次提出韧性可能是动态空间经济系统一个非常重要的方面，尤其是这种空间经济系统如何应对外部冲击、扰动和干预。之后，城市和区域研究者开始接受，并在他们的研究工作中使用这一概念（Hill et al., 2008；Simmie and Martin, 2010；Nyström, 2018；Kitsos et al., 2019；王永贵，高佳，2020）。同时，韧性概念在经济地理中的重要性也逐渐增加（Boschma and Martin, 2007；Simmie and Martin, 2010；Martin and Sunley, 2015），2008~2010 年，席卷全球的金融危机以及随之而来的严厉经济政策，使得城市和区域经济应对外部冲击的韧性问题更受关注。

但是，目前对于韧性没有公认的定义，原因在于，不同学者在解释不同现象时，所使用的韧性的含义不同，有时甚至没有给出任何准确的解释（Martin and Sunley, 2015；Bishop, 2019）。根据拉丁语词根 resilire，韧性是指，实体或系统在遭受外部干扰或外部冲击时，恢复到原有形式或位置的能力。霍林（Holling，1973）和沃克等（Walker et al.，2006）认为，韧性是指，不改变经济系统结构、特性和功能的情况下，经济系统对于外部冲击的吸收能力（ability to absorb）。佩林斯（Perrings，2006）认为，韧性是当遭受市场冲击或环境冲击时，经济系统依然没有丧失资源配置性能的能力。新经济地理（NEG）理论则认为，韧性是指，在面对外部冲击时，空间经济活动模式所体现出的均衡稳定性，且外部经济冲击使得城市经济向新的空间均衡模式发展。而在城市经济学中，城市经济韧性是指，遭受外部冲击后，城市经济保持或回到冲击之前的城市经济增长水平或增长路径，或完全改变经济结构并至少达到原来经济增长水平或增长路径的能力（Hill et al.，2008；Martin，2012；Drobniak，2012；Kitsos et al.，2019）。但更全面的理解是，城市经济韧性是指，城市经济通过适当的经济结构，以便保持或回归其原有的发展路径，或转向一个新的生产力更高、人力资本更高、环境更好的可持续发展路径，以此抵御来自市场、竞争和环境的冲击对其增长路径冲击的能力。并且，韧性是一个涉及多方面的动态过程，例如，涉及城市内企业和工人对不同类型外部冲击的敏感性和偏好；外部冲击的类型、规模、特性和持续时间；外部冲击对城市经济的初始影响；城市经济从外部冲击中恢复的程度、恢复的路径等（Martin and Sunley，2015）。这一定义被众多学者采纳，如龚和哈辛克（Gong and Hassink，2017）、基索斯等（Kitsos et al.，2019）、徐圆和邓胡艳（2020）、李强（2020）、张秀艳等（2021）等。

因为城市经济通常易受经济衰退、重大政策改变、货币危机等外部重大干扰和冲击的影响，进而中断、破坏经济增长路径和经济增长模式，所以，城市经济韧性主要用于分析城市经济对外部冲击会产生怎样的反应以及如何恢复的问题，进而理解这些冲击在构建城市经济增长和发展空间动态中所起的作用。希尔等（Hill et al.，2012）认为，城市所面临的冲击主要有四种：全球经济冲击、国家经济冲击、部门行业冲击和其他冲击，且这些冲击并不是相互排斥的。因此，一个城市经济可能会同时经历两种或以上的冲击。但不是所有的冲击都会使城市经济增长偏离原来的增长路径，也并不是所有的城市都能在遭受冲击之后恢复到原来的增长路径。一些城市采取措施成功应对了这些问题，而另一些城市则陷入了衰退，因而，厘清城市经济韧性概念可以使我们更易理解这一现象。

第二类文献侧重于研究城市经济韧性的影响因素及城市经济韧性与经济增长之间的关系。如前所述，城市经济韧性是一个多维概念，涉及很多其他学科，如生态学、工程学、社会学等。最近几年，城市经济学、区域经济学和新经济地理学的研究者将韧性概念引入了城市经济研究，以探讨外部经济冲击（如 2008 年金融危机）对不同空间城市所产生的短期影响和长期影响以及不同城市空间产业结构等变化（Ball，2014；Di Caro，2015）。芬格尔顿和帕洛比（Fingleton and Palombi，2013）研究了维多利亚时期英国城市的韧性，强调了产业多样性对于解释本地经济韧性的重要性。沃尔（Wall，2013）研究了美国经济繁荣时期与经济衰退时期的大城市地区不对称经济增长水平背后的决定因素。格莱泽和赛斯（Gleaser and Saiz，2004）研究了人力资本在区域经济韧性中的重要性，研究发现，人力资本与劳动力受教育程度和技能是城市经济增长和城市经济韧性的主要驱动因素。戈斯特等（Gerst et al.，2009）通过研究美国不同城市的 IT 中心的不同发展路径发现，这些信息科技和产业（IT）中心所遭受的不同冲击和不同恢复路径也代表了这些城市经济的不同韧性。并且，因为劳动力所受教育程度较高，所以，专业化的 IT 中心地区比制造业地区具有更高韧性。城市人口受教育水平越低，该城市越易受经济衰退的影响；城市人口受教育水平越高，该城市经济韧性也就越高。法吉安等（Faggian et al.，2018）、罗切塔和米娜（Rocchetta and Mina，2019）等也得出了类似结论。这表明，劳动力受教育程度是影响城市经济韧性的一个重要因素。

布里格里奥等（Briguglio et al.，2006）认为，一个国家的出口如果仅集中于少数几个行业，则会对韧性产生抑制。但是，如果企业在出口中能够迅速扩大新产品或新服务的比例，或者使用新技术生产产品，那么，城市经济就可以得到快速复苏。杜瓦尔等（Duval et al.，2007）、孙久文和孙翔宇（2017）、费德和穆斯特拉（Feder and Mustra，2018）、贺灿飞和陈韬（2019）、李连刚等（2019）、李等（Li et al.，2020）和谭俊涛等（2020）认为，城市经济增长和城市经济韧性还受城市劳动力市场、创新能力、商业环境、制度政策、收入差距等因素的影响。如杜瓦尔等（Duval et al.，2007）研究发现，限制企业裁员或劳动力再就业的公共政策减轻了外部冲击的程度，但同时也延长了冲击持续时间。希尔等（Hill et al.，2012）研究了城市政策构成的重要性和美国大城市的城市经济韧性，认为经历了就业冲击的城市在8年或更短的时间内能够恢复到冲击之前的就业率，但是，不能够恢复到冲击之前的就业水平。其主要原因是，劳动力迅速离开了遭受冲击的城市，造成大量劳动力流失，与此同时，又缺少新劳动力进入城市。此外，雇主也没有重新回到遭受巨大失业冲击的城市（Blanchar and Katz，1992）。该文献还发现，耐用品制造业集聚地区更易受经济下滑的影响。对耐用品具有周期性需求的部门，其就业也更易受经济下滑的影响。集聚了卫生保健部门和公共管理部门的城市，具有更大承受外部冲击的能力。一般而言，经济韧性较低的城市对外部冲击的敏感性较强，且经济增长恢复速度也较低，而经济韧性较高的城市，遭受外部冲击影响程度较小，其经济增长恢复速度也较快（Drobniak，2012）。另外，从收入差距来看，城市收入差距越小，越不易受经济衰退的影响，城市经济韧性越高。城市中研发机构越多，研发成果转化速度越快，城市经济韧性越强。

此外，城市经济韧性大小还受城市经济磁滞（hysteresis）效应的影响。磁滞效应是外部冲击对经济增长路径的持久影响，这种影响即使在扰动或冲击过去之后，依然会留在经济增长的"记忆"中，这一过程又被称为剩磁（remanence）（Cross et al.，2012）。因此，磁滞是路径依赖的一种形式，磁滞刻画了过去的某些经济特征对现在及未来的一种持续影响过程。NEG文献对磁滞的作用也做了大量研究。戴维斯和温斯坦（Davis and Weinstein，2002）从报酬递增、随机增长、区位基础三个方面分析了一国内部经济活动的分布，并将第二次世界大战中同盟国对日本城市大轰炸作为外部冲击，研究了外部冲击与城市规模的关系。该文献研究发现，区位基础条件是形成空间集聚模式的基础；报酬递增有助于空间差异程度决定因素的形成；巨大的短暂外部冲击对长期城市规模几乎没有影响。磁滞效应的存在，使得这些城市具有非常强大的恢复力，许多受损城市大约在遭受冲击后15年内就恢复到之前城市规模分布中的地位。这也意味着，尽管会遭受巨大的短暂空间冲击或灾难，但实际上城市规模及发展似乎没有受到持久的影响。安虎森（2009）认为，无论出于何种原因，某地区一旦在历史上选择了某种产业发展路径或者产业分布模式，则在较长的发展过程中，该地区的经济活动将会被锁定在这种经济发展路径或模式上，而要想改变这种路径或模式，就需要支付巨大的成本或经受较强的外部冲击。如果冲击非常强烈，可能会改变经济代理人的行为、改变经济布局，并为经济创立新的独立发展路径。马丁（Martin，2012）认为，经济衰退后磁滞效应对城市经济增长路径会产生四种不同的影响：受正磁滞效应影响，在遭受经济冲击之后，城市经济发展能够恢复到较高的增长水平，重新恢复到外部冲击之前的经济增长率，或者超过外部冲击之前的经济增长率和增长水平；受负磁滞效应影响，在遭受经济冲击之后，城市经济增长恢复到外部冲击之前的增长率，但经济增长水平低于外部冲击之前，或者城市经济发展呈现低增长率、低经济增长水平。

第三类文献研究了城市经济集聚与城市经济韧性之间的相互关系，这也是与本书研究最直接相关的一类文献。城市集聚是影响城市生产率提升和城市经济长期增长的重要因素（Baldwin et al.，2001；Fujita and Thisse，2002；范剑勇，2006；梁琦，钱学锋，2007；傅十和，洪俊杰，2008；刘修岩，2009；苏红键等，2014）。城市专业化集聚和多样化集聚，都可以促进城市经济增长（李金滟，宋德勇，2008）。马丁等（Martin et al.，2016）研究发现，集聚区域的企业韧性更高、在危机中得以存活的概率更高，且具有更高的增长率；集聚程度高、经济发展水平高的城市，城市经济韧性相应也较高。城市经济集聚与城市经济韧性的其他相关文献，本书将在经济集聚与城市经济韧性影响机制章节进一步详细阐述。

综上所述，既有文献为我们研究城市经济韧性与城市经济集聚提供了丰富而又深刻的洞见，但既有文献也存在一些不足：既有文献主要聚焦于城市经济韧性的含义、特征以及影响因素等理论层面，而对于城市经济韧性的实证研究非常匮乏；在既有文献中，尚未发现有关中国城市经济韧性研究的文献，尤其是实证研究。

三、城市经济集聚与城市贸易

城市是对外贸易的重要参与者，有关城市贸易研究的文献也较为丰富。通过对现有文献的梳理，本书将与城市经济集聚和城市贸易紧密相关的文献归纳为两类。

第一类文献主要研究集聚效应。经济集聚是促进城市和城市经济发展的重要力量（Glaeser et al.，1992；Glaeser，2008；苏红键等，2014；韩峰，李玉双，2019）。从马歇尔（Marshall，1890）以来，学者们使用多种经济机制来解释空间集聚和生产率之间的正相关关系。杜兰顿和普加（Duranton and Puga，2004）将这些机制总结为三种力量：分享、匹配和学习，并且，城市经济集聚能够产生规模经济。从静态来看，大城市的专业化和劳动分工程度更高，因而可以促进生产率的提高。但对于城市生产率优势而言，静态的专业化优势不是最重要的，最重要的是动态的城市经济集聚收益，即城市化能够促进生产率的提高。斯维考斯卡斯（Sveikauskas，1975）认为，城市规模增加一倍，企业平均劳动生产率会增长5.98%。马丁等（Martin et al.，2008）使用法国企业层面数据研究发现，集聚经济具有显著的非线性效应。在到达某一点之前，集聚程度越高的地区，企业的生产率越高；在到达此点后，随着拥挤效应的增加，生产率溢价开始下降。原因在于，一旦城市集聚度达到一定水平，规模经济将会消失，大城市会因为高基础设施成本变得过度拥挤。

过度的城市集聚对生产率增长有显著的负效应（Henderson，2003）。虽然大城市劳动力工资水平较高、城市拥挤等问题更严重，但是，许多企业依然选择了大城市，一个很好的解释就是，集聚经济提高了大城市企业生产率（Combes et al.，2012；梁琦等，2013；余壮雄，杨扬，2014），企业的高生产率能够弥补高工资（Glaeser and Maré，2001；Gleaser and Gottlieb，2009；陆铭等，2012）带来的高成本。企业在城市的集聚，会产生紧密的前向关联和后向关联，这对克服高房价、高工资、拥挤和污染等城市病将会产生重要作用，既促进了国际贸易中区域专业化的形成，也促进了大城市的产生（Krugman and Elizondo，1996）。但并不是所有企业都能够获得集聚的正外部性，企业获得知识溢出和集聚收益的能力取决于企业的经济活动，如是否参与国际贸易（Gábor Békés and Péter Harasztosi，2010）。大城市参与国际贸易的企业，除了其产品跨国销售外，与非国际贸易企业相比，这些企业雇用了更多高技能水平的工人、支付了更高工资，且企业生产率提高更快（Bernard et al.，2007；Mayer and Ottaviano，2008），从而进一步加速了城市经济集聚。

第二类文献从排序视角研究了城市贸易。在简单的 NEG 模型中，集聚力包括前向联系和后向联系，而分散力包括本地竞争（或市场拥挤）。生产率更高的企业具有更低的边际成本，倾向于销售更多产品，因而与更大市场的前向关联和后向关联对称，使得该地区对最高生产率企业更具吸引力。生产率最高的企业，将先迁移到大城市。这种非随机的排序，意味着标准的实证方法将可能高估集聚经济。此外，相同的排序逻辑意味着，对处于不利地位的地区而言，其所实施的旨在促进产业发展的生产补贴能够产生排序效应。也就是说，无论企业最初处于何地，补贴将使得所有最高生产率的企业排序进入大城市或城市中心区域，而最低生产率的企业将位于中小城市或较大城市的外围地区（Baldwin and Okubo，2006）。梅利兹（Melitz，2003）基准贸易模型构建了生产率排序：一旦接受沉没进入成本，企业的真实生产率将会通过生产率分布自动显现。除非企业的生产率足够高，否则，企业将立即退出市场。同样的机制也可以用于城市出口企业和非出口企业间的生产率等级排序，如果生产率允许沉没成本存在，则企业出口；否则，企业将只服务于国内市场。如果要进入大城市，企业必须接受每年所需要支付的沉没成本。当然，企业生产率决定了企业是否坐落于大城市，还是迁移到没有沉没成本的地区，或者完全退出。参与国际贸易的异质性企业，将会在各城市和区位间排序，具有更低成本的企业或高生产率企业将会排序进入更大城市或更大规模区位、更低成本区位（Henderson，2003；Ottaviano，2012），并且，企业生产率排序需要服从城市生产率分布。

当然，极端互补（extreme complementarity）的存在，使得大城市既有高生产率企业，也有低生产率企业（Combes et al.，2012；Sabine and Overman，2014），但大城市比小城市具有更多高生产率企业和高技能劳动力

(Bacolod et al.，2009；梁琦等，2013）。这种根据生产率水平和技能水平不同而进行的排序，使得在均衡时高生产率企业、高技能劳动力排序进入了大城市，从而这些城市规模变得更大（Duranton and Puga，2004；Combes et al.，2010；Roca and Puga，2014），而较低生产率企业、低技能劳动力则排序进入中小城市（Davis and Dingel，2014；王世平等，2015）。

尽管既有文献为我们理解集聚效应、排序效应与城市出口贸易之间的关系及相关问题提供了丰富的文献指导，但是，既有文献也存在一些不足：目前，大量文献研究集聚效应、排序效应或选择效应时，聚焦在城市生产率来源问题，鲜有文献将集聚效应、排序效应或选择效应与城市化放入一个框架内，研究城市出口贸易问题；关于中国城市集聚经济的研究尚处于起步阶段，且鲜有文献研究集聚效应、排序效应与城市出口贸易之间的关系问题。因此，本书是对已有文献的有益补充。

四、城市经济韧性与城市贸易

无论是外文文献还是中文文献，尽管从城市经济韧性视角出发研究城市贸易的文献非常匮乏，但通过梳理现有文献我们发现，与本书研究紧密相关的文献可以分为如下两类。

第一类文献主要研究城市经济韧性的含义与主要影响因素。一些文献认为，城市集聚是促进城市经济韧性的重要因素，城市集聚显著促进了企业生产率和城市生产率的提高（Sviekauskas，1975），因此，高集聚度、高生产率城市在面对外部冲击时，能展现出更强的韧性（Martin et al.，2016）。而且，城市集聚产生的知识溢出效应加速了城市人力资本积累，提高了城市创新能力和城市研发支出水平，而城市人力资本积累、城市研发支出水平是提高城市经济韧性的重要驱动因素（Gleaser and Saiz，2004；Gerst et al.，2009；Faggian et al.，2018；Rocchetta and Mina，2019）。NEG 则强调了城市经济磁滞对城市经济韧性的重要作用，认为剩磁的存在使得外部冲击对城市经济发展会产生较为持久的影响（Cross et al.，2012），且正负磁滞效应的影响作用存在差异，正磁滞效应将会使城市恢复到甚至超过冲击之前较高的经济增长率和经济增长水平，而负磁滞效应的存在，可能会使城市经济恢复到原有增长率，但是，城市经济增长水平低于原有增长水平，甚至城市经济出现低增长率和低增长水平（Martin，2012）。

另外，城市产业结构、城市制度结构、城市劳动力市场等也会对城市经济韧性产生重要的影响，如芬格尔顿和帕洛比（Fingleton and Palombi，2013）通过对英国城市的研究，认为城市产业多样性集聚对于解释城市经济韧性具有重要意义。博斯马（Boschma，2014）和道利（Dawley，2014）以及霍尔姆等（Holm et al.，2015）认为，城市制度结构多样性对城市经济韧性也会产生重要影响，因为城市制度结构可以根据外部冲击直接影响区域拓展新增长路径的能力，从而作用于城市经济韧性。

第二类文献基于城市经济集聚，研究了城市经济韧性与城市出口贸易之间的关系。城市经济集聚带来的正外部性可以有效地促进城市出口贸易的发展，主要原因在于，大量高生产率企业和高技能劳动力在大城市集聚有效地提高了城市生产率（Ciccone and Hall，1996；Duranton and Puga，2004；刘秉镰、李清彬，2009；Combes et al.，2012）；集聚带来的劳动力市场池降低了搜寻匹配成本（孙楚仁等，2015b）；集聚强化了知识溢出效应，降低了城市创新成本，从而提高城市创新能力和城市研发支出水平，促进城市经济韧性提升和城市贸易发展（Martin and Ottaviano，1999；Hill et al.，2012）；集聚产生的产业关联效应，既有效地降低了运输成本（Krugman，1991），又促进了国际贸易中城市专业化的形成（Krugman and Elizondo，1996）。但是，出口沉没成本的存在，使异质性出口企业会根据自身的生产率水平和城市生产率分布，排序进入不同规模、不同区位的城市，高生产率企业排序进入大城市或成本更低区位、低生产率企业进入中小城市或大城市外围地区（Baldwin and Okubo，2006；Venables，2011；Ottaviano，2012）。当然，互补效应使大城市既有高生产率企业也有低生产率企业，但高生产率企业占比远高于低生产率企业（Roca and Puga，2014）。

异质性企业在不同规模城市的集聚，使各城市专业化集聚程度和多样化集聚程度产生差异，从而使得异质性城市的经济韧性也存在较大差异，并最终影响城市出口贸易发展。城市出口贸易的发展是专业化集聚和多样化集聚共同作用的结果,但多样化集聚是促进城市贸易发展的主要因素(王世平,钱学锋,2016),此外,城市经济集聚也显著提高了城市经济韧性,而城市经济韧性的提升又显著促进了城市出口贸易的发展(王世平,赵春燕,2016)。孙楚仁等(2015a)从城市经济集聚的角度分析了中国273个地级市出口增长的内在机制和内在动力,实证检验了城市不同集聚模式对城市出口集约边际和扩展边际的影响。

既有文献为我们研究城市经济韧性与城市出口贸易提供了丰富的文献基础,但既有文献也存在一些不足:尽管大量文献研究了城市经济韧性问题,但大多数文献囿于城市经济韧性理论层面的研究,鲜有文献关注城市经济韧性的测算问题,而将城市经济韧性与城市贸易纳入一个研究框架,基于城市经济韧性实证研究城市出口比较优势的文献更是少之又少;目前,国内学者聚焦于异质性出口企业微观层面的研究,鲜有文献将城市作为研究对象和研究主体,探讨城市出口贸易发展背后的影响机制和中国城市贸易增长问题,尤其是中国城市经济韧性与城市出口贸易的经验研究文献更是少有。

五、外部冲击与城市贸易

大量文献对外部冲击与出口贸易的关系进行了研究,而与本书研究紧密相关的文献主要有两类。一类文献从需求侧研究了金融危机期间贸易下滑的原因。从需求侧来看,金融危机使得全球经济衰退,消费者收入降低、消费需求减少,从而导致国际贸易量下降。伊顿等(Eaton et al.,2011)使用30多个国家的双边贸易数据研究发现,80%的总出口贸易量下降是由多个同步发生的需求冲击造成的,全球需求冲击,特别是耐用品需求下降,能够解释绝大部分贸易下降的原因。鲍德温(Baldwin,2009)通过对已有文献的回顾,实证研究了金融危机期间贸易的下降,认为已有文献为研究需求冲击导致出口贸易下降提供了重要依据,且从进口地的需求侧可以更好地解释金融危机期间贸易的变化。列夫钦科等(Levchenko et al.,2009)使用6位数行业代码检验了美国进出口变化,研究发现耐用品需求下降是导致美国贸易下降的主要原因之一,且在国内经历了产出大幅缩减的行业，其贸易降幅也较大。贝姆斯等（Bems et al.，2010）认为，耐用品比最终品在贸易流量中所占权重更高，各部门间在需求上的不对称改变所引起的贸易降幅要高于总需求下降引起的贸易降幅。布奇等（Buch et al.，2010）、鲍德温和埃文特（Baldwin and Evenett，2009）认为，金融危机导致的经济衰退、外部需求下降和融资约束，是全球国际贸易流量大幅下降的主要原因。贝伦斯等（Behrens et al.，2010）使用微观数据分析了2008~2009年比利时贸易大幅下降的原因，研究发现，出口额下降、出口企业数量和平均出口目的地数量的减少，主要是因为进口国的国内生产总值（gross domestic product，GDP）增速下降造成的。古纳瓦德纳（Gunawardana，2005）通过分析亚洲金融危机对澳大利亚出口的影响，发现澳大利亚出口贸易与东亚9个进口国的实际GDP、人均GDP间的关系显著为正。

而中文文献从外部需求视角对金融危机与中国出口贸易的关系进行了大量研究。章艳红（2009）认为，中国出口是外需拉动和低出口成本优势共同作用的结果。裴平等（2009）、沙文兵（2010）等研究了金融危机对中国出口贸易的影响，认为外部需求冲击对中国出口贸易的负作用显著，进口国人均GDP下降、进口需求降低、失业率上升是导致中国出口贸易下降的主要因素。黄先海等（2015）认为，金融危机后，中国主要出口地人均收入降低、市场需求下降，加之进口地消费者偏好的改变可能会使出口企业创新投入减少，这不仅仅降低了中国出口贸易流量，也使得出口产品质量水平下降。佟家栋和余子良（2013）认为，出口波动与融资约束之间互为因果关系，且大部分贸易活动是由少数大企业来完成的，表明只有外部冲击影响大企业后，才能够对总体贸易水平产生实质影响。陈波和荆然（2013）研究发现，外部冲击使中国出口集约边际下降，而扩展边际则呈现增长，因此，集约边际下降是引起中国出口大幅下降的核心原因，且中国出口贸易大幅下降，可以从需求和供给两方面解释。赵春明和魏浩（2010）从需求、汇率、贸易政策、价格、贸易融资和贸易链六个方面分析了金融危机影响中国出口的作用机制，认为金融危机对中国最大的影响就是海外市场需求大幅减弱，如果美国消费者人均消费每下降1%，那么，将会使得中国出口贸易增长速度在两年内累计降低5%~6%，因此，外部需求下降致使中国出口也会出现较大幅度下降，且加工贸易行业所遭受的冲击最大。谢杰等（2018）采用双重差分法，分析了外部冲击、质量差异和出口变动之间的关系，研究发现，金融危机背景下外部收入冲击对高质量产品出口的抑制效应高于对低质量出口产品的抑制效应。

另一类文献主要从贸易供给侧研究了金融危机与贸易之间的关系。哈达德等（Haddad et al.，2010）认为，在金融危机期间，贸易流量下降是需求和供给共同作用的结果。金融危机从供给侧对贸易的作用主要表现为突然的、持久的贸易信贷紧缩（Auboin，2009；Chor and Manova，2010），从而影响企业生产效率和全要素生产率（Estevao and Severo，2010；Schubert，2011），尤其是对于贸易融资依赖性很高的部门体现得更加显著，这将导致供给减少、出口贸易进一步下降（Amiti and Weinstein，2011；Feenstra et al.，2011）。亚科沃尼和萨瓦卡（Iacovone and Zavacka，2009）使用双重差分法（DID）研究发现，金融危机使得贸易信贷依赖性更大的企业出口出现更大下降，即贸易信贷依赖性越强，外部冲击会使得其出口降幅更大。贝姆斯等（Bems et al.，2011）、安德顿和特沃尔德（Anderton and Tewolde，2011）认为，通过中间品贸易，可以使金融危机从一国向他国迅速传播。

此外，学者们从贸易供给侧其他方面也进行了研究，如全球价值链被严重破坏（Yi，2009）、贸易保护主义抬头（Evenett，2009；Jacks et al.，2009）等均可对出口贸易产生较大的负面影响。但也有一些文献实证研究了金融危机对贸易的影响后，并没有得到稳健的结果。如坎帕（Campa，2002）研究了金融危机对南美国家出口的影响，发现金融危机对出口的影响为正但不显著。马和程（Ma and Cheng，2003）使用引力方程检验了金融危机对国际贸易的影响，研究发现，金融危机对出口的短期影响不显著或负影响较弱，而长期影响取决于所考虑的时期长短。余子良等（2015）研究了贸易信贷、资金成本对企业出口集约边际的影响，发现贸易信贷促进了民营企业和外资企业出口贸易的发展，而对国有企业的作用不显著。李柔和梅冬州（2019）将金融危机分为货币危机、银行危机和违约危机三种，采用引力模型检验了金融危机对出口和出口二元边际当期及滞后期的影响。

综上所述，现有研究为我们探讨金融危机导致的外部需求变化与中国城市出口贸易之间的关系提供了深厚的文献基础。但现有文献也存在一定不足：大量文献研究或侧重于国家层面，或侧重于省级层面，或侧重于企业层面，鲜有文献从城市层面出发，研究金融危机或金融危机引发的外部需求下降与城市出口贸易之间的关系，而从城市层面研究外部需求冲击对城市出口贸易的影响，所蕴含的经济意义与国家层面、省级层面和企业层面研究的经济意义是不同的；现有文献在研究金融危机对城市出口贸易的影响时，没有将城市经济韧性这一衡量城市比较优势的重要指标纳入研究体系。

第三节 研究内容、研究框架与研究方法

一、研究内容

本书将国际贸易学与空间经济学分析框架相结合，主要研究城市经济集聚、城市经济韧性与城市出口比较优势之间的关系。本书试图回答五个问题：第一，城市经济集聚与城市经济韧性之间存在何种关系？城市经济韧性的提高，是源于城市产业多样化集聚还是源于城市产业专业化集聚？或是二者共同作用的结果？第二，促进中国城市出口贸易发展的核心因素，究竟是城市经济集聚带来的集聚效应还是排序效应？第三，城市经济韧性能否作为城市的比较优势，以减少城市所面临的外部冲击、促进城市贸易的发展？第四，外部需求冲击对集聚程度不同、韧性不同的中国异质性城市出口贸易会产生怎样的影响？第五，城市经济集聚影响城市贸易的作用渠道是什么？哪个作用渠道是集聚促进城市出口贸易的主要途径？

为了解决上述问题，本书包括以下八章。

第一章，导论。该章首先阐述了本书的研究背景和研究意义，并对相关文献进行了梳理和归纳总结，接着介绍了本书的研究内容、研究框架和技术路线图，最后阐述了本书的研究方法以及创新和不足。

第二章，经济集聚、城市经济韧性与城市贸易：理论源起与演进。该章是本书的理论基础，将从理论上阐述城市经济集聚的逻辑结构，分析城市经济集聚与城市经济增长之间的基本框架以及相互关系，探究城市经济韧性的来源，分析城市经济韧性能否作为比较优势促进城市经济增长和城市出口贸易发展，并减少外部冲击的影响。

第三章，经济集聚对城市经济韧性的影响及作用机制分解。本章先分析了城市经济集聚与城市经济韧性之间的相互关系，在此基础上，将城市经济集聚的来源分解为多样化集聚和专业化集聚，并从理论与实证两方面对多样化集聚、专业化集聚与城市经济韧性的关系进行了分析。

第四章，经济集聚对城市出口贸易的影响：集聚效应还是排序效应。本章在分析中国城市出口贸易特征的基础上，实证检验了城市生产率提高、城市出口贸易发展的来源究竟是集聚效应，还是排序效应。

第五章，城市经济韧性对城市出口贸易的影响。本章分析了影响中国城市经济韧性的因素，并测度了城市经济韧性，实证检验了城市经济韧性与城市出口贸易之间的关系。

第六章，外部需求冲击对城市出口贸易的影响：机制与经验研究。本章在分析外部需求冲击对城市出口贸易影响的理论机制之后，实证检验了外部需求冲击对中国城市出口贸易的影响，以及在此过程中城市经济集聚、城市经济韧性对城市出口贸易的作用。

第七章，经济集聚影响城市出口贸易的作用渠道分解。本章通过对大量既有文献的梳理分析并结合本书的部分研究结论，将城市经济集聚影响城市出口贸易的渠道分解为两个：城市生产率和城市经济韧性，即城市经济集聚通过城市生产率、城市经济韧性的提升，有效地促进了城市出口贸易的发展。在此基础上，对城市生产率和城市经济韧性影响城市出口贸易作用的大小，进行细致的实证检验。

第八章，结论和政策含义。归纳全书的结论，并提出相应的政策建议。

二、结构框架和技术路线图

本书的研究框架是：首先，分析本书研究的理论意义与现实意义，对本书的研究背景进行凝练。其次，通过对既有文献的搜集和梳理，结合本书的研究内容，确定本书的研究目标与研究方案。再次，根据确定的研究目标和研究方案，构建城市经济集聚、城市经济韧性与城市出口比较优势之间的理论与实证研究模型，并对城市经济集聚、城市经济韧性与城市出口贸易之间的内在影响机制与路径进行分解。最后，全面展开对城市经济集聚、城市经济韧性与城市出口比较优势作用机制的实证检验，并根据检验结论提出相应的政策建议。基于上述研究框架，本书技术路线如图 1-1 所示。

三、主要研究方法

本书主要采用理论研究与实证研究相结合的方法。第三章是本书的理论基础，本书将在相关文献基础上，通过构建或拓展理论模型，从城市规模、城市生产率、城市产业结构等多方面来研究城市经济集聚、城市经济韧性的来源，刻画城市经济集聚、城市经济韧性与城市经济增长和城市出口比较优势之间的关系。

为了研究城市经济集聚、城市经济韧性与城市出口贸易之间的关系，本书使用 Stata 软件，将中国海关数据库、中国工业企业数据库、《中国城市统计年鉴》等相关数据进行了合并处理，取合并后的匹配数据库进行分析研究。

在本书的经验研究中，为了刻画城市经济集聚与城市经济韧性，本书先采用固定效应（FE）等方法进行了基准估计，在此基础上使用多种方法进行了稳健性检验：为了克服城市经济集聚与城市经济韧性之间的内生性，本书使用了工具变量法、差分 GMM 方法、系统 GMM 方法；为了检验核心解释变量的选取是否合适，本书采用了改变核心解释变量的方法（例如，使用企业密度替换衡量城市经济集聚水平的变量市辖区非农人口）；为了进一步检验城市经济韧性测算方法的合理性和准确性，本书在稳健性检验时，使用城市失业率和三年滑动平均方法重新测算城市经济韧性后，对城市经济集聚与城市经济韧性的关系进行了再次检验；为了检验异常值对检验结果是否有影响，本书采用了剔除异常值法进行了稳健性检验。当然，本书使用豪斯曼（Hausman）检验方法、自回归（AR）检验方法、拉格朗日（LM）检验方法等来判断内生性是否存在及所选工具变量是否有效。

```
背景凝炼 ──→ 研究背景
              ├─ 在全球经济衰退等外部冲击背景下，城市经济韧性问题越来越受关注
              └─ 中国的城市化是未来10~20年中国经济增长的重要引擎，是促进城市贸易发展和增加贸易利得的关键因素

文献解析 ──→ 研究目标、研究内容、研究方案的确定
              文献收集阅读 → 相关研究成果述评 → 研究目标与研究方案构造

模型构建 ──→ 经济集聚、城市经济韧性与城市出口模型构建
              经济集聚、城市经济韧性影响城市出口贸易的内在机制与路径
              ├─ 城市规模与城市区位
              ├─ 城市生产率
              └─ 城市产业结构

计量应用 ──→ 对经济集聚、城市经济韧性影响城市出口贸易作用机制的实证检验
              展开对城市经济集聚、城市经济韧性与城市出口的经验研究
              ├─ 城市规模与城市经济韧性的内在关系（多样化集聚、专业化集聚）
              ├─ 经济集聚与城市出口贸易（集聚效应、排序效应）
              ├─ 城市经济韧性与城市出口贸易
              ├─ 外部需求冲击与城市出口贸易
              └─ 城市经济集聚影响城市贸易渠道分解

政策构建 ──→ 建设具有良好韧性的城市、发挥集聚正外部性和城市比较优势、促进城市贸易可持续发展、提升中国城市化水平的政策构建
```

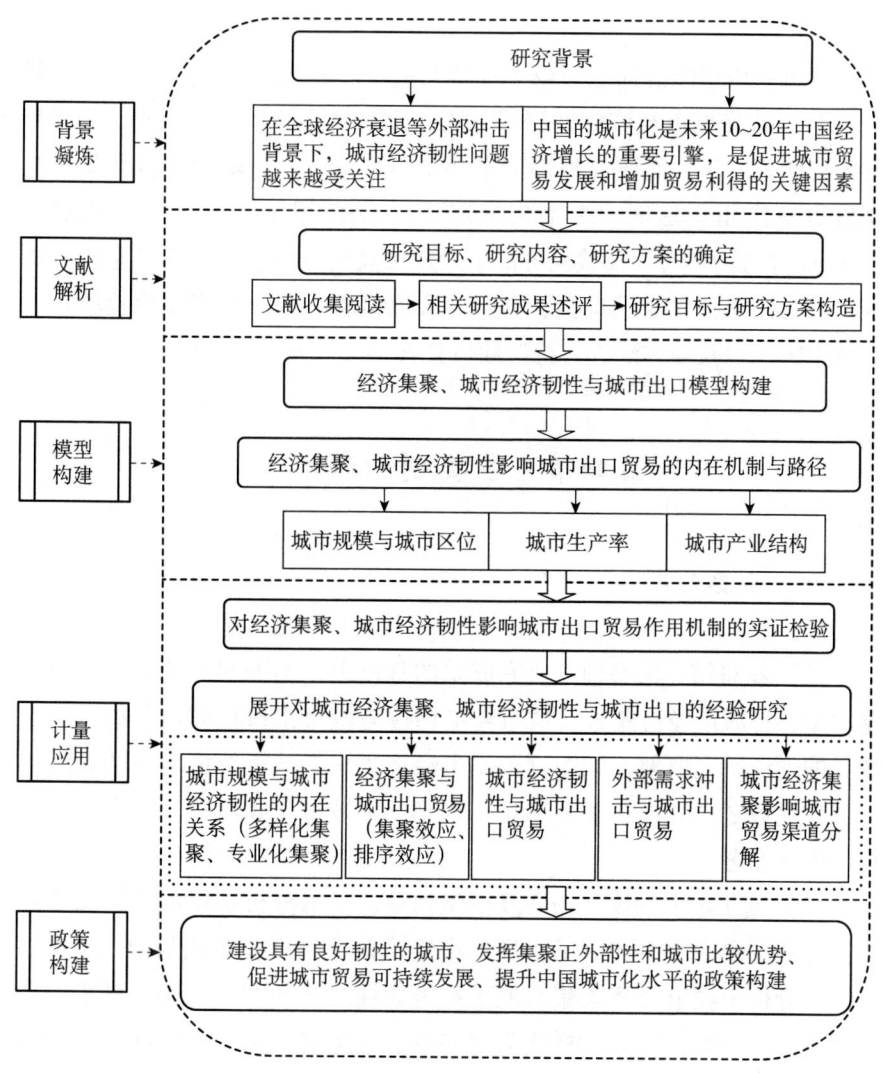

图 1-1 本书技术路线

资料来源：笔者整理绘制而得。

在检验城市经济集聚与城市贸易关系时，本书通过构建联立方程模型并使用 Hausman 检验，检验了联立方程的可行性，采用 2SLS 计量方

法、3SLS 计量方法进行了经验研究。此外，为了识别集聚效应和排序效应对城市贸易影响作用的大小，本书对相关变量进行了标准化处理。当然，在稳健性检验时，也采用了替代变量检验、工具变量法检验、剔除异常值检验等。

在研究城市经济韧性与城市贸易关系时，本书主要使用了 FE、工具变量 IV、改变城市经济韧性测算方法、改变核心解释变量检验、剔除异常值检验等方法。而研究外部需求冲击与城市贸易、城市经济集聚影响城市贸易作用渠道时，本书也采用系统 GMM 方法，当然，也使用了 Hausman 检验方法、AR 检验方法来判定工具变量的有效性和计量模型的合理性；使用替代变量检验、剔除异常值检验、区分城市规模检验和区分城市区位检验等方法进行稳健性检验。

第四节　主要创新和不足

一、主要创新

（1）在总结、借鉴前人研究成果的基础上，本书通过拓展或构建理论模型，将城市经济集聚、城市经济韧性与城市出口比较优势纳入一个统一的理论研究框架，试图刻画城市经济集聚、城市经济韧性与城市出口比较优势之间的内在关系和作用机制，为城市化和出口贸易发展研究提供理论参考。

（2）基于本书的模型拓展或模型构建，本书分析了影响中国城市经济韧性的主要因素、测算了中国城市经济韧性程度。在此基础上，本书进一步分析了城市经济集聚与城市经济韧性之间的关系，并将城市经济集聚进一步分解为城市多样化集聚和专业化集聚，从而比较深入地刻画了城市经济集聚影响城市经济韧性的作用机制。

（3）本书从集聚效应、排序效应角度出发，深入分析中国城市出口贸易发展的源泉，并将城市经济韧性、外部冲击、城市出口贸易纳入一个统一的研究框架，实证检验了在外部需求冲击下，城市经济集聚、城市经济韧性与城市出口比较优势之间的关系,并对城市经济集聚影响城市贸易的作用渠道进行了分解,为构建韧性城市提供了参考。

二、不足之处

(1) 本书在研究城市经济集聚、城市经济韧性与城市出口贸易之间的关系时,尽管进行了相关理论研究,但仅限于对现有理论模型的简化、引用或归纳,而并没有对已有模型进行更加深入的分析和推导,因而使得本书的理论基础略显单薄。

(2) 就本书的研究内容而言,数据的可获得性限制,结合城市经济韧性的含义、本书的研究内容和研究目标,分别使用三种方法计算城市GDP增长指数、三年滑动平均指数和城市失业率,来测算城市经济韧性,尽管达到了预期研究目标,但因本城市经济韧性的测算方法与既有文献中城市经济韧性测算方法存在一定差异,可能对研究结果的准确性会产生一定但不是重要的影响。因此,继续挖掘数据、改进测算方法,是本书今后研究的重要方向之一。

(3) 本书基于外部需求视角研究了外部冲击对城市出口贸易的影响,但是外部冲击既包括外部需求冲击,也包括外部供给冲击以及其他因素(如制度变化等)冲击。因此,没有将外部供给冲击等影响因素纳入本书研究内容,也是本书的研究不足之一。挖掘有关外部供给冲击影响中国城市出口贸易的相关数据,从而更全面地研究外部冲击对城市出口贸易影响以及城市经济韧性能否有效地缓解冲击的负面影响,是今后需要解决的重要问题之一。

第二章

经济集聚、城市经济韧性与城市贸易：理论源起与演进

从理论上厘清城市经济集聚、城市经济韧性与城市贸易之间的影响机制，将会为本书的实证检验奠定坚实的理论基础。因此，本章将通过对大量既有文献的梳理和分析，归纳总结城市经济集聚、城市经济韧性与城市贸易的理论源起与演进。本章首先分析了城市经济集聚的基本逻辑，其次，基于知识溢出视角分析了城市经济集聚与经济增长之间的关系；再次，在分析城市经济韧性含义及影响因素的基础上，探讨了城市经济韧性与城市经济增长之间的关系；最后，分析了城市经济集聚、城市经济韧性与城市出口比较优势之间的关系并阐述了研究进展。

第一节 城市经济集聚的基本逻辑

经济集聚是经济地理的核心问题，自马歇尔（Marshall，1890）提出经济集聚概念以来，许多文献对经济集聚概念及相关问题进行了深入、卓有成效的研究，如杜兰顿和普加（Duranton and Puga，2004）、贝伦斯和罗伯特·尼库德（Behrens and Robert - Nicoud，2015）等。目前，文献主要从以下方面对企业在经济集聚中的作用、大城市生产率来源和城市

经济集聚进行了研究：通过距离测算地理集聚程度（Duranton and Overman，2005）、估计城市间生产率溢出差异（Rosenthal and Strange，2004；Arzaghi and Henderson，2008）、企业选择机制和生产率、企业进入城市经济集聚的动态特征等（Dumais et al.，2002；Klepper，2010；Glaeser et al.，2015）。集聚是一个非常复杂的过程，涉及利益权衡、均衡产出等各个方面。因此，本节在梳理现有文献的基础上，从城市经济集聚的差异和城市内部结构两方面来分析城市经济集聚的基本逻辑。

一、城市间集聚的差异

大量文献对于城市集聚的形成进行了研究，如亨德森（Henderson，1974）、库姆斯等（Combes et al.，2005）和杜兰顿（Duranton，2008，2015）等从生产率溢价、生产成本因素和劳动力供给等方面，研究了城市经济集聚与城市结构。杜兰顿和克尔（Duranton and Kerr，2015）研究了生产率溢价、成本、劳动力供给或劳动力流动与城市集聚之间的关系，集聚与城市结构之间的关系，如图2-1所示。

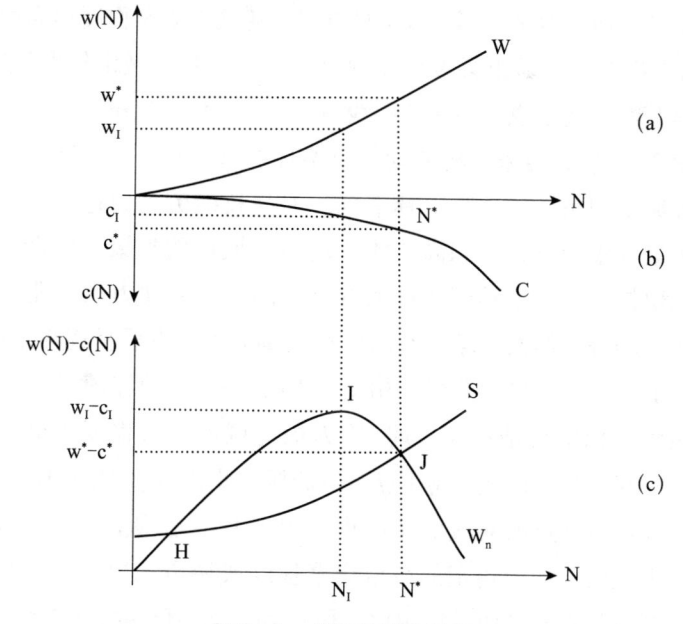

图2-1 集聚与城市结构

资料来源：笔者根据杜兰顿和克尔（Duranton and Kerr，2015）的研究整理绘制而得。

在图2-1中，横轴N表示城市规模（即城市人口）或可能的劳动力供给，w(N)表示工资（生产率曲线）。向上倾斜的工资曲线W意味着，随着城市规模的扩大或城市集聚规模的提高，城市中企业的生产率将会提升，需要支付的工资也随之提高。马歇尔（Marshall，1890）认为，集聚力源于前后向关联、劳动力市场池、知识溢出。而杜兰顿和普加（Duranton and Puga，2004）将这些机制总结为三种力量：分享（分享当地不可分割公共产品的可能性提高了生产率）、匹配（厚劳动力市场促进了企业和工人间的匹配）和学习（在集聚地区，工人和企业间频繁的"面对面"交流产生了本地化知识溢出效应），并且，城市集聚能够产生规模经济。杜兰顿和克尔（Duranton and Kerr，2015）认为，成本曲线C表明，成本也随着城市集聚程度（即城市规模）的增大而增加。其主要原因在于，随着城市集聚程度提高，高租金、高通勤成本、拥挤和可能出现的环境恶化等问题也将愈加显著和突出。此外，城市集聚程度的提高，使得消费品价格可能上升，也可能下降，这取决于较高的投入品产出价格与大城市潜在的较大竞争和多样性比较。w(N)-c(N)表示工资减去成本后的净收益，W_n表示净收益曲线。当城市集聚程度和生产率提高时，净收益也随之增加。但是，当净收益曲线W_n随城市集聚程度提高而到达峰值I点后，净收益与城市集聚程度则出现相反变化：城市集聚程度越高、净收益越低。也就是说，净收益曲线W_n呈倒"U"型分布。

在图2-1中，再来分析劳动力供给曲线S，城市集聚所产生的正外部性以及城市的高工资，吸引越来越多的高技能劳动力进入城市。与此同时，大量高生产率企业和高技能劳动力在城市的集聚，也进一步促进了城市规模扩大和城市集聚程度的提高，随之，劳动力供给曲线S呈向右上方倾斜趋势。然而，净收益曲线在达到峰值I点后呈逐步下降态势，并与向右上方倾斜的供给曲线S相交于J点，此时，城市集聚程度或城市规模也达到了稳定均衡状态，即N^*为最优城市集聚程度或最优城市规模。另外，与净收益曲线峰值I点对应的城市集聚程度N_I相比较，$N^* > N_I$，即净收益最高点所对应的城市集聚程度并不是均衡稳定的城市集聚程度或城市规模，均衡稳定的城市集聚程度或城市规模高于净收益最大时对应的城市集聚程度或城市规模。而一旦劳动力供给大于J点，持续下

第二章　经济集聚、城市经济韧性与城市贸易：理论源起与演进

降的净收益会使得劳动力供给减少，并最终回到稳定均衡状态。

杜兰顿和克尔（Duranton and Kerr，2015）认为，城市集聚经济内微观主体之间的相互关系，会对城市工资曲线（生产率曲线）产生影响。从劳动力角度看，可自由流动劳动力在城市间的流动，有利于降低搜索—匹配成本，而且，可视为一种垂直的知识溢出效应（Serafinelli，2014）。实证研究发现，在相同产业内，劳动力之间的匹配和互补会对生产产生较大的影响。尤其是在大城市，厚劳动力市场能够为企业和劳动力的选择和匹配提供更好的机会，可以加速生产率提高，并提高工资曲线（生产率曲线）向右上方倾斜的幅度。城市规模同样可以影响城市集聚经济体内的产业组织结构，可能使得工资曲线更加陡峭。法利克等（Fallick et al.，2006）认为，众多中小企业在集聚初始期竞相改进技术和设计，竞争中占优的企业迅速雇用处于劣势企业的技能相对较高的劳动力，如果初始集聚特征（如厚劳动力市场、产品市场关联性等）比较明显，这有助于加速技术革新和生产率提高。如果使用企业层面的微观数据进行分析，可以更好地刻画城市集聚特征。早先，大多数文献主要集中于对发达经济体城市集聚的研究，而大量微观数据的应用，使得对广大发展中国家经济集聚的研究越来越多。如杜兰顿（Duranton，2015）研究发现，与发达国家相比，中国和印度的工资曲线具有更高的弹性。当然，与发达国家相比，发展中国家城市集聚经济发展也面临很多挑战和问题，如城市经济发展偏向政策、低效的劳动力流动等。而城市经济发展偏向政策可能不会对实际生产率产生影响，但可以影响城市的工资曲线，使得工资曲线上升。

从图2-1中发现，城市中劳动力供给曲线S对决定均衡净收益的程度具有重要作用。如同格莱泽（Glaeser，2008）指出的，许多城市模型认为，劳动力自由流动下的空间均衡会拉低城市间的净收益。但如果像中国实行户籍制度等限制劳动力在城市间流动政策的情况下，可能会形成非最优形式的二元劳动力市场，从而限制企业和劳动力从城市集聚中所获得的集聚利益。此外，企业家才能也是促进城市经济增长的主要因素之一（Michelacci and Silva，2007；Behrens et al.，2014；Glaeser et al.，2010，2015）。

二、城市内部结构

在既有经典文献中,罗森塔尔和斯特兰奇(Rosenthal and Strange, 2003)、杜兰顿和奥弗曼(Duranton and Overman, 2008)以及埃里森等(Ellison et al., 2010)基于劳动力市场池分析了城市集聚力来源,并研究了集聚力如何影响城市集聚规模的大小。而克尔和科米纳(Kerr and Kominers, 2015)模型通过分析城市或集聚区内地理距离对劳动力和企业相互关系的影响程度,刻画了城市集聚经济内部结构和集聚对企业的影响。杜兰顿和克尔(Duranton and Kerr, 2015)将不同的集聚区域视为不同的圆,通过每个圆相互重叠的区域来分析集聚区内经济体之间的相互关系,如图2-2所示。

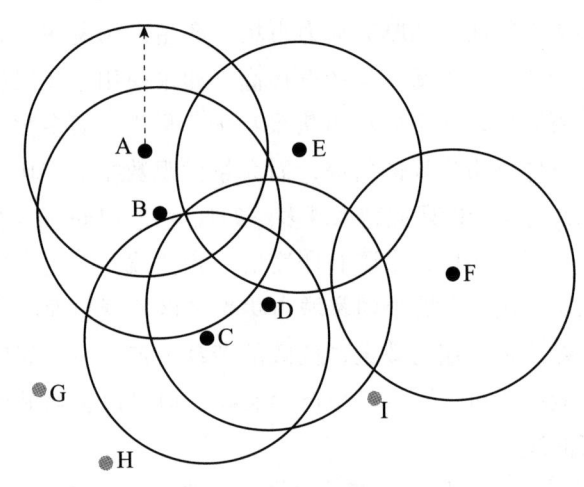

图2-2 城市内部集聚结构

资料来源:笔者根据杜兰顿和克尔(Duranton and Kerr, 2015)的研究内容整理绘制而得。

杜兰顿和克尔(Duranton and Kerr, 2015)假设存在一系列商业核心区,并使用圆点来表示商业核心区。生产企业陆续进入已经固定的商业核心区,其中,黑色圆点(如点A、点B、点C、点D、点E、点F)表示已经有企业选择进入的商业核心区,而灰色圆点(如点G、点H、点I)则表示目前尚未有企业选择进入,但也是企业随后可能选择进入的有效商业区。以点 A 为圆心的圆为例，企业通过与该圆半径为最大溢出范围内其他企业的相互影响，进入并形成以点 A 为核心的集聚区域。当然，固定成本存在，集聚区域内的最大溢出程度是有限的，即以该圆的半径为最大边界，而一旦超出该半径，集聚收益则会递减，并可能在下一个新的地点形成新的集聚区。以点 A、点 B、点 C 等为圆心的圆，各自之间存在大量相互重叠部分，因此，这些重叠部分就构成了更大面积的集聚区域。而在此集聚区域形成中，有效溢出的边界即固定成本的存在对于测度通勤成本和知识溢出，分析城市集聚经济内部结构起到了重要作用。

在图 2-2 中，除了已经进入企业并形成集聚区域的点（黑色表示的点 A、点 B、点 C、点 D 等）之外，还存在灰色表示的点 G、点 H、点 I 等，而这些区域尚未形成集聚区。当以点 A、点 B、点 C 等黑色圆点为圆心的集聚区域内的集聚规模达到一定程度或者达到该区域的最大集聚规模时，这些集聚区域边缘的企业可能会向以灰色圆点 G、点 H、点 I 等为圆心的新区域内移动并开始新一轮的集聚。当然，如果集聚力比较强、集聚产生的溢出效应大于最大溢出半径（即图中黑色圆点为圆心的圆的半径），也就是说，图 2-2 中以黑色圆点为圆心的圆面积扩大，那么，灰色圆点 G、点 H 等均可被纳入集聚区域内，产生更多的交叉重叠区域，从而产生更大的新的城市集聚区和更高的城市集聚程度。反之，则反是。

对于城市内经济集聚，克尔和科米纳（Kerr and Kominers，2015）以美国的"硅谷"为例，使用 IPUMS 数据，分析了科研人员的通勤模式，发现通勤模式越分散，作为城市集聚内部相互作用结果的企业劳动力投入的显著性越弱；通勤模式越集中，显著性越强。因为城市经济集聚的形成是企业和劳动力面对成本和收益时对于利弊权衡后的均衡结果，所以，企业在城市内集聚产生的劳动力市场池效应，使得集聚区内各个经济体之间的相互关系更加密切，这既影响了集聚区内产业结构的形成，也有助于城市集聚经济的进一步强化（Combes and Durantons，2006）。而且，使用企业层面微观数据实证研究企业的进入和退出，可以更深入地理解城市集聚经济的形成（Durantons and Kerr，2015）。

第二节　城市经济集聚与城市经济增长

城市经济活动的空间集聚与城市经济增长相伴而生且难以分开。大量文献研究了集聚与经济增长之间的正向关系（Quah，1996；Ciccone，2002），并且认为城市化是促进经济增长、加速技术进步、提高生产率的重要因素（Lacus 1988；Fujita and Thisse，2002）。马歇尔（Marshall，1890）外部性认为，集聚的形成源于前后向关联、劳动力市场池、知识溢出效应。此后，大量文献对集聚形成的机制进行了理论研究和经验研究。对于城市经济集聚与城市经济增长之间的关系，本节基于知识溢出（即技术溢出）的视角，在分析城市经济集聚与城市经济增长的基本框架基础上，研究了本地化知识溢出和全球化知识溢出下，城市经济集聚与城市经济增长之间的关系。

一、城市经济集聚与城市经济增长基本框架：基于知识溢出视角

雅各布斯（Jacobs，1969）、科和赫尔普曼（Coe and Helpman，1995）以及西科尼和霍尔（Ciccone and Hall，1996）等，从本地技术溢出角度，对经济集聚与经济增长之间的正向关系也进行了间接检验，证实了本地技术溢出的存在。尽管城市间、地区间乃至国家间存在知识传播效应，但是，随着地理距离的增加，这种知识传播效应会快速衰减。理论上，因为大量高技术劳动力和先进企业的相互接近可以提高劳动力、企业的生产率，所以，技术溢出效应也会导致城市经济集聚与城市经济增长之间呈正向关系。

此外，资本流动对城市经济集聚与城市经济增长之间的关系有着重要影响。假如城市间不存在资本流动，那么，随着城市间交易成本的逐步下降，初始时期不会对经济地理产生影响，但是，当到达某一核心关键水平时，将会导致灾难性集聚（catastrophic agglomeration）的发生。这

第二章 经济集聚、城市经济韧性与城市贸易：理论源起与演进 | 35

一结论与藤田、克鲁格曼和维纳布尔斯（Fujita, Krugman and Venables, FKV, 1999）模型的结论类似（Baldwin and Martin, 2004）。当然，根据克鲁格曼（Krugman, 1991）模型，在涵盖交易成本的新贸易模型（New Trade Model）下，本地劳动力流动也会致使灾难性集聚的发生。

尽管克鲁格曼（Krugman, 1991）、克鲁格曼和维纳布尔斯（Krugman and Venables, 1995）以及奥塔维亚诺等（Ottaviano et al., 2002）经典模型中考虑了劳动力问题，但这些模型并不适合研究经济增长，因为人力资本、物质资本积累（知识资本积累）是城市经济持续增长的关键，尤其是知识资本（即技术进步）的作用更为显著（Baldwin and Martin, 2004）。因此，模型中需要考虑资本，且资本存量为内生的。鲍德温和马丁（Baldwin and Martin, 2004）在自由资本模型（footloose capital model, FCmodel）基础上，通过引入一个资本生产部门来构建增长模型，见图2-3。

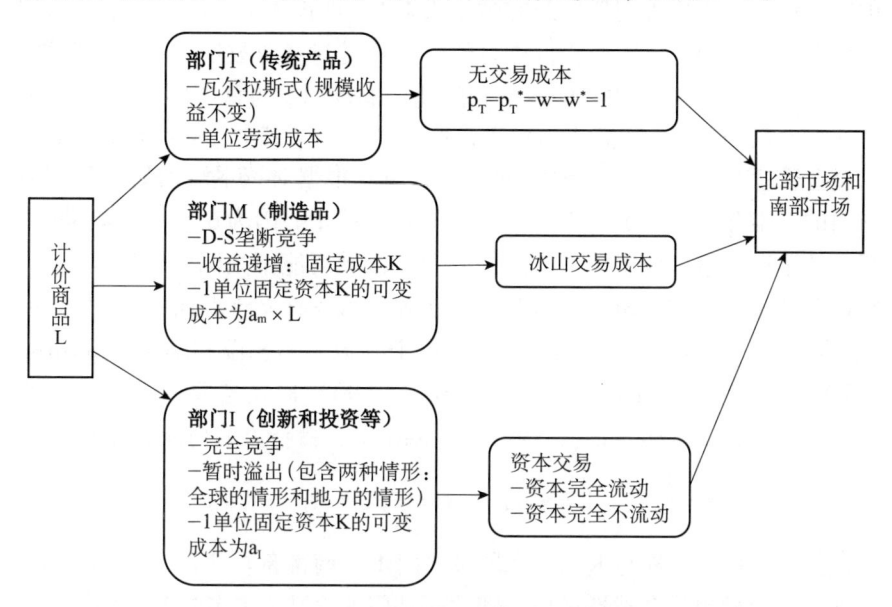

```
              ┌─────────────────┐      ┌──────────────┐
              │ 部门T（传统产品）│      │  无交易成本   │
           ┌─>│ -瓦尔拉斯式(规模│─────>│ p_T=p_T*=w=w*=1│──┐
           │  │  收益不变)      │      │              │  │
           │  │ -单位劳动成本   │      └──────────────┘  │
           │  └─────────────────┘                        │
┌──────┐   │  ┌─────────────────┐                        │  ┌──────────┐
│计    │   │  │ 部门M（制造品） │      ┌──────────────┐  │  │北部市场和│
│价    │   │  │ -D-S垄断竞争    │      │              │  │  │南部市场  │
│商    │───┼─>│ -收益递增：固定 │─────>│ 冰山交易成本 │──┼─>│          │
│品    │   │  │  成本K          │      │              │  │  │          │
│L     │   │  │ -1单位固定资本K │      └──────────────┘  │  └──────────┘
└──────┘   │  │  的可变成本为   │                        │
           │  │  a_m×L          │                        │
           │  └─────────────────┘                        │
           │  ┌─────────────────┐                        │
           │  │部门I（创新和投资│      ┌──────────────┐  │
           │  │  等）           │      │  资本交易    │  │
           └─>│ -完全竞争       │─────>│ -资本完全流动│──┘
              │ -暂时溢出（包含 │      │ -资本完全不流│
              │  两种情形：全球 │      │  动          │
              │  的情形和地方的 │      └──────────────┘
              │  情形）         │
              │ -1单位固定资本K │
              │  的可变成本为a_I│
              └─────────────────┘
```

图2-3 经济增长和经济集聚模型的基本结构

资料来源：笔者根据鲍德温和马丁（Baldwin and Martin, 2004）的研究内容整理绘制而得。

鲍德温和马丁（Baldwin and Martin, 2004）假设I为资本生产部门且进行投资活动和创新活动，K表示资本，L表示劳动力，T为传统产品生产部门，M为制造品生产部门。此外，两个城市的偏好、技术以及交易成本相同。制造品生产部门 M 生产异质性产品，K 表示固定成本，生产每类产品都需要投入 1 单位的资本。生产也需要可变成本的投入，假设每单位的产出需要 a_M 单位劳动力投入，此时，产品的成本函数就可表示为：$\pi + wa_M x_i$。其中，π 为资本 K 的租金比率、w 为工资率、x_i 为企业 i 的总产量。假设传统产品生产部门 T 在完全竞争与规模收益不变条件下所生产的产品是同质的，无论投入量如何变化，1 单位劳动力 L 所生产的传统产品为 1 个单位。由此可得经济增长和经济集聚模型的基本结构，见图 2-3。

区域内的资本 K 由部门 I 生产或创造。如果 K 表示知识资本，那么，I 为创新记忆（mnemonic of innovation）；如果 K 表示人力资本，则 I 为教育；如果 K 表示物质资本，则 I 为投资品。区域内劳动力的存量是固定的、不流动的，这就意味着资本也是不流动的。部门 I 生产 1 单位的资本需要投入 a_I 单位劳动，因此，部门 I 的边际成本等于 wa_I。在此情况下，1 单位的资本也就代表制造部门的固定成本 F。即投入 1 单位资本便可以生产一个新产品种类，因此，世界总的产品种类与企业数量等于资本存量，即：$K^W = K + K^*$，其中，K 表示北部地区的部门 I 的总产出水平，K^* 表示南部地区的部门 I 的总产出水平；$K^W = n + n^*$，其中，n 表示北部地区的企业数量、n^* 表示南部地区的企业数量。根据对资本流动的假设，区域内的资本存量不一定等于该区域中的企业数量。因为在资本可流动时，资本的生产区域和使用该资本的企业所在区域可能不是同一区域，所以，在这种情况下，该区域的资本存量与区域内的企业数量就会产生差异。

对于单个企业 I，创新成本 a_I 是一个参数。鲍德温和马丁（Baldwin and Martin，2004）在总结罗默（Romer，1990）以及格罗斯曼和赫尔普曼（Grossman and Helpman，1991）的基础上，概括出下列标准假设：

$$\dot{K} = \frac{L_I}{a_I}; \quad F = wa_I; \quad a_I = \frac{1}{K^W}; \quad K^W = K + K^* \quad (2-1)$$

如前文所述，K 与 K^* 表示北部部门 I 与南部部门 I 的总产量水平。此外，知识溢出是全球性溢出，即北部部门 I 学习了更多的南部部门 I 的创新。并且，因为产品种类数量、企业数量和资本存量相同，所以，产品种类增长率可以表示为：$g = \dot{K}^W / K^W$。假设代表性消费者的效用为：

$$U = \int_{t=0}^{\infty} e^{-\rho t} \ln Q dt; \quad Q = C_T^{1-\alpha} C_M^{\alpha}; \quad C_M = \left(\int_{i=0}^{K=K^*} c_i^{1-1/\sigma} di \right)^{\frac{1}{1-1/\sigma}}$$

$$(2-2)$$

在式（2-2）中，ρ表示时间偏好率；σ表示产品种类之间的不变替代弹性，而其余各个参数的含义与通常代表的含义并无差别。消费者效用最大化表明，在北部地区消费者总支出 E 中，将不变比例 σ 用于生产制造品 M，其余部分则用于生产传统产品 T。我们可以根据最优条件得出传统产品 T 的单一需求弹性以及制造品种类的 CES 需求函数形式。

从供给侧来看，如果南北两个地区均生产传统产品 T，那么，自由贸易将会使名义工资均等。若假设北部地区的劳动力为标准计价物，则 $w = w^* = 1$。而对于制造业部门 M，有 $a_M = 1 - 1/\sigma$。因此，垄断竞争条件下均衡时的经营利润，等于销售收入除以不变替代弹性 σ。根据最优价格策略和产品销售均衡条件，可以将北部经营利润 π 和南部地区经营利润 $π^*$ 分别表示为：

$$\pi = bB\frac{E^W}{K^W}; \quad B \equiv \frac{s_E}{s_n + \phi(1-s_n)} + \frac{\phi(1-s_E)}{\phi s_n + 1 - s_n}, \quad b \equiv \frac{\alpha}{\sigma}, \quad \phi \equiv \tau^{1-\sigma}$$

$$\pi^* = bB^*\frac{E^W}{K^W}; \quad B^* \equiv \frac{\phi s_E}{s_n + \phi(1-s_n)} + \frac{1-s_E}{\phi s_n + 1 - s_n} \quad (2-3)$$

在式（2-3）中，E^W 表示北部地区和南部地区（即全世界）的总消费；$s_E \equiv \frac{E}{E^W}$ 表示北部地区消费占总消费的比重；$s_n = \frac{n}{n+n^*}$ 表示北部地区企业数量占全部企业数量的比重；φ 表示自由度且 $0 \leq \phi \leq 1$，若 $\phi = 1$，则表示完全自由度，也就是说，贸易成本为 0。s_K 为资本不流动时，北部地区的资本份额。

在上述基本框架的基础上，我们从不存在本地知识溢出（即全球化技术溢出）、存在本地知识溢出（即本地化技术溢出）两方面来分析城市经济集聚与城市经济增长之间的关系。

二、全球化技术溢出下城市经济集聚与城市经济增长

在不存在本地知识溢出的情况下，因为创新、生产的区位和创新过程无关，所以，总体均衡增长不会受到产业空间分布的约束。鲍德温和马丁（Baldwin and Martin, 2004）认为，通过引入托宾 q 值，可以得到每

一新单位投资 K 的稳态价值（steady-state values），并表示为：

$$v = \frac{\pi}{\rho + g}; \quad v^* = \frac{\pi^*}{\rho + g} \quad (2-4)$$

在式（2-4）中，v 表示每单位资本 K 的股票价值。创新部门的自由进入条件，使得创新资本价值（即股票价值 v）等于创新边际成本（即资本的重置成本 F）的增速。从而可以得出地区的 q 值：

$$q = \frac{\pi K^W}{\rho + g}; \quad q^* = \frac{\pi^* K^W}{\rho + g} \quad (2-5)$$

在全球性知识溢出情形下，企业区位对创新成本和总体市场规模不会产生影响，结合世界劳动力市场均衡条件：$2L = \alpha E^W(1-1/\sigma) + (1-\alpha)E^W + g$，以及世界支出水平：$E^W = 2L + \rho$，我们可以计算出均衡增长率和世界资本存量：

$$g = 2Lb - (1-b)\rho; \quad b \equiv \frac{\alpha}{\sigma} \quad (2-6)$$

式（2-6）表明，当知识溢出为全球性时，均衡增长率 g 不受地理区位的影响，而是与世界经济规模间呈正相关关系。此外，通过对北部地区支出份额 s_E 和北部地区资本份额 s_K 的分析，我们可以得到北部地区最优储蓄函数（支出函数），表示为：

$$s_E \equiv \frac{E}{E^W} = \frac{L + \rho s_K}{2L + \rho} = \frac{1}{2} + \frac{\rho}{2L + \rho}\left(s_K - \frac{1}{2}\right) \quad (2-7)$$

但是，对产业空间分布而言，资本流动与否对于区域均衡和经济增长会产生较大影响。在完全资本流动下，北部地区的企业份额 s_n 与资本份额 s_K 之间的均衡关系可表示为：

$$s_n = \frac{1}{2} + \frac{\rho}{2L+\rho}\frac{1+\phi}{1-\phi}\left(s_K - \frac{1}{2}\right), \quad 0 \leq s_n \leq 1 \quad (2-8)$$

如果初始资本份额 $s_K > 1/2$，则 $s_n > 1/2$，即北部地区的企业数量多于南部地区。s_K 的增长，将导致企业向北部地区迁移，同样，支出规模、市场规模的增加也会使得企业向北部地区迁移。$s_K > 1/2$ 也意味着，北部地区比南部地区富有，但此时资本的流向是不确定的，原因在于存在市场拥挤效应（分散力）和市场进入效应（集聚力）。资本流向取决于贸易成本的阈值。

$$\phi^{CP} = \frac{L}{L + \rho} \quad (2-9)$$

第二章 经济集聚、城市经济韧性与城市贸易：理论源起与演进

如果贸易成本高于阈值，则企业将向北部地区迁移；如果贸易成本低于阈值，则企业向南部地区移动。

接着，分析不存在资本流动时的情形。尽管前文我们描述了经济增长和地理集聚之间的均衡，但是，因为排除了循环累积因果关系，所以，并没有出现灾难性集聚。现在，我们改变假设：资本和劳动力均不流动，这意味着：$s_n = s_K$（即每个区域内的企业数量等于资本的数量）、北部地区利润和南部地区的利润可能不相同。

首先，考虑对称均衡的稳定性。两个区域均有投资，且 $q = q^* = 1$，$s_n = s_K$，可得：

$$s_K = \frac{1}{2} + \frac{1+\phi}{1-\phi}\left(s_E - \frac{1}{2}\right) \qquad (2-10)$$

式（2-10）表明，北部地区需求的增加可以提高北部地区利润和资本边际价值，这就刺激了北部地区的创新，引起资本份额 s_K 的增加。结合式（2-7），我们可以得到对称解 $s_E = s_K = \frac{1}{2}$，总是一个均衡值。然而，s_E 和 s_K 之间的正向关系也表明，对称均衡可能是不稳定的。鲍德温和马丁（Baldwin and Martin，2004）使用持久收入（permanent income，PI）线和最优投资（optimal investment，OI）线，分析了 s_E 和 s_K 之间的均衡关系，见图 2-4。

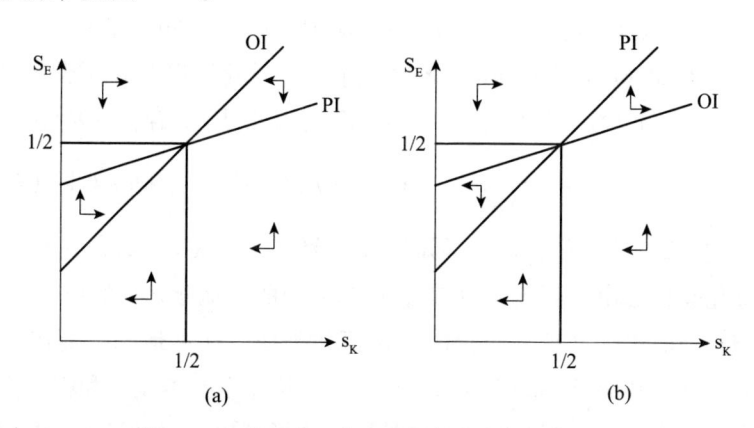

图 2-4　北部地区支出份额与资本份额稳定性

资料来源：笔者根据鲍德温和马丁（Baldwin and Martin，2004）的研究内容整理绘制而得。

在图 2-4（a）中，PI 线的斜率小于 OI 线。在 PI 线的右侧，$s_E < s_K$（即北部地区支出的份额小于北部地区投资的份额），说明北部地区的投资企业数量过多；在 OI 线的左侧，则意味着北部地区投资企业过少。这就表明，在此种情况下的对称均衡是稳定的。而在图 2-4（b）中，PI 线的斜率大于 OI 线。这种情况下的对称均衡是不稳定的。此时，PI 线的斜率是 $\rho/(2L+\rho)$，OI 线的斜率是 $(1-\phi)/(1+\phi)$。如前文所述，贸易成本的存在使得此时的均衡不稳定，即当贸易自由度大于贸易成本的阈值 ϕ^{CP} 时，均衡是不稳定的。

当然，除了上述对称稳定均衡状态之外，还存在中心—外围均衡。如，当 $s_K = 1$ 时，便是一种中心—外围均衡，即北部地区是核心而南部地区则是外围，所有创新均在北部地区进行，而南部地区没有创新部门与制造部门。此时，存在 $q = v/F = 1$、$q^* = v^*/F^* < 1$，结合前文公式，可得：

$$q^* = (1+\phi^2)L + \phi^2\rho(2L+\rho)\phi \qquad (2-11)$$

如果 $q^* < 1$，则存在中心—外围均衡，且均衡是稳定的。但是，当贸易成本变得足够高时，中心—外围均衡虽然存在但不是稳定均衡。

三、本地化技术溢出下的城市经济集聚与城市经济增长

在格罗斯曼和赫尔普曼（Grossman and Helpman，1991）的基础上，鲍德温和马丁（Baldwin and Martin，2004）分析了全球化知识溢出情形后，接着，分析了本地化知识溢出的情况。本地化知识溢出情况下，存在下列假设：

$$F = a_I; \qquad a_I \equiv \frac{1}{AK^W}; \qquad A \equiv s_n + \lambda(1-s_n), \qquad 0 \leq \lambda \leq 1 \qquad (2-12)$$

在式（2-12）中，λ 表示知识溢出程度，当 $\lambda = 1$ 时，在表示完全的全球化知识溢出；而当 $\lambda = 0$ 时，则为完全的本地化知识溢出。

与知识溢出为全球性溢出的分析框架类似，在本地知识溢出下，鲍德温和马丁（Baldwin and Martin，2004）也从完全资本流动和资本不流动两方面进行了分析。资本完全流动情况下的经济集聚与经济增长的均衡的关系。在资本完全流动下，知识溢出的本地性使得所有创新都在企业数量最多的区域进行。当 $s_K > 1/2$ 时（即北部地区资本初始存量高于南部地区

时），则 $s_n > 1/2$，创新在北部地区进行。因此，劳动力市场均衡表示如下：

$$2L = \frac{g}{s_n + \lambda(1-s_n)} + \alpha\frac{\sigma-1}{\sigma}E^W + (1-\alpha)E^W \quad (2-13)$$

在式（2-13）中，世界支出表示为 $E^W = 2L + \rho FK^W$。结合式（2-12）和式（2-13），可得到资本增长率 g 的表达式为：

$$g = 2bL[s_n + \lambda(1-s_n)] - \rho(1-b), \quad 1/2 < s_n \leq 1 \quad (2-14)$$

这是本地知识溢出下完全资本流动时的第一个均衡关系。由式（2-14）可知，资本增长率 g 与企业数量 s_n 之间呈正向关系，即本地知识溢出效应：创新部门在北部地区的集聚程度提高，使得北部地区创新成本降低、资本增长率上升。而此时，对于北部地区的企业份额 s_n 与支出份额 s_E 之间的关系，即第二个均衡关系可表示为：

$$s_n = \frac{1}{2} + \frac{1+\phi}{1-\phi}\left(s_E - \frac{1}{2}\right), \quad 0 \leq s_n \leq 1 \quad (2-15)$$

通过式（2-15）发现，s_n 与 s_E 之间呈正向关系，即本地市场效应（或需求联系效应）。同时，结合前文分析，我们也可以得到第三个均衡关系，即支出份额 s_E 与资本增长率 g 之间的关系：

$$s_E = \frac{1}{2} + b\frac{\rho}{g+\rho}\left(s_K - \frac{1}{2}\right) \quad (2-16)$$

通过式（2-16）可知，s_E 与 g 之间为负向关系，这可以理解为竞争效应。北部地区企业数量增长，使得原有企业的垄断利润下降。此外，北部地区过多依赖资本收益，北部地区支出份额也会下降。

利用这三个均衡关系，在 $s_K > 1/2$ 时，可以得到使企业从北部地区向南部地区迁移的成本。如果贸易成本 $\phi < \frac{\lambda L(1-s_K) + Ls_K}{\lambda L(1-s_K) + Ls_K + \rho}$，那么，$s_K > s_n$。

接着，分析不存在资本流动情况下的经济集聚与经济增长的均衡。鲍德温和马丁（Baldwin and Martin，2004）认为，当不存在资本流动时，南北两个地区内资本的价值是不同的，并且，创新部门的完全竞争使得资本价值受地理区位的影响。因此，资本和创新的价值就是其边际成本，地理区位也会对利润产生较大影响。

利用最优储蓄函数（支出函数），可以得到持久收入关系（即北部地区的资本份额 s_K 增加使得北部地区支出份额 s_E 增加）和最优投资关系。

此外，如果不考虑本地性知识溢出，当 $s_K = 1$ 时，可得：

$$\left(\frac{\partial \overline{q}/\overline{q}}{\partial s_K}\right)\bigg|_{s_K = 1/2} = 2\left(\frac{1-\phi}{1+\phi}\right)\left(\frac{ds_E}{ds_K}\right)\bigg|_{s_K = 1/2} + \frac{4}{1+\lambda}\frac{1+\phi^2}{(1+\phi)^2}\left[1 - \lambda - \frac{(1-\phi)^2}{1+\phi^2}\right] \quad (2-17)$$

$\dfrac{\partial s_E}{\partial s_K} = \dfrac{2\lambda\rho}{(1+\lambda)[L(1+\lambda)+\rho]}$，因此，当 $s_K = \dfrac{1}{2}$ 时，式（2-17）右边第一项为正值，即需求联系效应为正值。北部地区资本份额 s_K 的增加导致北部地区资本收入份额和支出份额以及本地利润增长，从而导致创新价值增加。式（2-17）右边第二项也为正值，即本地知识溢出效应：北部地区资本份额 s_K 的增加，降低了创新成本，因而，进一步促进了北部地区创新。

考虑本地性知识溢出，也就意味着经济地理会影响全球增长率。经济地理改变的非线性使得增长率改变也是非线性的，因此，增长可以分为不同阶段。因为 $q = q^* = 1$、$s_K = 1/2$，所以，第一阶段的增长率 g 可以表示为：

$$g = bL(1+\lambda) - \rho(1-b) \quad (2-18)$$

不难发现，增长率 g 随着本地化程度 λ 的加深而增长。$s_K = s_n = 1/2$，因此，增长率可以表示为：

$$g = 2bL - \rho(1-b) \quad (2-19)$$

在式（2-19）中，增长率与全球性知识溢出时的解表示形式相同，原因在于中心—外围理论中所有的创新者均位于同一区域，因此，本地化程度 λ 不会对知识产生影响。

如果贸易成本较高，最后阶段的增长率会高于最初阶段的增长率。最初阶段，随着贸易成本逐渐降低，尤其是当超过某个阈值时，将会导致灾难性集聚：一个地区加速创新，而另一个地区停止创新。也就是说，北部地区（即起飞区域）加速创新并进入一个良好的循环发展阶段，北部地区资本成本存量增加，导致市场规模扩大、创新成本下降，从而进一步促进了投资与创新。而南部地区因为较低的资本积累使得市场规模较小、创新成本大幅增加，所以，创新的意愿和动力越来越小，最终南部地区停止创新并从事传统产品的专业化生产。

综上所述，我们可以得出一个基本结论，经济增长影响经济地理，反过来，经济地理影响经济增长，增长极对经济集聚产生了较大的推动作用。

第三节　城市经济韧性与城市经济增长

韧性（resilience）在学术界、政治领域和公共领域的论述中广泛使用，但是，它引起城市经济学家、空间经济学家和经济地理学家的注意，只是近几年的事。从既有文献来看，有关城市经济韧性研究的文献相对较少，且主要聚焦于城市经济韧性的含义、特征和影响因素分析，直接研究城市经济韧性与经济增长的文献相对匮乏，经验研究的文献更是少有。[①] 本节将从城市经济韧性的含义和影响因素入手，分析城市经济韧性与城市经济增长之间的关系。

一、城市经济韧性主要影响因素

自从雷贾尼等（Reggiani et al.，2002）首次提出，韧性可能是动态空间经济系统的一个非常重要的方面，尤其是这种空间经济系统外部冲击、扰动和干预之后，城市或区域经济研究者开始接受并在其研究工作中使用这一概念。例如，罗斯和廖（Rose and Liao，2005）、威尔和坎帕内尔（Vale and Campanella，2005）、福斯特（Foster，2007）、希尔等（Hill et al.，2008）、派克等（Pike et al.，2010）、西米和马丁（Simmie and Martin，2010）、奈斯特伦（Nyström，2018）、基索斯等（Kitsos et al.，2019）等。特别是2008年席卷全球的金融危机以及随之而来的严厉经济政策，使得城市经济韧性问题更受关注。但是，对于城市经济韧性含义的准确理解和测度、韧性的决定因素以及韧性如何与经济长期增长模式相联系等问题，学界仍然有不同的观点，原因在于，不同学者在解释不同现象时，所使用的韧性含义有所不同（Bishop，2019；王永贵，高佳，2020）。

---

① 本书中的城市韧性概念，不同于城市规划和地理学等学科研究中城市韧性的含义，本书的城市韧性实际上是指城市经济韧性，而城市规划和地理学科中的城市韧性是指，城市的工程韧性。

马丁（Martin，2012）在总结前人研究的基础上认为，可以从四个相互关联的维度来刻画面对外部冲击或经济衰退时城市经济韧性的含义，见图2-5。

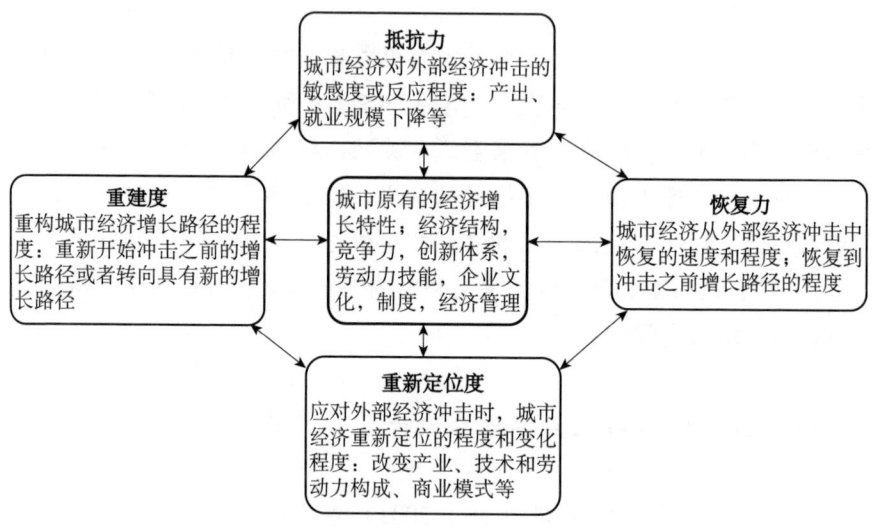

抵抗力
城市经济对外部经济冲击的敏感度或反应程度：产出、就业规模下降等

重建度
重构城市经济增长路径的程度：重新开始冲击之前的增长路径或者转向具有新的增长路径

城市原有的经济增长特性：经济结构，竞争力，创新体系，劳动力技能，企业文化，制度，经济管理

恢复力
城市经济从外部经济冲击中恢复的速度和程度；恢复到冲击之前增长路径的程度

重新定位度
应对外部经济冲击时，城市经济重新定位的程度和变化程度：改变产业、技术和劳动力构成、商业模式等

图2-5 城市经济韧性四维定义

资料来源：笔者根据马丁（Martin，2012）的研究内容整理绘制而得。

第一个维度是抵抗力（resistance），即城市经济对诸如经济衰退等外部冲击或外部干扰的脆弱性或敏感性。第二个维度是恢复力（recovery），即经济从这种破坏中恢复的速度和程度。一个有趣的问题是，恢复速度和恢复程度取决于首次应对冲击时免疫力的大小。第三个维度涉及重新定位（re-orientation），即为了城市产出、就业和收入，城市经济需经历结构性重新定位。第四个维度是重建度（renewal），即城市经济重建或重新开始具有冲击之前的增长路径力度。这些不同维度下的城市经济韧性，通过不同方式相互作用并产生不同效果。而且，它们通过汲取各种要素和特性优势，共同构成城市经济应对重大外部冲击的反作用力。具有较强潜在增长动态的城市经济，可能会更具抵抗经济衰退的韧性，或者，如果该城市经济受到了严重影响，也可能会快速恢复并重新回到冲击之前的动态发展。因此，城市经济遭受结构破坏的影响可能会更少，或者能够快速改变、进入新的增长领域。而马丁和桑利（Martin and Sunley，2015）则认为，城市经济韧性是指，城市经济或本地经济如果需要通过适当的经济结构的改变，以便保持或回归其原有的发展路径，或转向一个新的生产力更高、人力资本更高、环境更好的可持续发展路径，以此恢复来自市场冲击、竞争冲击和环境冲击对其增长路径冲击的能力。进一步说，这一概念强调韧性是一个涉及多方面的动态回归过程（recursive process）。这一定义被众多学者采纳，如龚和哈辛克（Gong and Hassink，2017）、基索斯等（Kitsos et al.，2019）、徐圆和邓胡艳（2020）、李强（2020）、张秀艳等（2021）等。

当然，当城市面临的外部经济冲击形式不同时，冲击所产生的影响也不同，因而，城市经济韧性的含义也会有差异。如，NEG 理论认为，韧性是指，在面对冲击时空间经济活动模式的均衡稳定性，外部经济冲击使得城市经济向新的空间均衡模式发展。熊彼特演化理论（evolutionary schumpeterian theory）认为，外部冲击可视为创造性破坏和竞争性选择，因而，城市经济韧性可以定义为城市经济的适应力和城市产业—技术系统积极的重组能力或重新定位能力。而标准路径依赖理论（path dependence theories）认为，通过各种自我强化过程，城市经济发展路径存在锁定效应（locked - in effcet）（Martin and Sunley，2006，2010）或磁滞效应（hysteresis effect）。正锁定效应或磁滞效应使得遭受外部冲击时，城市经济的自我强化过程和机制会促使城市经济保持或快速恢复到之前的经济增长路径。当技术越来越落后、制度严重滞后等问题出现而使得城市经济发展出现负锁定效应或磁滞效应时，城市经济韧性也会削弱，城市经济对外部冲击的敏感性就越来越强，对外部冲击的抵御能力越来越弱。

为了解释城市与城市之间、地区与地区之间会出现不同韧性的原因，学者们从不同角度对城市经济韧性的影响因素进行了研究。戈斯特等（Gerst et al.，2009）、法吉安等（Faggian et al.，2018）及罗切塔和米娜（Rocchetta and Mina，2019）认为，人力资本、劳动力受教育程度和技能是提高城市经济韧性的主要因素。霍尔姆等（Holm et al.，2015）认为，经济韧性强弱取决于产业结构、城市规模和城市多样化集聚水平。博斯马（Boschma，2014）和道利（Dawley，2014）认为，制度结构的多样性可以影响城市韧性，制度结构可以根据外部冲击直接影响区域拓展新增长路径的能力，进而作用于城市经济韧性。此外，杜瓦尔等（Duval et al.，2007）、孙久文和孙翔宇（2017）、费德和穆斯特拉（Feder and Mustra，2018）、贺灿飞和陈韬（2019）、李连刚等（2019）、李等（Li et al.，2020）和谭俊涛等（2020）认为，城市经济韧性受城市劳动力市场、创新能力、商业环境以及收入差距等因素的影响。安虎森（2009）和马丁（Martin，2012）等认为，经济磁滞会对城市经济韧性产生重要影响。而马丁和桑利（Martin and Sunley，2015）认为，影响城市经济韧性的内在主要因素有四个：城市经济结构、城市外部性、城市基础条件和企业、劳动力与消费者的心理状态。当然，外在条件因素也会影响城市经济韧性，如图2-6所示。

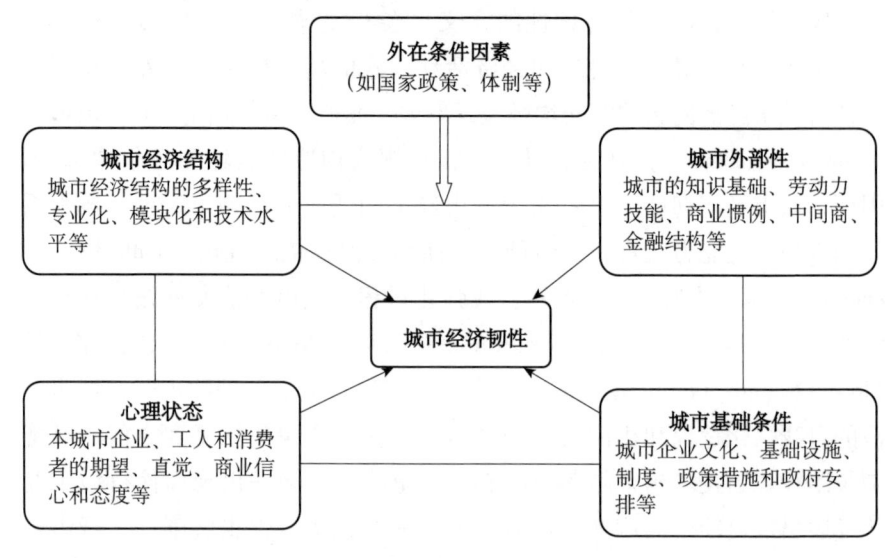

图 2-6　城市经济韧性主要决定因素

资料来源：笔者根据马丁和桑利（Martin and Sunley，2015）的相关研究内容整理绘制而得。

二、城市经济韧性与城市经济增长关系

马丁（Martin，2012）对城市经济韧性与城市经济增长的关系进行了细致分析，认为尽管城市经济具有可辨识的、相对稳定的增长趋势或路径特征，但是，城市经济从未完全处于均衡状态。因此，城市经济韧性就是在遭受外部冲击时，经济发展系统恢复到之前的经济增长状态或路

径，而无论之前的经济状态或路径是否处于均衡。实际上，这与弗里德曼（Friedman，1993）、吉姆和纳尔逊（Kim and Nelson，1999）经济波动模型（plucking model）内涵是相似的。波动模型认为，经济衰退冲击应该是不可持续的，且对经济长期增长或增长趋势没有持久影响。根据波动模型，经济衰退冲击导致的经济下降规模可以预测随之而来的经济复苏或恢复规模，但是，经济复苏规模并不能预测下一轮经济缩减规模，即经济衰退规模与经济复苏规模是非对称的（见图2-7）。

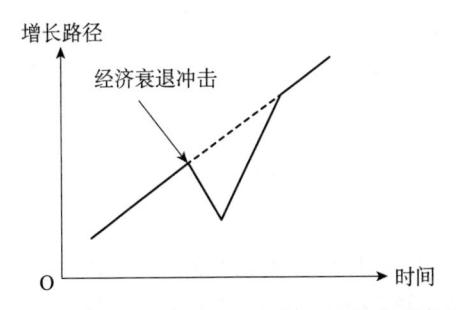

图2-7 外部冲击并未改变城市经济长期增长趋势

资料来源：笔者根据马丁（Martin，2012）的研究内容整理绘制而得。

向右上方倾斜的稳定增长率取决于区域劳动力、资本和环境资源，以及如何利用它们。相比国内其他城市，如果一个城市通过其较强的吸引力能够获得更多资本、劳动力和技术流入，则该城市经济增长趋势强于国内城市整体经济增长。假设外部冲击（即经济衰退冲击）影响了城市经济发展，城市产出和就业都会下降。随着经济复苏，城市产出和就业增长可以恢复至没有受到冲击时的状态，因此，城市经济发展也就回到了冲击之前的增长率。当然，产出和就业准确的下降和恢复模式可能不会相同，但是，对于经济均衡模型或波动模型而言，城市产出或就业都会恢复至经济衰退之前的增长路径。然而，这种有关城市经济韧性的模型，并未假设或考虑外部冲击对于城市经济结构的影响。在现实经济世界中，城市经济结构的改变几乎是经常发生的。这种城市经济结构的改变，能够影响城市对于未来经济衰退的韧性，换而言之，城市经济韧性可以随着时间而自我发展。

此外，城市经济韧性的大小，又受城市经济磁滞的影响。罗默（Romer，1990）认为，磁滞是冲击对经济增长路径的持久影响。赛特菲尔德（Setterfield，2010）认为，经济中磁滞与经济结构改变有关。如果冲击非常强烈，可能会改变经济代理人的行为、改变经济布局，并为经济创立新的独立发展路径。马丁（Martin，2012）认为，负磁滞对城市经济增长路径会产生两种不同的影响，见图2-8。

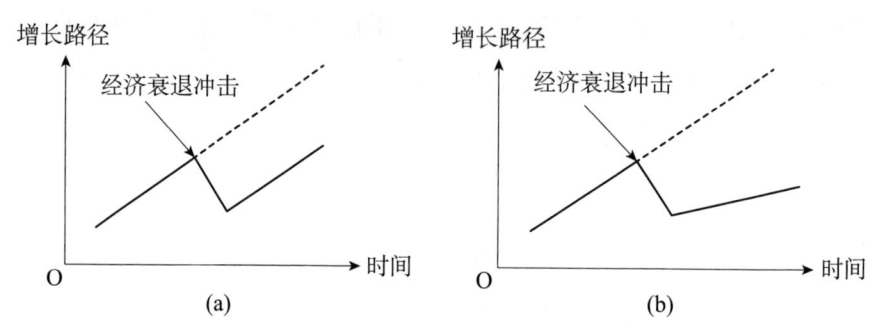

图2-8 经济衰退冲击对城市经济增长路径的负磁滞影响

注：图2-8（a）为经济衰退冲击之后，城市经济恢复到经济衰退之前的增长率；
图2-8（b）为经济衰退冲击之后，城市经济呈现持续低增长率。
资料来源：笔者根据马丁（Martin，2012）的研究内容整理绘制而得。

通过图2-8（a），马丁（Martin，2012）指出，经济衰退冲击使得城市经济增长永久性地低于冲击之前的水平，但是，经济增长率恢复到了冲击之前。也就是说，经济衰退显著破坏了城市生产能力和城市就业。城市失业率是否持久上升，取决于劳动力退出城市劳动力市场或进入城市劳动力市场的程度。假设退出的企业和劳动力并不是根据部门、企业和劳动力生产率的高低确定，此时，城市经济能够恢复到冲击之前的增长率，但是，增长路径趋势会持久性地低于冲击之前。内生增长理论同样认为，重大外部冲击会产生向下的磁滞效应。即使经济衰退冲击后城市经济增长获得恢复，但是，城市生产率再也不能回到经济衰退之前的位置。图2-8（b）展示了经济衰退冲击对经济增长影响的一个特例。深度经济衰退使得城市经济出现反工业化，就是这种特例的典型代表。马丁（Martin，2012）认为，在此情形下，遭受毁灭性巨大冲击的城市工业基础部门，会对本地其他部门经济活动产生负乘数效应，进而降低城市经济增长、就业和收入，并出现消费者购买力严重下降等连锁反应

(knock-on effects)。同样，对劳动力供应、资本流动和本地企业家精神也会产生经济衰退诱导效应（recession-induced effects），即劳动力从本区域迁出增加、劳动力参与度降低；投资下降甚至出现投资逆转；本地商业环境风险增加，使得创业精神下降。萧条的经济环境不太可能提供有助于创建新企业和提供新工作，或者为生产增加投资的条件。这些效应使得城市内企业和工人的效率大幅降低、城市整体经济持久性下降。因此，城市经济增长水平（即城市产出水平和就业水平）会低于冲击之前。但无论是图2-8（a）还是图2-8（b），所体现出的城市经济韧性都较低。

众多有关经济磁滞的研究，都是指冲击的负效应，但是，也存在正效应的可能性。图2-9反映了经济衰退冲击对城市经济所产生的两种正磁滞效应。通过图2-9，马丁（Martin，2012）认为，在遭受经济衰退冲击之后，城市经济发展水平迅速恢复，且最终超过了遭受冲击之前的城市经济增长水平。这可能是因为较高的乐观商业预期、扩大产出和就业的有利空间能力，或者是一些初始机会（如新企业的成立或类似因素）提高了生产率。

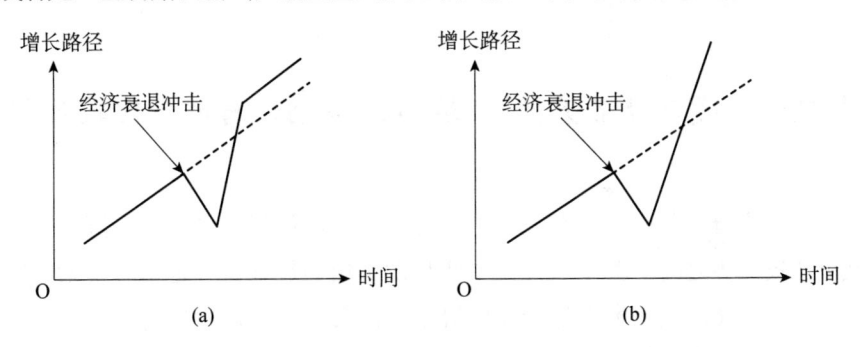

图2-9　经济衰退冲击对城市经济增长路径的正磁滞影响

注：图2-9（a）为经济衰退冲击之后，城市经济恢复到较高增长水平，重新恢复冲击之前的增长率；图2-9（b）为经济衰退冲击之后，城市经济恢复到持续较高的增长率。

资料来源：笔者根据马丁（Martin，2012）的研究内容整理绘制而得。

问题的关键是，恢复到冲击之前增长率的这种经济增长是否可持续。如果这种快速增长走到了尽头，或是城市经济发展达到了其增长峰值（growing ceiling），例如，城市不能吸引其经济发展所需传统资源（资本和劳动力），或者继续提高生产率的潜能下降，则城市经济可以恢复到冲击之前的增长路径，但是，城市产出或就业水平会高于冲击之前，如

图2-9 (a) 所示。相反，如果城市能够从其他区域吸引其所需劳动力和资本，或者出现新的部门经济活动、生产率提高和促进经济增长技术创新的新浪潮，则城市经济增长恢复到冲击之前的水平后，会继续出现快速、持续的经济增长，如图2-9 (b) 所示。此外，也有研究认为，强烈的经济危机冲击，可能有助于经济改革和政治改革，从而导致城市产出、就业持续性增长（Gali and Hammour，1992；Caballero，1994）。

城市经济表现出的这种正磁滞效应，可以为城市具有较高的韧性。这种正磁滞效应使得我们可以这样理解城市经济韧性，城市经济韧性是一个动态过程。强烈的经济衰退可以摧毁过时的、非生产性活动，清除新部门发展和新周期增长面临的机会。当然，这一过程中比破坏更重要的问题，是呈现出创造性的一面。城市经济的适应性能力，在很大程度上依赖于城市经济受到冲击之前存在的经济特性。也就是说，适应性更像是路径依赖过程（Martin，2010），由城市产业传统、与产业传统相适应的技能、资源和技术决定。

第四节　城市经济集聚、城市经济韧性与城市比较优势

在前文分析基础上，本节将主要分析城市经济集聚、城市经济韧性与城市比较优势之间的关系。分析主要从两个层面展开：一是基于要素禀赋视角，分析城市经济集聚与比较优势之间的关系；二是通过对既有文献的梳理分析，探索城市经济集聚、城市经济韧性与城市贸易之间的相互影响关系和研究演进。

一、城市经济集聚与城市比较优势：要素禀赋视角

无论是技术驱动或是要素禀赋驱动，比较优势都是新古典贸易理论的核心。俄林（Ohlin，1933）开拓了国际贸易理论与区位理论之间关系的新领域，H-O模型意味着贸易自由化促进了专业化分工，通过S-S效应（Stolper-Samuelson effect）机制，使得国家间的相对要素价格单调递

减。然而，NEG 理论对于集聚和要素禀赋之间的关系却没有足够关注。克鲁格曼和维纳布尔斯（Krugman and Venables，1990）通过考察两个国家之间要素禀赋和市场规模的差异，发现集聚可以促进比较优势的提升和贸易发展。马库森和维纳布尔斯（Markusen and Venables，2000）认为，国家规模和要素禀赋共同决定了比较优势和专业化分工。FKV（Fujita，Krugman，Venables，1999）虽然将 H-O 特征引入 NEG 研究框架，但是，因为假设两个国家具有相同的要素比例，所以，FKV 模型也就失去了基于要素禀赋的比较优势基础，因而从严格意义上说，FKV 模型并没有真正进入 H-O 比较优势理论的研究世界（Epifani，2005）。因此，在大多数 NEG 模型（包括 FKV 模型）中，贸易模式和要素价格都是不确定的。尽管一些文献研究了集聚与李嘉图比较优势之间的关系（Venables，1999；Forslid and Wooton，2003），但是，这些模型并没有强调集聚对收入分配的影响。埃皮法尼（Epifani，2005）将基于要素禀赋的比较优势引入标准 NEG 框架，研究了集聚与比较优势之间的关系，将集聚与比较优势的研究进一步推向深入。

（一）集聚与比较优势基本模型

埃皮法尼（Epifani，2005）假设存在两个国家（本国和外国）、两种产业（表示为 i=1，2）、国家间不流动的两种生产要素（资本 K、劳动力 L）。两国具有相同的技术偏好，但是，两国的资本禀赋、劳动禀赋存在差异。此外，假设本国资本丰裕，即 $K/L > K^*/L^*$。[①] 两种产业均为 D-S 垄断竞争，在规模报酬递增下生产差异化产品，冰山运输成本均为 τ 且 $\tau > 1$。因此，产品价格为：

$$q_i = [n_i p_i^{1-\sigma} + n_i^* (p_i^* \tau)^{1-\sigma}]^{\frac{1}{1-\sigma}} \quad i=1,2 \quad (2-20)$$

在式（2-20）中，n_i 表示产业 i 在国内生产的产品种类、p_i 表示产业 i 在国内生产的每种产品的价格变化。n_i^* 表示产业 i 在国外生产的产品种类、p_i^* 表示产业 i 在国外生产的每种产品的价格变化。产业 i 中每

---

① K 表示国内资本，K^* 表示国外资本。类似的，本书通过在变量符号上添加上标 * 来表示国外变量。

个企业的总成本函数为：

$$TC_i = (\alpha + \beta x_i)C_i \qquad (2-21)$$

在式（2-21）中，x_i 表示产出。每个产业中的企业是对称的，产品需求弹性是常数 σ 且 $\sigma > 1$，因此，利润最大化的价格为：

$$p_i = \frac{\beta\sigma}{\sigma-1}C_i = C_i \qquad i = 1, 2 \qquad (2-22)$$

此时，零利润条件意味着：

$$x = \frac{(\sigma-1)\alpha}{\beta} = 1 \qquad (2-23)$$

产业 i 的异质性产品生产函数为 CES 函数，因此，投入品的单位成本函数为：

$$\begin{aligned}C_1 &= w^{(1-\delta)\gamma}r^{(1-\delta)(1-\gamma)}q_1^{\delta}\\ C_2 &= w^{(1-\delta)(1-\gamma)}r^{(1-\delta)\gamma}q_2^{\delta}\end{aligned} \qquad (2-24)$$

需要注意的是，所有参数均大于 0 而小于 1。在资本和劳动力充分利用的情况下，$L = L_1 + L_2$、$K = K_1 + K_2$。此时，可将资本劳动比表示为：

$$\frac{K_1}{L_1} = \frac{1-\gamma}{\gamma}\frac{w}{r}; \qquad \frac{K_2}{L_2} = \frac{K-K_1}{L-L_1} = \frac{\gamma}{1-\gamma}\frac{w}{r} \qquad (2-25)$$

在以下分析中，假设 $\gamma > 1/2$，即产业 1 是劳动密集型产业。

消费者的总收入为 $Y = rK + wL$，而消费者在每种产品上的花费占其总收入的比重是相同的。因此，在两种产业产品上每种产品的总支出为：

$$e_i = \frac{1}{2}(wL + rK) + \delta n_i p_i \qquad i = 1, 2 \qquad (2-26)$$

而对两种产业中每种产品的总需求为：

$$x_i = p_i^{-\sigma}[e_i q_i^{\sigma-1} + e_i^* \tau^{1-\sigma}(q_i^*)^{\sigma-1}] \qquad (2-27)$$

通过式（2-20）~式（2-27），我们可以求出本国的均衡解、外国的均衡解，各国应该根据各自的比较优势生产相应的产品。但是，特殊的结构参数可能会引起多重均衡。比如，一个国家可能会使用其稀缺的要素进行专业化生产，这与传统比较优势所强调的是相悖的。从式（2-25）可以看出，本国在产业 1 上具有比较优势，因而生产劳动密集型产业产品。但可能会出现两种集聚模式：产业 1 在外国形成集聚、产业 2 在本国形成集聚；产业 2 在外国形成集聚、产业 1 在本国形成集聚。前者为正常集聚，即劳动密集型产业在劳动力丰裕的国家形成集聚；后者为反常集聚，即劳动密集型产业在资本丰裕的国家形成集聚。这两种集聚状态是均衡产生的结果，因此，两种集聚都是可持续的，且与克鲁格曼（Krugman，1991）所要解决的问题不同。

（二）集聚的持续性

埃皮法尼（Epifani，2005）认为，如果产业1在本国集聚、产业2在外国集聚，则价格指数下降为：

$$q_1 = (n_1)^{\frac{1}{1-\sigma}} p_1; \quad q_2 = (n_2^*)^{\frac{1}{1-\sigma}} p_2^* \tau \\ q_1^* = (n_1)^{\frac{1}{1-\sigma}} p_1 \tau; \quad q_2^* = (n_2^*)^{\frac{1}{1-\sigma}} p_2^* \tag{2-28}$$

在世界范围内，本国（外国）企业在产业1（产业2）的支出下降，因此，这些企业的零利润条件降为：

$$x_1 = 1 = \frac{e_1 + e_1^*}{n_1 p_1}; \quad x_2 = 1 = \frac{e_2 + e_2^*}{n_2^* p_2^*} c \tag{2-29}$$

在式（2-29）中，

$$e_1 = (1/2)[wL + rK] + \delta n_1 p_1; \quad e_2 = (1/2)[wL + rK] \\ e_1^* = (1/2)[w^*L^* + r^*K^*]; \quad e_2^* = (1/2)[w^*L^* + r^*K^*] + \delta n_2^* p_2^* \tag{2-30}$$

因此，要素报酬为：

$$w = \frac{(1-\delta)\gamma n_1 p_1}{L}; \quad r = \frac{(1-\delta)(1-\gamma)n_1 p_1}{K}; \\ w^* = \frac{(1-\delta)(1-\gamma)n_2^* p_2^*}{L^*}; \quad r^* = \frac{(1-\delta)\gamma n_2^* p_2^*}{K^*}; \tag{2-31}$$

从而，式（2-29）~式（2-31）的解为：

$$r = \frac{1-\gamma}{\gamma} \frac{K^*}{K}; \quad r^* = 1; \\ w = \frac{K^*}{L}; \quad w^* = \frac{1-\gamma}{\gamma} \frac{K^*}{L^*}; \tag{2-32} \\ e_1 = e_2^* = \frac{(1+\delta)K^*}{2\gamma(1-\delta)}; \quad e_2 = e_1^* = \frac{K^*}{2\gamma}$$

在式（2-32）中，将外国租金率看作标准计价物。通过式（2-26）～式（2-32）可得：

$$x_2 = \left(\frac{p_2}{p_2^*}\right)^{-\sigma}\left[\frac{e_2}{e_2+e_2^*}\tau^{\sigma-1} + \frac{e_2^*}{e_2+e_2^*}\tau^{1-\sigma}\right] < 1$$

$$x_1^* = \left(\frac{p_1^*}{p_1}\right)^{-\sigma}\left[\frac{e_1}{e_1+e_1^*}\tau^{\sigma-1} + \frac{e_1}{e_1+e_1^*}\tau^{1-\sigma}\right] < 1$$

(2-33)

式（2-33）意味着，作为均衡的结果，反常集聚是可持续的。且式（2-33）的方括号内表达式代表后向关联。由式（2-32）可得，在本国的本地化产品种类上的支出占总支出的比重，可以表示为：

$$\frac{e_2}{e_2+e_2^*} = \frac{e_1}{e_1+e_1^*} = \frac{1-\delta}{2} \qquad (2-34)$$

本国的优势产业在其他国家形成了集聚，从而潜在偏误就失去了消费者对于该产品的消费产生的后向关联，使得在本地化产品种类上的支出比重会比中间品在总成本中的比重低很多。

此外，通过上述公式，可以将相对价格表示为：

$$\frac{p_2}{p_2^*} = \left[\left(\frac{w}{w^*}\right)^{1-\gamma}\left(\frac{r}{r^*}\right)^{\gamma}\right]^{1-\delta}\left(\frac{q_2}{q_2^*}\right)^{\delta} = \left[\left(\frac{\gamma}{1-\gamma}\right)^{1-2\gamma}\left(\frac{L^*}{L}\right)\left(\frac{K^*/L^*}{K/L}\right)^{\gamma}\right]^{1-\delta}\tau^{\delta}$$

$$\frac{p_1^*}{p_1} = \left[\left(\frac{w}{w^*}\right)^{-\gamma}\left(\frac{r}{r^*}\right)^{-(1-\gamma)}\right]^{1-\delta}\left(\frac{q_1^*}{q_1}\right)^{\delta} = \left[\left(\frac{\gamma}{1-\gamma}\right)^{1-2\gamma}\left(\frac{K}{K^*}\right)\left(\frac{K^*/L^*}{K/L}\right)^{\gamma}\right]^{1-\delta}\tau^{\delta}$$

(2-35)

式（2-35）表明，价格竞争力取决于相对要素价格（即方括号中的表达式）和中间品相对价格指数。且式（2-35）的前半部分表达式刻画了由相对要素价格决定的比较优势效应，后半部分表达式刻画了由中间品相对价格决定的前向关联效应。因此，δ越大，前向关联效应通过比较优势决定产业区位的相对重要性就越强。对于中间品的相对价格指数，其值约等于τ。

由式（2-35）可得：$\frac{\partial(p_2/p_2^*)}{\partial \gamma} < 0$，$\frac{\partial(p_1^*/p_1)}{\partial \gamma} < 0$。因此，部门间要素密度差异的增大，使得反常集聚更不可能出现。另外，根据式（2-35）还可得不等式：$\frac{\partial(p_2/p_2^*)}{\partial(L^*/L)} > 0$，$\frac{\partial(p_1^*/p_1)}{\partial(K^*/K)} < 0$。国家相对规模的

改变，使得规模变大国家的偏导更大、规模变小国家的偏导更小。不难发现，与前向关联和后向关联无关，如果两个国家在规模上差异过大，那么，反常集聚不能维持。此时，大国会终止多样化生产。

将式（2-34）和式（2-35）代入式（2-33），可得：

$$x_2 = \left[\left(\frac{\gamma}{1-\gamma}\right)^{1-2\gamma}\left(\frac{L^*}{L}\right)\left(\frac{K^*/L^*}{K/L}\right)^\gamma\right]^{-\sigma(1-\delta)}\frac{\tau^{-\sigma\delta}}{2}[(1-\delta)\tau^{\sigma-1}+(1+\delta)\tau^{1-\sigma}] < 1$$

$$x_1^* = \left[\left(\frac{\gamma}{1-\gamma}\right)^{1-2\gamma}\left(\frac{K}{K^*}\right)\left(\frac{K^*/L^*}{K/L}\right)^\gamma\right]^{-\sigma(1-\delta)}\frac{\tau^{-\sigma\delta}}{2}[(1-\delta)\tau^{\sigma-1}+(1+\delta)\tau^{1-\sigma}] < 1$$

(2-36)

如果式（2-36）中两式均小于1，则反常集聚可视为均衡的结果且是可维持的。此外，式（2-36）表明，当部门间要素密度差异较低、国际相对要素禀赋差异较低、两国规模大小相似时，反常集聚可能会产生。

接着，分析正常集聚，即劳动密集型产业1在劳动丰裕的外国形成集聚，资本密集型产业2在资本丰裕的本国形成集聚。如果潜在的本国进入者使得产业1的利润为负（即$x_1 < 1$），潜在的外国进入者使得产业2的利润为负（即$x_2^* < 1$），则分配是可持续的。与反常集聚类似，可得：

$$x_1 = \left[\left(\frac{\gamma}{1-\gamma}\right)^{1-2\gamma}\left(\frac{K^*}{K}\right)\left(\frac{K^*/L^*}{K/L}\right)^{-\gamma}\right]^{-\sigma(1-\delta)}\frac{\tau^{-\sigma\delta}}{2}[(1-\delta)\tau^{\sigma-1}+(1+\delta)\tau^{1-\sigma}] < 1$$

$$x_2^* = \left[\left(\frac{\gamma}{1-\gamma}\right)^{1-2\gamma}\left(\frac{L}{L^*}\right)\left(\frac{K^*/L^*}{K/L}\right)^{-\gamma}\right]^{-\sigma(1-\delta)}\frac{\tau^{-\sigma\delta}}{2}[(1-\delta)\tau^{\sigma-1}+(1+\delta)\tau^{1-\sigma}] < 1$$

(2-37)

式（2-37）的两个条件，共同决定了区域集聚的均衡性和持续性。如果式（2-37）中两个表达式均小于1，那么，正常集聚是均衡的。此外，与反常集聚不同的是，两国规模大小越相似，正常集聚越容易产生。部门间要素密度差异越大（即γ越大），正常集聚越不容易产生。

综上所述，埃皮法尼（Epifani，2005）通过构建HO-NEG模型发现，在一些要素禀赋相似的国家，根据比较优势进行的国际专业化分工，最初呈上升趋势，但在贸易自由化之后则呈下降趋势。也就是说，依据比较优势进行的国际专业化分工，表现出非单调性。尤其是，经济集聚扩大了比较优势效应，因而，对处于贸易成本中间水平的产业间专业化程度而言，会超出自由贸易时的程度。此外，因为正的贸易成本的存在，所以，要素价格趋于均等化。

二、城市经济集聚、城市经济韧性与城市贸易研究演进

自从雷贾尼等（Reggiani et al.，2002）首次提出韧性对于空间经济系统抵御外部冲击和干扰非常重要后，越来越多的学者开始关注韧性问题，城市经济学和 NEG 研究者们也将韧性引入城市经济研究，来分析外部冲击对城市经济发展和城市空间产业结构变化的影响等问题（Hill et al.，2008；Simmie and Martin，2010；Ball，2014；Di Caro，2015）。但如前文所述，城市经济韧性研究处于起步阶段，且大多数城市经济韧性的研究文献主要聚焦于城市经济韧性的含义、特征和影响因素等，因此，城市经济韧性的研究尤其是实证研究非常匮乏，鲜有将城市经济集聚、城市经济韧性和城市贸易纳入统一的研究框架进行研究的文献。本书通过文献分析与整理，将城市经济集聚、城市经济韧性与城市贸易的影响机制及相关研究演进从三个方面进行总结分析。[①]

就城市经济集聚与城市经济韧性的关系而言，城市多样化集聚和专业化集聚，显著促进了城市经济的发展和城市经济韧性的提高。集聚产生的正外部性，使得城市生产率进一步提高，而与低生产率城市相比，高生产率城市在遭受外部冲击时，所表现出的韧性更高（Martin et al.，2016）。一个重要的原因是，城市多样化集聚在有效强化城市经济韧性的同时，还可以较好地分散城市遭受外部冲击的风险（Davies and Tonts，2010；Fingleton and Palombi，2013；Pierre-Alexandre et al.，2019；贺灿飞，陈韬，2019；徐圆，邓胡艳，2020）。此外，城市经济正磁滞效应、良好的城市制度结构等，也是促进城市经济韧性提高的重要因素（Martin，2012；Boschma，2014；Dawley，2014）。城市经济集聚显著促进了城市经济韧性提高，而城市经济韧性的提高又有助于城市经济集聚程度的进一步提高，即城市经济集聚与城市经济韧性之间互为因果关系。

接下来，分析城市经济集聚与城市贸易的关系。城市经济集聚通过

---

① 对于城市经济集聚与城市经济韧性、城市经济集聚与城市贸易、城市经济韧性与城市贸易的相关文献，在本书的文献综述部分已经有了非常详细的分析和讨论，此处不再赘述。

分享、匹配和学习，显著促进了城市生产率的提高，并产生了规模经济（Duranton and Puga，2004）。尽管集聚经济具有显著的非线性效应（Martin et al.，2008），但是，高生产率企业依然会选择大城市。进入大城市的高生产率企业，会主动选择进入出口市场，尽管企业选择出口时，必须支付出口沉没成本，但是，与非贸易企业相比，贸易企业生产率提高更快（Melitz，2003；Bernard et al.，2003；Mayer and Ottaviano，2008；张杰等，2008；钱学锋等，2011）。并且，通过贸易过程中贸易企业或贸易部门对非贸易企业或非贸易部门的溢出，可以进一步促进城市生产率和城市经济集聚水平提高。随着城市经济集聚程度的提高，集聚效应和排序效应显著促进了城市贸易发展（王世平，钱学锋，2016）。而城市贸易的发展，扩大了城市出口产品范围（孙楚仁等，2015a）、促进了城市专业化分工和多样化分工，带来了更大的规模经济、更强的前向关联和后向关联（张公嵬，梁琦，2010），进而加快了产业集聚，推进了城市集聚程度的进一步提高，并通过本地市场效应促进了城市出口。也就是说，城市经济集聚与城市贸易之间相互影响、相互促进。

最后，分析城市经济韧性与城市贸易。集聚有效地提高了城市生产率（Duranton and Puga，2004；陈强远等，2016），而高生产率城市具有较高的韧性（Martin et al.，2016）；集聚降低了搜寻—匹配成本（孙楚仁等，2015b）和交易成本（Krugman，1991；梁琦，钱学锋，2007）、加速了城市人力资本积累（Glaeser，1999；Duranton and Puga，2001）、提高了城市研发水平和创新能力（Martin and Ottaviano，1999；柯善咨等，2014；贺灿飞，陈韬，2019；徐圆，邓胡艳，2020），从而显著提高了城市经济韧性（Gleaser and Saiz，2004；Gerst et al.，2009；Hill et al.，2012；Kitsos et al.，2019）。城市经济韧性的提高，有效地促进了城市贸易发展；反过来，城市贸易发展又作用于城市经济韧性，通过出口学习效应和竞争效应促进了城市生产率进一步提升，强化了城市经济韧性（王世平，赵春燕，2016）。而且，城市贸易的发展，是城市经济集聚与城市经济韧性共同作用的结果。因此，城市经济集聚、城市经济韧性和城市贸易三者之间相互影响、相互促进。

第三章

经济集聚对城市经济韧性的影响及作用机制分解

厘清城市经济集聚、城市经济韧性与城市贸易的理论渊源与演进后，本章先来分析城市经济集聚对城市经济韧性的影响，以检验城市经济集聚程度的提高是否有效地强化了城市经济韧性，进而对城市经济集聚影响城市经济韧性的作用机制进行分解，探寻促进城市经济韧性提高的核心源泉。通过对城市经济集聚与城市经济韧性之间关系的实证检验，以及对城市经济集聚影响城市经济韧性作用机制的分解和检验，本章研究发现：（1）城市经济集聚与城市经济韧性之间为正向关系，城市经济集聚的发展有助于城市经济韧性的提高；（2）城市经济韧性的提升是城市产业专业化集聚和城市产业多样化集聚共同作用的结果，但城市产业多样化集聚是提升城市经济韧性的核心要素；（3）从不同规模城市来看，城市产业多样化集聚是提升大中城市经济韧性的核心因素，而城市产业专业化集聚是提升小城市经济韧性的核心因素；（4）从不同区位城市来看，无论城市区位如何变化，城市产业多样化集聚对城市经济韧性的影响均显著为正，且影响程度均高于城市产业专业化集聚；城市产业专业化集聚对中国东部城市和中部城市的影响显著为正，对西部城市影响不显著；东部城市产业多样化集聚对城市经济韧性的影响最高，中部城市最低；东部城市产业专业化集聚对城市经济韧性的影响最高，西部城市最低。

本章的政策含义是，在推进中国城市化战略过程中，结合城市规模和城市区位等因素，各城市应采取差异化的城市产业集聚政策，以促进城市经济韧性提高：（1）大城市（包括特大城市）和中等城市应注重多种产业在城市的协同发展，促进城市产业多样化集聚程度的进一步提升，而小城市则应积极推进城市产业专业化集聚的发展，从而提高城市经济韧性；（2）东部城市和中部城市在促进城市产业专业化和专业化协同发展的同时，应更进一步提高城市产业专业化集聚程度，而西部城市在继续强化城市产业集聚程度的同时，更应注重城市产业多样化的集聚发展。

第一节 问题的提出

城市是经济增长的发动机，但与此同时，也面临许多来自城市内外部的冲击和挑战。在新经济地理研究和城市经济研究中，外部冲击对城市经济的影响、外部冲击与城市长期经济增长之间的关系，是研究者关注的一个传统问题（Glaeser and Kahn, 2004; Di Caro, 2015）。近年来，诸多文献对 2008 年金融危机及随之而来的全球经济衰退等外部冲击产生的根源、外部冲击对本地经济或城市经济的不同影响与政策含义的研究，使得外部冲击与城市经济增长问题再次成为研究焦点之一（Brakman et al., 2015; Martin and Sunley, 2015）。面对外部冲击，一些城市短期受外部冲击的影响较小，或者能够从长期冲击中快速恢复，这些城市比其他城市表现出更好的韧性和更好的经济增长趋势，而另一些城市经济发展则陷入了持续衰退的泥潭。从中国城市经济发展情况来看，2008 年之前，中国城市经济增长水平呈总体上升趋势。2007 年，中国城市经济平均增长率为 15.69%，与 2003 年相比增长 16.74%，且高于 2003~2007 年的平均增长率（14.75%）。[①] 此外，本书将中国 286

---

① 在本章中，不同规模城市的平均经济增长率、2008 年前后各类城市的经济增长率变化等数值，均由笔者利用 2003~2012 年《中国城市统计年鉴》和其他数据库的相关数据整理计算而得。

个地级市[①]、省会（首府）城市、直辖市划分为四类：特大城市、大城市、中等城市、小城市。[②] 2003~2007年，中国大城市（含特大城市）、中等城市和小城市平均经济增长率分别为15.31%、14.79%和14.12%，城市经济发展呈现出城市规模越大、城市经济增长速度越高的基本特征。但2008年金融危机使中国城市经济增长水平出现"断崖式"下降，与2007年相比，2008年中国城市经济平均增长率降幅高达17.44%，尽管此后几年城市经济增长率有所提高，但依然低于金融危机之前的平均增长率。从城市规模来看，外部冲击使不同规模城市经济增长水平的下降幅度和随后几年城市经济增长水平的恢复程度表现各异，见图3-1。2008~2011年，中国大城市、中等城市、小城市GDP平均增长速度比2007年分别下降了12.35%、13.94%和14.18%，外部经济冲击对大城市经济增长产生的影响显著低于对中小城市的影响。例如，与2003~2007年相比，2008~2011年中国286个地级市中城市GDP平均增长率降幅最大的4个城市是清远市、定西市、葫芦岛市、通化市，降幅依次分别为62.73%、53.79%、52.93%和50.18%，远远高于同期城市总体平

---

① 根据2012年《中国城市统计年鉴》中的"中国城市行政区划和区域分布统计"，2011年中国地级及以上城市共有288个。本书使用2003~2011年的城市样本数据，对数据进行了如下处理：

（1）对于在本书研究期间城市行政区划发生了变化的城市，在这种变化并不影响本书研究的情况下，笔者将这些城市纳入了本书研究样本。例如，2004年，甘肃省"张掖地区"改为"张掖市"，山西省"吕梁地区"改为"吕梁市"，但是，因为这两个城市的相关数据在《中国城市统计年鉴》中均可获得，所以，这两个城市依然被纳入本书的研究样本。此外，因为2011年8月，安徽省巢湖市由地级市降为县级市，2012年《中国城市统计年鉴》中并没有巢湖市的相关统计数据，但是，笔者认为巢湖市行政区划的变化并没有对本书的研究产生实质性影响，所以笔者补齐2011年巢湖市相关数据后，将巢湖市纳入本书的研究样本。

（2）对于在本书研究期间城市行政区划没有发生了变化的城市，在该城市相关研究数据缺失且无法补齐的情况下，本书将这类城市从研究样本中剔除。例如，在《中国城市统计年鉴》中，我国的西藏自治区拉萨市的数据一直缺失，本书将拉萨市从研究样本中剔除。

（3）对于在本书研究期间城市行政区划发生了变化的城市，在该城市相关研究数据严重缺失且无法补齐的情况下，本书将这类城市从研究样本中剔除。比如，2011年，贵州省"铜仁地区"和"毕节地区"改为"铜仁市"和"毕节市"，但是，在《中国城市统计年鉴》中铜仁市和毕节市的相关统计数据始于2011年，2011年之前的数据缺失，本书将铜仁市和毕节市从研究样本中剔除。

通过以上处理方法，本书获得了2003~2011年286个地级及以上城市的相关研究数据。由于数据可得性，未包括中国港澳台地区的数据，全书同。

② 根据2014年7月30日《国务院关于进一步推进户籍制度改革的意见》，特大城市是指，城区人口500万人以上；大城市是指，城区人口100万~500万人；中等城市是指，城区人口50万~100万人；小城市是指，城区人口50万人以下。

均降幅，且这些城市均为中小城市。

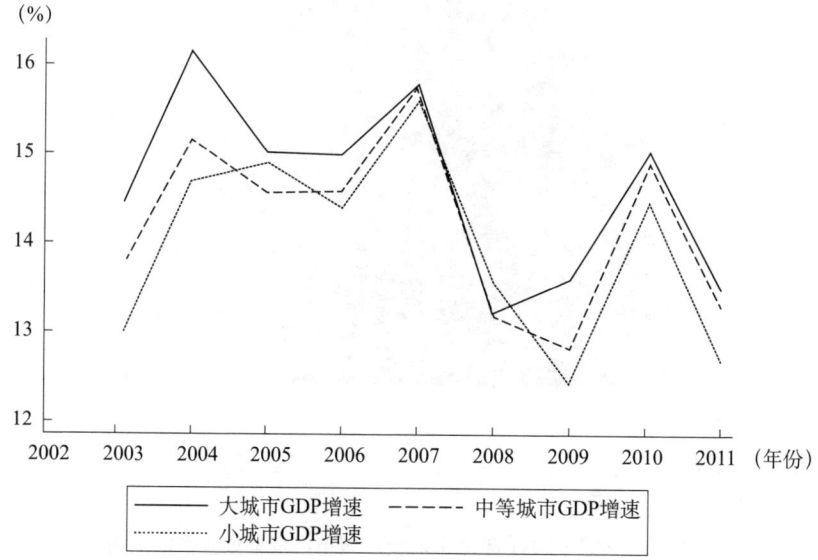

图 3-1 2002~2011 年不同规模城市 GDP 平均增长速度

资料来源：笔者根据《中国城市统计年鉴》（2003~2012 年）的相关数据计算整理绘制而得。

而一些大城市，如吉林市、兰州市、昆明市、重庆市平均经济增长率依次为 31.89%、23.97%、13.81%、12.73%，城市经济发展依然保持上升趋势。为什么在面临外部冲击时，不同规模城市的表现各异？大城市的经济集聚程度显著高于中小城市，由此便产生了一个问题，城市经济集聚程度越高，是否意味着该城市经济韧性也越高？借鉴钱学锋等（2012）的做法，使用城市规模（即城市市辖区非农人口）作为城市集聚衡量指标，通过对 2003~2011 年中国地级市研究，本书发现，城市规模与城市经济韧性之间呈正相关，见图 3-2。

城市经济集聚尤其是城市专业化集聚和城市多样化集聚，是促进城市经济集聚和发展的重要因素（Baldwin et al., 2001；梁琦，2004；梁琦，钱学锋，2007；苏红键等，2014；姚洋，2016；韩峰，阳立高，2020），因此，厘清城市经济集聚与城市经济韧性之间的关系和作用机制，对于中国城市产业结构转变、推动城市经济持续健康稳定发展具有重要的现实意义。

图 3-2　2003~2011 年城市规模与城市经济韧性关系散点图

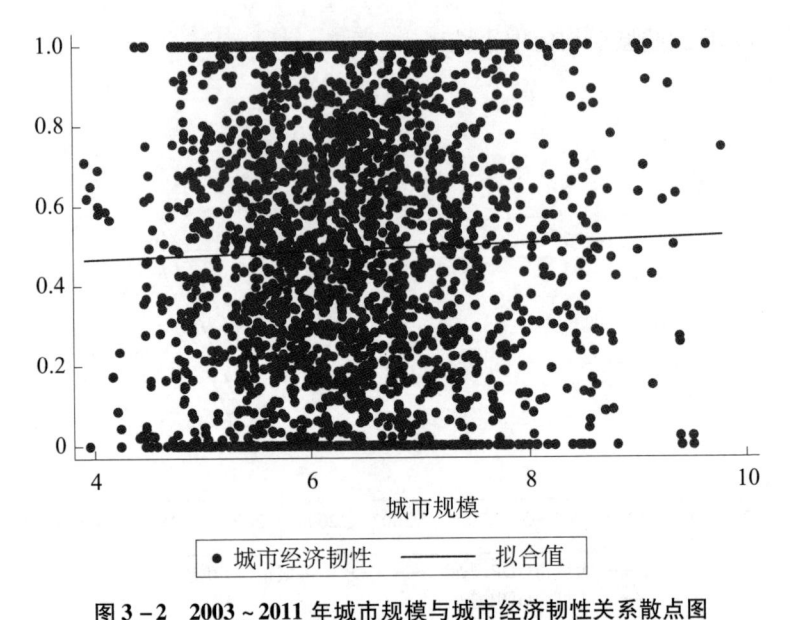

资料来源：笔者根据《中国城市统计年鉴》（2004~2012 年）的相关数据计算整理绘制而得。

第二节　城市经济集聚对城市经济韧性影响的经验证据

结合前文对城市经济集聚与城市经济韧性相关文献的梳理，本节将展开城市经济集聚对城市经济韧性影响的经验研究。根据既有文献并结合本书的研究目的构建计量模型，并对相关研究数据的来源及处理、变量的选择和含义进行详细说明，在此基础上，采用 FE 法、IV 法、GMM 法等方法，对城市经济集聚与城市经济韧性的关系进行细致的检验。

一、计量模型设定

集聚程度越高的城市，城市经济发展水平和城市经济韧性相应越高（Martin et al.，2016），而且，磁滞效应的存在会对城市经济发展产生一定的持续性影响或滞后性影响（Davis and Weinstein，2002；安虎森，2009）。因此，为了更准确地刻画出城市经济集聚对城市经济韧性的影响程度，本书借鉴已有研究成果，以城市经济韧性作为被解释变量，城市经济集聚水平作为核心解释变量，以城市固定资产投资水平、城市研发支出水平、城市对外开放程度、城市人力资本水平等城市特征变量作为控制变量，构建计量模型如下：

$$y_{ct} = \alpha y_{c,t-1} + \beta A_{ct} + \gamma X_{ct} + \mu_c + \varepsilon_{ct} \quad (3-1)$$

在式（3-1）中，y_{ct} 表示城市经济韧性的对数（用 $lnresilience_{ct}$ 表示）；$y_{c,t-1}$ 表示被解释变量的滞后一期值（即 $lnresilience1_{ct}$），用来说明该变量变化的持续性；A_{ct} 表示城市经济集聚指标变量，是本书的核心解释变量；X_{ct} 为控制变量；μ_c 为城市固定效应，ε_{ct} 为误差项，下标 c 和下标 t 分别代表城市和时间。借鉴钱学锋等（2012）的做法，本书使用城市规模（$lnnonagr_{ct}$，即城市市辖区非农人口规模）来刻画城市经济集聚程度。因此，式（3-1）可以改写为：

$$lnresilience_{ct} = \alpha lnresilience1_{ct} + \beta lnnonagr_{ct} + \gamma X_{ct} + \mu_c + \varepsilon_{ct} \quad (3-2)$$

二、数据来源与变量说明

（一）数据来源

本书研究使用的数据，主要来源于《中国城市统计年鉴》和《中国区域经济统计年鉴》，数据样本涵盖中国 286 个地级及以上城市的相关统计指标。在《中国城市统计年鉴》中，城市的相关统计指标包括全市（即市辖区、市下辖的县和县级市）和市辖区（即不包括直辖市与省会（首府）城市、地级市下辖的县级市和县）。为了更加精确地体现城市经济的特质，除非另有说明，本书所提及的城市以及各种相关变量指标均是指，该城市的市辖区统计指标。另外，从 2004 年开始，《中国城市统计年鉴》将城市产业分类从原来的 15 类调整为 19 类，[①] 因此，对 2004~

[①] 19 类产业分别为：第一产业（农、林、牧、渔业）；采矿业；制造业；电力、燃气及水的生产和供应业；建筑业；交通运输、仓储及邮政业；信息传输、计算机服务和软件业；批发和零售业；住宿、餐饮业；金融业；房地产业；租赁和商业服务业；科学研究、技术服务和地质勘查业；水利、环境和公共设施管理业；居民服务和其他服务业；教育；卫生、社会保障和社会福利业；文化、体育和娱乐业；公共管理和社会组织。

2012年《中国城市统计年鉴》及《中国区域经济统计年鉴》等进行处理后，最终得到了2003～2011年中国286个地级及以上城市的2574个样本数据。

(二) 变量选取与变量说明

1. 城市经济韧性

本章被解释变量是城市经济韧性（resilience）。目前，城市经济韧性的测算方法主要有两种。一种是通过城市中部门就业人数和失业人数比例变化，测算城市经济韧性（Diodato and Weterings，2012）。但是，用这种方法计算城市经济韧性时，需要算出城市间劳动力流动的情况，同时，还需要城市内的部门间的劳动力流动数据和投入产出数据。另一种主要是通过构建CGE模型（Computable General Equilibrium，CGE），使用城市中各部门的投入产出变化数据，测算出城市产出变化和城市经济韧性（包括静态城市经济韧性和动态城市经济韧性）（Rose and Liao，2005）。实际上，根据现有文献，关于韧性的测度并没有统一标准，加之数据可得性所限，因此，基于本书对城市经济韧性的定义是城市对外部冲击的反应程度，我们可以采用一种简单的方法来测度城市经济韧性。我们以2008年各城市的实际GDP增长速度为基准，算出各年、各城市每年实际GDP增速与2008年该城市实际GDP增速的差值（即使用各年、各城市实际GDP增速减去2008年各城市实际GDP增速），差值越大，说明城市经济韧性越小；反之，城市经济韧性越大。然后，对差值进行标准化，但计算出来的差值有正值和负值，为了将负值转化为正值，而且，不影响对城市经济韧性的判断，借鉴钱学锋等（2011）的做法，本书通过指数化测算出各年、各城市经济韧性。此外，我们还采用城市失业率、三年滑动平均等方法对城市经济韧性进行测算，具体测算方法和测算标准将在下文稳健性检验中详细阐述。

2. 城市经济集聚规模

城市经济集聚规模（lnnonagr）是本章的一个核心解释变量。如前文所述，本章使用2004～2012年《中国城市统计年鉴》中各年、各城市的市辖区非农人口规模（千人）来衡量城市经济集聚程度。

3. 城市专业化指数

城市专业化指数（CRSI）也是本章的核心解释变量之一。对于城市专业化的测算，借鉴巴蒂斯（Batisse，2002）、格莱泽等（Glaeser et al.，1992）、杜兰顿和普加（Duranton and Puga，2001）的方法，城市专业化即为城市特定部门就业人数在该城市总就业人数中占有的份额。因此，专业化指数可表示为：

$$CSI_i = \max_j (s_{ij}) \quad (3-3)$$

但是，为了比较不同城市之间的专业化差异，需要获得城市相对专业化指数，因此，本书将相对专业化指数定义为：

$$CRSI_i = \max_j \left(\frac{s_{ij}}{s_j} \right) \quad (3-4)$$

在式（3-4）中，s_{ij} 表示城市 i 中 j 产业就业人数占城市 i 总就业人数的份额，s_j 表示 j 产业全国就业人数占所有产业全国总就业人数的份额。因此，计算城市专业化指数，也可以理解为计算城市 i 的最大区位熵。

4. 城市多样化指数

城市多样化指数（CRDI）也是本章核心解释变量之一。尽管衡量城市多样化水平的方法有多种，但本章借鉴最常用的亨德森等（Henderson et al.，1995）、杜兰顿和普加（Duranton and Puga，2001）的做法，将城市多样化指数用赫希曼—赫芬达尔指数（Hirshman-Herfindahl index，HHI）的倒数表示，即：

$$CDI_i = \frac{1}{\sum (s_{ij})^2} \quad (3-5)$$

式（3-5）表明，HHI 指数越高，多样化水平越低；HHI 指数越低，则多样化水平越高。为了便于比较各城市之间多样化水平的差异，本章将相对多样化指数定义为：

$$CRDI_i = \frac{1}{\sum |s_{ij} - s_j|} \quad (3-6)$$

5. 主要控制变量

本章的主要控制变量有：（1）城市固定资产投资（lnfixedinv），本章使用城市市辖区"固定资产投资总额（千元）"来衡量城市固定资产投资规模水平。固定资产投资主要包括城市基本建设投资、各类企事业单位（国有单位、集体经济单位、私营单位等）固定资产投资、房地产投资等，从理论上讲，城市固定资产投资能够促进城市工业发展和城市经济集聚发展（钱学锋，陈勇兵，2009），从而提高城市经济整体水平。本书取城市固定资产投资的对数形式纳入模型，该项的预期符号为正。（2）城市对外开放水平（lnfdi），用城市实际外商投资额的对数值来衡量城市市场开放水平，且使用当年汇率折算成人民币之后，取 ln（1 + fdi）纳入模型，该项的预期符号为正。根据 NEG 理论，城市对外开放水平的提高，将会使得该城市的贸易成本下降，促进城市经济集聚发展和城市整体经济实力的提高，增强城市抵御风险的能力。（3）城市研发支出水平（lnrd），因为《中国城市统计年鉴》及相关数据中没有城市研发支出统计项目的内容，所以，本书用"城市科学事业费支出（千元）"的对数值作为代理变量，来衡量城市研发费用支出，该项的预期符号为正。（4）城市基础设施（lnroadper），用城市人均道路铺装面积（人/平方米）的对数值来测算，该项的预期符号为正。（5）城市人力资本（lnphumc），本书用每万人中高校在校大学生数量作为代理变量，来衡量城市人力资本水平，取 ln（1 + phumc）纳入模型，该项的预期符号为正。（6）优惠政策虚拟变量（ETDZ），大城市往往可以享受更多优惠政策，企业更易生产，因此，本书使用城市是否拥有国家级经济开发区来衡量一个城市是否享有优惠政策。如果该城市有国家级经济技术开发区，则取 1；反之，则取 0。该项预期符号为正。主要变量的描述性统计见表 3 – 1。

表 3 – 1　城市经济集聚与城市经济韧性及主要变量的统计特征描述
（2003～2011 年）

变量	观察值	均值	标准差	最小值	最大值
lnresilience	2574	0.372838	0.2300012	0	0.693147
lnnonagr	2574	6.418184	0.9095487	3.919991	9.781659
CRSI	2574	4.298945	6.395566	1.264116	114.6628
CRDI	2574	2.312222	0.9685365	0.037185	8.017758
lnfixedinv	2574	16.32145	1.292971	0	20.2932
lnfdi	2574	11.52991	4.471353	0	18.19584

续表

变量	观察值	均值	标准差	最小值	最大值
lnrd	2574	10.19398	1.962844	3.044523	16.8945
lnroadper	2574	2.151654	0.5327899	0	4.45667
lnphumc	2574	9.997517	1.67748	0	13.73254

资料来源：笔者根据2004~2012年的《中国城市统计年鉴》和《中国区域统计年鉴》等相关数据，运用Stata软件计算整理而得。

三、计量结果分析

（一）描述性分析

为了能更加直观地观察城市经济集聚与城市经济韧性之间的关系，除了从全国总体层面分析城市经济集聚与城市经济韧性之间的显著正相关关系外，见前文图3-2，我们分别从城市规模和城市区位两方面对2003~2011年中国城市经济韧性与城市多样化集聚、城市专业化集聚的关系进行了分析。

从图3-3（a）可知，2003~2011年，对于经济集聚程度最高的大城市，城市经济韧性显著高于中小城市，尤其是2008年之后，不同规模城市间的城市经济韧性差异更加显著。总体而言，城市经济集聚程度越高，城市经济韧性也就越高，这与使用全国层面数据所得结论是一致的。另外，尽管城市产业多样化指数趋于下降，但城市规模越大，城市经济集聚程度越高，城市产业多样化程度也越高这一特征没有发生改变，见图3-3（b）。而城市经济集聚程度与城市专业化指数呈反向关系，见图3-3（c）。这说明，在不同规模城市中，多样化集聚和专业化集聚对城市经济韧性的影响，存在差异。

从不同区位来看，东部城市经济韧性最高，西部城市经济韧性最低，见图3-3（d）；东部城市多样化集聚程度最高，西部城市多样化集聚程度最低，见图3-3（e）；东部城市专业化集聚程度最低，中部城市专业化集聚程度最高，见图3-3（f）。这表明，多样化集聚和专业化集聚对城市经济韧性的影响存在区域差异。

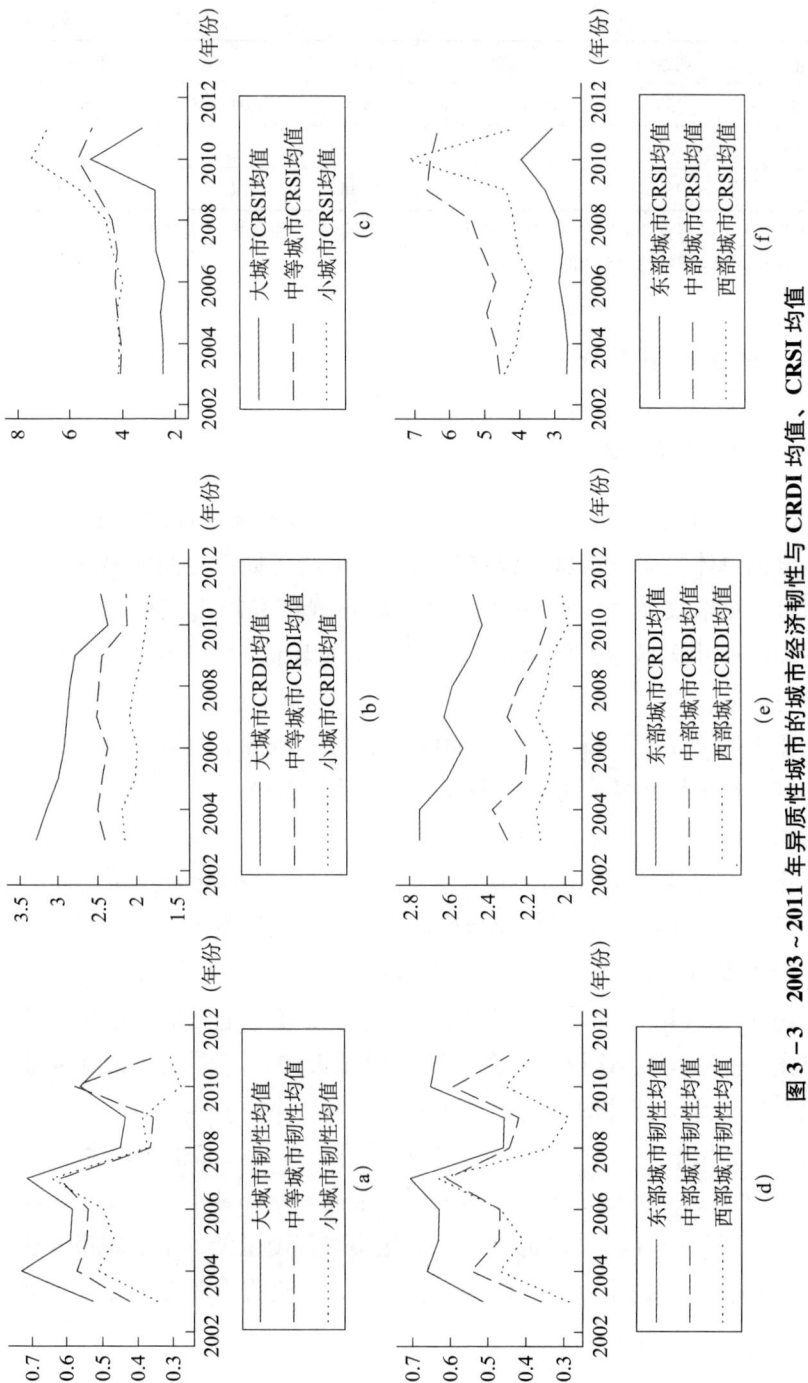

图 3-3 2003~2011 年异质性城市的城市经济韧性与 CRDI 均值、CRSI 均值

资料来源：笔者根据《中国城市统计年鉴》(2004~2012 年) 的相关数据计算整理绘制而得。

（二）城市经济集聚与城市经济韧性估计结果分析

1. 初步估计结果

表 3-2 为城市经济集聚与城市经济韧性全样本估计结果。

表 3-2　　城市经济集聚与城市经济韧性全样本估计结果

项目	(1) OLS	(2) FE	(3) IV	(4) diff-GMM	(5) sys-GMM
被解释变量	\multicolumn{5}{c}{城市经济韧性（lnresilience）}				
lnresilience1	0.203*** (0.0241)	0.147*** (0.0223)	0.205*** (0.0226)	0.322*** (0.0335)	0.321*** (0.0271)
lnnonagr	0.0439** (0.0215)	0.0864*** (0.0294)	0.0811** (0.0350)	0.165*** (0.0424)	0.0952*** (0.0310)
lnfixedinv	0.0608* (0.0353)	0.00600 (0.00996)	0.162*** (0.0218)	0.0784 (0.0531)	0.0652** (0.0304)
lnfdi	0.00158 (0.00265)	0.00144 (0.00253)	0.00110 (0.00260)	0.0314** (0.0134)	0.00740 (0.00829)
lnrd	0.0200** (0.00836)	0.0269*** (0.00421)	0.00472 (0.00787)	0.0172 (0.0118)	0.0152*** (0.00361)
lnroadper	0.0420** (0.0212)	0.00107 (0.0232)	0.0272 (0.0212)	0.261 (0.197)	0.0279 (0.0549)
lnphumc	-0.00260 (0.00840)	-0.0180** (0.00804)	-0.000345 (0.00926)	-0.0442 (0.0947)	-0.0819** (0.0386)
ETDZ	0.243** (0.111)		0.548*** (0.115)		0.150 (0.120)
年份固定效应	YES	YES	YES		
城市固定效应	YES	YES	YES		
Constant	0.664 (0.595)	0.494*** (0.130)	3.197*** (0.470)		1.471*** (0.325)
Observations	2 230	2 230	1 939	1 913	2 230
R-squared	0.251	0.056	0.312		
Number of city		277		268	277

续表

项目	（1）OLS	（2）FE	（3）IV	（4）diff – GMM	（5）sys – GMM
被解释变量	城市经济韧性（lnresilience）					
F test—p 值		0.9908			
AR（2）—p 值				0.507	0.126
Hansen test—p 值				0.596	0.442

注：***、**、*分别表示在1%、5%、10%的显著性水平上显著。（ ）内为估计量的标准差。

资料来源：笔者根据《中国城市统计年鉴》和《中国区域统计年鉴》等的相关数据，运用Stata 软件计算整理而得。

我们在控制年份固定效应和城市固定效应下，使用 OLS 方法估计了城市经济集聚与城市经济韧性之间的关系，见表 3-2 的第（1）列。我们发现，城市规模（lnnonagr）与城市经济韧性之间呈正相关关系，且在 5% 水平上显著，也就是说，城市经济集聚规模每提高 1%，城市经济韧性将会提高 4.39%。这表明，城市经济集聚规模的提高，显著提高了城市经济韧性和城市抵御外部风险的能力。

再来分析控制变量。城市固定资产投资（lnfixedinv）对城市经济韧性的影响在 10% 水平上显著为正，这与我们的预期是一致的，且城市固定资产投资每增加 1%，城市经济韧性将提高 6.08%。这表明，城市固定资产投资增加，是提高城市经济韧性一个比较重要的途径。城市研发支出水平（lnrd）对城市经济韧性的影响也与我们的预期一致，城市研发支出水平每提高 1%，城市经济韧性将会提高 2.00%，说明城市研发支出增加，可以有效地促进城市创新、提高城市经济集聚效率和城市经济韧性。城市基础设施（lnroadper）对城市经济韧性的影响在 5% 的水平上显著为正，表明良好的城市基础设施建设，有利于提高城市经济集聚效率和城市生产率，促进城市经济韧性进一步提高。作为衡量城市经济集聚发展优惠政策的变量 ETDZ，对城市经济韧性的影响也显著为正，表明城市经济集聚发展优惠政策，有效地促进了城市经济韧性的提高。另外，尽管城市开放水平（lnfdi）与城市经济韧性之间的关系为正但不显著，也表明城市开放有利于城市经济韧性的提高。一个有趣的发现是，城市人力资本（lnphumc）对城市经济韧性的影响为负且不显著，这与我们的预期不一致。我们认为，可能的原因是可用数据受限。

表 3-2 的第（2）列是使用 FE 方法对城市经济集聚与城市经济韧性全样本估计结果。从估计结果可以看出，作为核心解释变量的城市规模对城市经济韧性的影响依然显著为正，即城市经济集聚显著提高了城市经济韧性，这与我们使用 OLS 方法所得估计结果是相符的。此外，所有控制变量对城市经济韧性的影响，与采用 OLS 方法所得的结果基本一致。

2. 稳健性检验

（1）工具变量 IV 估计检验。

因为城市规模扩大，会使城市集聚效应更显著、城市经济韧性更高，而城市经济韧性的提高，又会吸引更多高生产率企业和高技能劳动力进入城市，从而提高城市集聚程度、促使城市规模扩大，所以，本章的核心解释变量城市规模与被解释变量城市经济韧性之间可能存在内生性。因此，为了解决内生性所带来的估计偏误和非一致性，我们使用工具变量（IV）估计法。借鉴钱学锋等（2013）的做法，我们使用滞后一期的核心解释变量作为解释变量的工具变量，并且，对工具变量进行了恰好识别检验，检验结果显示，我们所选的工具变量不仅与核心解释变量高度相关，而且是外生的。选择有效工具变量之后，我们对模型（3-2）进行了估计，估计结果见表 3-2 的第（3）列。从估计结果可知，城市规模对城市经济韧性的影响依然显著为正，而控制变量与城市经济韧性之间的关系与前文基准估计结果基本一致。这表明，前文基准估计是稳健的。

（2）GMM 估计检验。

如前文所述，城市经济韧性与城市经济集聚的研究，通常面临内生性问题。尽管已使用 IV 估计法进行了稳健性检验，但依然有必要采用 GMM 方法做稳健性检验。阿雷拉诺和邦德（Arellano and Bond, 1991）认为，可以使用差分 GMM（diff-GMM）估计来减少估计偏误、提高估计结果有效性，以解决内生性问题。但差分 GMM 在样本数量有限的情况下，也会产生较大偏误，主要原因在于，差分GMM估计可能存在弱工具变量问题，而系统GMM（sys-GMM）方法能够有效地克服差分GMM存在的弱工具变量问题，减少估计偏误，进一步提高估计的准确性（Blundell and Bond, 1998）。因此，我们选择使用系统GMM进行分析讨论，差分GMM估计结果仅作参考。在进行系统GMM估计时，借鉴钱学锋等（2013）的做法，使用核心解释变量的滞后一期作为解释变量（即内生变量）的工具变量；同时，借鉴西科尼（Ciccone, 2002）的做法，将城市市辖区土地面积作为我们回归估计时普通外生变量的工具变量。当然，工具变量是否有效，还有待进一步严格计量检验。

表3-2的第（4）列和第（5）列分别是差分GMM估计结果和系统GMM估计结果。从估计结果可以看出，尽管在差分GMM估计结果和系统GMM估计结果中，城市规模变量对城市经济韧性的影响均在1%水平上显著为正，但相比之下，采用系统GMM估计所得结果（0.0952）更加准确，且与表3-2的第（3）列中工具变量IV的估计结果（0.0811）更加接近。这也表明，前文基准估计结果是稳健的。另外，AR（2）的检验结果表明，支持本书估计方程式（3-2）的误差项不存在二阶自相关的假设，同时，Hansen过度识别检验结果p值显著大于0.1，因而不能拒绝工具变量有效性零假设。这表明，本书模型设定是合理的、工具变量选取是有效的。

（3）改变核心解释变量定义检验。

为进一步检验核心解释变量选取是否合适、前文估计结果是否稳健，本书使用改变核心解释变量定义的方式，用企业密度（lndensityfirm）替换城市经济集聚变量（lnnonagr），企业密度用"限额以上企业数量（个）/市辖区土地面积（平方公里）"的对数值表示，也是衡量城市经济集聚的重要指标之一。在通常情况下，企业密度越大，表明该城市经济集聚效应越显著。变量替换后，对式（3-2）进行估计，估计结果如表3-3所示。从估计结果可知，改变核心解释变量定义后，尽管显著性有所变化，但城市规模与城市经济韧性之间的关系仍然显著为正，即城市规模的扩大有利于城市经济韧性的提升。这说明，前文基准估计结果是稳健的。

表 3-3 改变核心解释变量定义后城市经济集聚与城市经济韧性全样本估计结果

项目	(1) OLS	(2) FE	(3) IV	(4) diff-GMM	(5) sys-GMM
被解释变量	城市经济韧性(lnresilience)				
lnresilience1	0.205*** (0.0242)	0.146*** (0.0223)	0.203*** (0.0229)	0.244*** (0.0188)	0.223*** (0.0302)
lndensityfirm	0.0409* (0.0209)	0.0167*** (0.00356)	0.0598* (0.0349)	0.322** (0.145)	0.0378* (0.0212)
年份固定效应	YES	YES	YES		
城市固定效应	YES	YES	YES		
Constant	0.305 (0.587)	0.547*** (0.126)	2.364*** (0.437)		1.503*** (0.379)
Observations	2 231	2 231	1 942	1 916	2 231
R-squared	0.253	0.058	0.300		
Number of city		277		268	277
F test—p 值		0.82			
AR (2) —p 值				0.307	0.412
Hansen test—p 值				0.416	0.608

资料来源：笔者根据《中国城市统计年鉴》和《中国区域统计年鉴》等相关数据，运用 Stata 软件计算整理而得。

(4) 改变城市经济韧性测算方法检验。

为了进一步检验基准回归是否稳健，下文将采用另外两种不同方法来测算城市经济韧性，并观察城市经济集聚规模与城市经济韧性之间的关系。第一种方法，使用城市失业率来测算城市经济韧性，并对城市经济集聚与城市经济韧性之间的关系进行估计。尽管《中国城市统计年鉴》中没有直接统计城市失业率，但可以通过城市登记失业人数和城市单位从业人员数据，计算各年、各城市登记失业率。城市登记失业率 = 城市期末实有登记失业人数 ÷（城市期末从业人员数 + 城市期末实有登记失业人数）。统计结果显示，城市登记失业率与城市经济集聚之间呈反向变化关系。理论上，城市经济集聚程度越高，城市经济韧性越强，城市失业率越低。使用城市失业率来衡量城市经济韧性，进而检验城市经济集聚规模与城市失业率之间的关系，估计结果见表 3-4。从表 3-4 的估计结果可知,城市经济集聚规模(lnnonagr)对城市经济韧性(lnrunemployed)的影响显著为负,即城市经济集聚程度越高,城市经济韧性越强(城市失业率越低)。这一结果与前文基准估计结果是一致的,表明前文基准估计结果是稳健的。第二种方法,使用三年滑动平均方法来测算城市经济韧性,并观察城市经济集聚规模与城市经济韧性的关系。

首先,在测算出各年、各城市实际 GDP 增速与 2008 年该城市实际 GDP 增速之间的差值或距离($rdvalue_{c,t}$)的基础上,借鉴钱学锋等(2011)的方法,计算出三年滑动平均值 $mrdvalue_{c,t}$:

$$mrdvalue_{c,t} = (rdvalue_{c,t} + rdvalue_{c,t-1} + rdvalue_{c,t-2})/3 \quad (3-7)$$

在式(3-7)中,c 为城市,t 为时间。

其次,我们用各年、各城市三年滑动平均值减去该城市 2008 年实际 GDP 增速,即可获得该城市三年滑动平均值与 2008 年该城市实际 GDP 增速之间的差值(mrvd)。

再次,取各年、各城市的最小差值(minmrvd)和最大差值(maxmrvd),测算出各年、各城市的城市经济韧性(res),即:

$$rec_{ct} = (mrvd_{ct} - minmrvd_{ct})/(maxrvd_{ct} - minmrvd_{ct}) \quad (3-8)$$

表 3-4 改变城市经济韧性测算方法后城市经济集聚与城市经济韧性全样本估计结果

项目	(1) OLS	(2) FE	(3) IV	(4) diff-GMM	(5) sys-GMM
被解释变量	城市经济韧性(lnrunemployed)				
lnrunemployed1	0.218***	0.168***	0.336***	0.509***	0.488***
	(0.0626)	(0.0183)	(0.0795)	(0.0973)	(0.0548)
lnnonagr	-0.00419***	-0.00327***	-0.00489***	-0.00987**	-0.00309**
	(0.00130)	(0.000695)	(0.00142)	(0.00390)	(0.00149)
年份固定效应	YES	YES	YES		
城市固定效应	YES	YES	YES		
Constant	0.145***	0.155***	0.118**		0.0913**
	(0.0323)	(0.0140)	(0.0600)		(0.0367)
Observations	2 230	2 230	1 939	1 913	2 230
R-squared	0.609	0.064	0.654		

续表

项目	(1) OLS	(2) FE	(3) IV	(4) diff-GMM	(5) sys-GMM
被解释变量	城市经济韧性（lnrunemployed）				
Number of city		277		268	277
F test—p 值		0.74			
AR (2) —p 值				0.869	0.850
Hansen test—p 值				0.537	0.529
被解释变量	城市经济韧性（lnres）				
lnres1	0.482*** (0.0239)	0.556*** (0.0212)	0.445*** (0.0233)	0.639*** (0.0412)	0.687*** (0.0299)
lnnonagr	0.176*** (0.0369)	0.0349* (0.0180)	0.0918*** (0.0292)	0.230*** (0.0633)	0.0814* (0.0480)
年份固定效应	YES	YES	YES		
城市固定效应	YES	YES	YES		
Constant	0.978 (0.629)	0.451*** (0.138)	4.187*** (0.575)		0.160 (0.356)
Observations	2 230	2 230	1 939	1 913	2 230
R-squared	0.494	0.373	0.430		
Number of city		277		268	277
F test—p 值		0.34			
AR (2) —p 值				0.269	0.507
Hansen test—p 值				0.315	0.460

资料来源：笔者根据《中国城市统计年鉴》和《中国区域统计年鉴》等相关数据，运用 Stata 软件计算整理而得。

最后，我们使用三年滑动平均方法测算出的城市经济韧性（取对数形式 lnres），估计城市经济集聚规模与城市经济韧性之间的关系，估计结果见表 3-4。估计结果显示，城市经济集聚规模与城市经济韧性之间的关系依然显著为正，这表明前文基准估计结果是稳健的。

（5）区分城市规模和区位进行检验。

对于不同规模的城市而言，集聚程度存在较大差异，因而城市规模对城市经济韧性的作用也可能存在一定差异。因此，有必要对城市规模进行划分，进而实证检验不同规模城市中城市经济集聚规模与城市经济韧性之间的关系。按照市辖区非农人口数量，将中国的 286 个地级及以上城市分为特大城市、大城市、中等城市和小城市四类，但为了更加清晰地刻画城市经济韧性与城市经济集聚之间的关系，在下文实证检验时将特大城市与大城市合并，统称为大城市，中等城市和小城市保持不变。采用系统 GMM 方法，估计了不同规模城市下，不同区位城市经济集聚规模与城市经济韧性之间的关系，估计结果见表 3 – 5。从系统 GMM 估计结果可知，大城市、中等城市和小城市的城市经济集聚规模指标变量对城市经济韧性的影响系数依次为 0.133、0.0667、0.0466，且均为正值，即随着城市经济集聚程度的提高，城市经济韧性也在逐渐提高。但大城市的城市经济集聚规模变量对城市经济韧性的影响在 5% 的水平上显著为正，而中、小城市的影响虽为正但不显著。

表 3 – 5　不同规模、不同区位城市经济集聚与城市经济韧性 GMM 估计结果

项目	(1) 大城市 diff – GMM	(2) 大城市 sys – GMM	(3) 中等城市 diff – GMM	(4) 中等城市 sys – GMM	(5) 小城市 diff – GMM	(6) 小城市 sys – GMM
被解释变量	城市经济韧性（lnresilience）					
lnresilience1	0.166 *** (0.0612)	0.246 *** (0.0481)	0.221 *** (0.0473)	0.271 *** (0.0435)	0.344 *** (0.0638)	0.306 *** (0.0479)
lnnonagr	0.232 *** (0.0629)	0.133 ** (0.0519)	0.0970 * (0.0588)	0.0667 (0.0563)	0.213 * (0.119)	0.0466 (0.0848)
Constant		2.151 *** (0.694)		1.542 ** (0.627)		0.778 (0.517)
Observations	545	603	630	708	738	919
Number of city	122	123	146	148	141	156
AR (2) —p 值	0.565	0.412	0.421	0.309	0.510	0.971
Hansen test—p 值	0.755	0.349	0.307	0.436	0.303	0.728
	东部城市		中部城市		西部城市	
lnresilience1	0.341 *** (0.0505)	0.297 *** (0.0451)	0.203 *** (0.0453)	0.236 *** (0.0393)	0.218 *** (0.0808)	0.201 *** (0.0581)

续表

项目	（1）	（2）	（3）	（4）	（5）	（6）
	大城市		中等城市		小城市	
	diff-GMM	sys-GMM	diff-GMM	sys-GMM	diff-GMM	sys-GMM
被解释变量	城市经济韧性（lnresilience）					
lnnonagr	0.112*	0.163*	0.158***	0.113**	0.0835	0.0399
	(0.0601)	(0.0853)	(0.0537)	(0.0447)	(0.0685)	(0.0482)
Constant		1.819***		0.775*		0.626
		(0.429)		(0.425)		(0.462)
Observations	740	853	778	898	395	479
Number of city	100	101	108	108	60	68
AR (2) —p 值	0.229	0.235	0.365	0.236	0.281	0.280
Hansen test—p 值	0.378	0.659	0.479	0.334	0.337	0.663

资料来源：笔者根据《中国城市统计年鉴》和《中国区域统计年鉴》等相关数据，运用 Stata 软件计算整理而得。

根据城市所处区位，本书将中国城市划分为三类：东部城市、中部城市和西部城市。[①] 不同规模、不同区位城市经济集聚规模与城市经济韧性相互关系的估计结果见表 3-5。从系统 GMM 估计结果可知，东部城市的城市经济集聚规模对城市经济韧性的影响显著为正，且影响程度最高（0.163）；中部城市经济集聚规模对城市经济韧性影响在 5% 的水平上显著为正，影响程度（0.113）接近大城市；西部城市经济集聚规模对城市经济韧性影响最低（0.0399）且不显著。这一结论与三大集聚（制造业集聚、对外贸易集聚和 FDI 集聚）在中国东部沿海地区表现突出（梁琦，2004）的特征相吻合。这表明，城市经济集聚规模的提高显著提高了城市经济韧性，也说明前文基准估计结果是稳健的。

[①] 东部城市包括北京市、天津市、河北省、辽宁省、上海市、江苏省、浙江省、福建省、山东省、广东省、海南省 11 个省级行政区域的地级及以上城市（也包括直辖市、省会（首府）城市）；中部城市包括山西省、吉林省、黑龙江省、安徽省、江西省、河南省、湖南省、湖北省 8 个省级行政区域的地级及以上城市（也包括直辖市、省会（首府）城市）；西部城市包括广西壮族自治区、重庆市、四川省、贵州省、云南省、陕西省、甘肃省、青海省、内蒙古自治区、宁夏回族自治区、新疆维吾尔自治区 11 个行政区域的地级及以上城市（也包括直辖市、省会（首府）城市）。因为数据可得性原因，所以，未包含西部地区的西藏自治区的城市的相关数据。

(6) 剔除异常值检验。

为了检验估计结果是否受样本中异常值的影响,我们测算了样本中城市经济韧性均值的 90 分位和 10 分位,在此基础上,将城市经济韧性大于 90 分位、小于 10 分位的样本作为异常值从样本中予以剔除,最后得到了 1689 个观测值。对剔除异常值后的样本进行估计,结果见表 3-6。在表 3-6 中,城市经济集聚与城市经济韧性的关系与前文基准估计结果是一致的,这也说明,前文基准估计结果是稳健的。

表 3-6　剔除异常值后城市经济集聚与城市经济韧性 GMM 估计结果

项目	(1) OLS	(2) FE	(3) IV	(4) diff-GMM	(5) sys-GMM
被解释变量	城市经济韧性(lnresilience)				
lnresilience1	0.206***	0.148***	0.205***	0.182***	0.175***
	(0.0195)	(0.0177)	(0.0187)	(0.0344)	(0.0327)
lnnonagr	0.0965***	0.0649**	0.0465**	0.0672**	0.0534**
	(0.0143)	(0.0280)	(0.0236)	(0.0342)	(0.0221)
年份固定效应	YES	YES	YES		
城市固定效应	YES	YES	YES		
Constant	-0.147	0.523***	-1.687***		0.825**
	(0.364)	(0.106)	(0.369)		(0.365)
Observations	1 689	1 689	1 511	1 099	1 689
R-squared	0.434	0.075	0.486		
Number of city		270		263	270
F test—p 值		0.92			
AR(2)—p 值				0.320	0.286
Hansen test—p 值				0.673	0.934

资料来源:笔者根据《中国城市统计年鉴》和《中国区域统计年鉴》等相关数据,运用 Stata 软件计算整理而得。

第三节　城市经济集聚对城市经济韧性作用机制分析

通过前文的经验研究,本书发现城市经济集聚水平的提高显著促进了城市经济韧性的提高,但并没有刻画出城市经济集聚促进城市经济韧性提高的作用渠道或者城市经济集聚影响城市经济韧性的作用机理。因此，本节结合既有文献，先将城市经济集聚影响城市经济韧性的渠道分解为专业化集聚和多样化集聚，在此基础上，实证检验专业化集聚、多样化集聚对城市经济韧性的影响。

一、城市经济集聚对城市经济韧性影响机制的理论分析

城市经济集聚对城市经济韧性的影响，可以从专业化集聚和多样化集聚两方面分析。

(一) 专业化集聚

专业化城市的产生、城市经济增长和城市经济韧性的提高，源于马歇尔外部性（Marshall, 1890），而劳动力市场池、投入产出关联和知识溢出是导致城市专业化集聚的三大因素（Krugman, 1991）。马歇尔外部性强调专业化促进了创新和发明，认为同一产业在城市的集聚有利于知识溢出和知识扩散，专业化程度越高，越有利于外部性的产生，也越有利于城市经济创新和城市经济增长，以及城市经济韧性的提升。

1. 劳动力市场池

中国城市存在显著集聚效应，一个主要原因是大城市中存在促进企业生产率提升的学习效应，即集聚能够提高企业生产率（Sviekauskas, 1975；Ciccone and Hall, 1996；Combes et al., 2012；梁琦等, 2013；余壮雄, 杨扬, 2014；孙楚仁等, 2015；张国锋等, 2017；张可云, 柯大钰, 2020）。大城市的高生产率优势，吸引更多高生产率企业进入大城市，这就使得城市生产率进一步提升。与低生产率城市或企业相比，高生产率城市或企业，在面对外部冲击时，所表现出的韧性更强（Martin et al., 2016）。而随着大城市吸引力的提高，吸引了更多更高生产率企业进入大城市，从而又提升了企业和城市的生产率，进而提高了城市经济韧性。如此反复循环，形成累积因果循环效应。

2. 知识溢出效应

大城市具有更高生产率、更高工资水平和福利水平，吸引了大量高

技能劳动力进入城市，因此，加速了城市人力资本积累，通过知识外溢，可以提高企业和城市的创新能力、加速技术进步，从而提高城市经济发展水平和城市整体经济实力，提升城市经济韧性。因此，劳动力技能水平提高和人力资本积累，是城市经济增长和城市经济韧性的重要驱动因素（Gleaser and Saiz, 2004；Gerst et al., 2009）。另外，伴随着高生产率企业和高技能劳动力的集聚，城市研究开发投入也随之增加。研究开发投入较高的城市，创新程度更高。城市中研究开发机构越多、研究开发投入越高、R&D成果转化速度越快，城市经济韧性也越强（Hill et al., 2010；Pierre-Alexandre et al., 2019；徐圆, 邓胡艳, 2020）。

3. 产业关联效应

大量企业包括中间品生产企业在城市的集聚，强化了需求关联（即后向关联）和成本关联（即前向关联），并通过价格机制降低了企业的平均生产成本和运输成本（Krugman, 1991）。另外，大量高生产率企业、高技能劳动力在城市集聚产生的较强知识溢出，也降低了企业和城市的创新成本（Martin and Ottaviano, 1999）。运输成本和创新成本的下降，可以更快地促进城市经济增长，从而提高城市经济韧性。此外，随着城市基础设施建设投入的增加，城市公共基础设施、城市交通水平等得以进一步完善和发展，既为城市经济发展提供了良好的基础，也提高了城市对高生产率企业和高技能劳动力的吸引力，使得更多高生产率企业和高技能工人进入城市，产业关联效应得以强化、集聚程度得以提高，从而促进城市经济发展和城市经济韧性的进一步提高（孙久文, 孙翔宇, 2017；Feder and Mustra, 2018）。

（二）多样化集聚

雅各布斯外部性（Jacobs, 1969）认为，差异性和多样化是影响创新的主要因素，外部性主要源于不同产业间的企业而非同一产业内的企业。多样化集聚不仅有利于城市经济结构优化，而且，城市多样化集聚产生高度竞争的市场环境，促进了企业技术创新和生产率的提升，从而加快了城市生产率提升。城市多样化程度越高，越有利于增强知识溢出效应、扩大经济活动、促进外部性产生，进而推进城市经济发展水平的提高。

城市经济发展水平越高，生产率越高，城市抵抗外部冲击的能力越强（Martin et al.，2016）。此外，磁滞效应的存在，也使集聚程度较高的大城市具有更强的韧性。因此，城市多样化集聚既能够增强城市经济韧性，又能够较好地分散外部冲击风险（Davies and Tonts，2010；Desrochers and Leppala，2011；Fingleton and Palombi，2013；Pierre-Alexandre et al.，2019；贺灿飞，陈韬，2019；徐圆，邓胡艳，2020），当城市某种产业遭受外部冲击时，多样化城市中的劳动力更易转移到其他产业中（Krugman，1991）。此外，已有研究发现，多样化集聚促进了城市经济增长和城市就业增长（Gleaser and Gottlieb，2009），从而提高了城市抵御外部冲击的能力。芬格尔顿和帕洛比（Fingleton and Palombi，2013）研究了维多利亚时期英国城市的经济韧性，也强调了城市产业多样性对于解释城市经济韧性的重要性。博斯马（Boschma，2014）和道利（Dawley，2014）认为，城市制度结构的多样性可以影响城市经济韧性，城市制度结构可以根据外部冲击直接影响区域拓展新增长路径的能力，进而作用于城市经济韧性。

二、城市经济集聚对城市经济韧性影响机制的实证检验

城市经济集聚变量可以进一步分解为城市专业化指数（CRSI）和城市多样化指数（CRDI），因此，计量模型（3-1）可改写为：

$$\ln resilience_{ct} = \alpha \ln resilience1_{ct} + \beta_1 CRSI_{ct} + \beta_2 CRDI_{ct} + \gamma X_{ct} + \mu_c + \varepsilon_{ct}$$
$$(3-9)$$

为了准确比较城市专业化集聚和城市多样化集聚对城市经济韧性的影响作用大小，我们对所有的变量数据在回归之前进行了标准化处理，因此，以下所有估计均为对变量标准化处理之后的估计结果。

（一）初步估计结果

表3-7给出了我们使用计量模型（3-9）对城市专业化指数、城市多样化指数与城市经济韧性之间的基准估计结果。表3-7的第（1）列在没有纳入任何控制变量并控制年份固定效应和城市固定效应后，城市

专业化指数和城市多样化指数与城市经济韧性之间均为正向关系，也进一步说明城市经济集聚与城市经济韧性之间呈正相关关系，但城市专业化指数影响不显著。从表3-7的第（2）列、第（3）列和第（4）列可知，在加入控制变量并控制年份固定效应和城市固定效应后，使用 OLS 估计、FE 估计以及差分 GMM 估计时，城市专业化指数和城市多样化指数与城市经济韧性的关系依然为正，但显著性不同。如前文所述，采用上述方法时所得估计结果可能存在偏误和不一致，因此，本书在研究城市专业化集聚、城市多样化集聚与城市经济韧性的关系时，其他方法所得估计结果均为参考，我们最终使用系统 GMM 估计结果进行分析。

表 3-7　城市产业多样化集聚、城市产业专业化集聚影响城市经济韧性的基准估计结果

项目	（1）OLS	（2）OLS	（3）FE	（4）diff-GMM	（5）sys-GMM
被解释变量	城市经济韧性（lnresilience）				
lnresilience1	0.384*** (0.0214)	0.374*** (0.0211)	0.196*** (0.0225)	0.333*** (0.0311)	0.351*** (0.0239)
CRSI	0.0287 (0.0192)	0.0280 (0.0202)	0.0713*** (0.0276)	0.0280 (0.0202)	0.0386 (0.0343)
CRDI	0.0489** (0.0201)	0.381** (0.153)	0.0922* (0.0492)	0.387*** (0.141)	0.117** (0.0544)
lnfixedinv		0.0934*** (0.0266)	0.0477 (0.0466)	0.103 (0.212)	0.136*** (0.0384)
lnfdi		0.00302 (0.0256)	0.0459 (0.0397)	0.103 (0.212)	0.190** (0.0887)
lnrd		0.119*** (0.0380)	0.187*** (0.0311)	0.183*** (0.0567)	0.0880* (0.0456)
lnroadper		0.0317 (0.0205)	0.0395 (0.0468)	0.0262 (0.263)	0.205** (0.0801)
lnphumc		-0.000438 (0.0286)	-0.00688 (0.0382)	-0.564** (0.258)	-0.149 (0.171)
ETDZ		0.0806 (0.0596)			0.170 (0.280)
年份固定效应	YES	YES	YES		

续表

项目	(1) OLS	(2) OLS	(3) FE	(4) diff–GMM	(5) sys–GMM
被解释变量	城市经济韧性（lnresilience）				
城市固定效应	YES	YES	YES		
Constant	0.223*** (0.0613)	0.412*** (0.0903)	0.00139 (0.0190)		-0.0261 (0.0448)
Observations	2 574	2 559	2 559	2 265	2 559
R-squared	0.181	0.187	0.076		
Number of city			286	286	286
AR（2）—p 值			0.148	0.174	0.170
Hansen test—p 值			0.274	0.611	0.461

资料来源：笔者根据《中国城市统计年鉴》和《中国区域统计年鉴》等相关数据，运用 Stata 软件计算整理而得。

从表 3-7 的第（5）列估计结果可知，城市专业化指数（CRSI）与城市多样化指数（CRDI）对城市经济韧性的影响均为正，但城市多样化指数对城市经济韧性的影响在 5% 的水平上显著为正，而城市专业化指数对城市经济韧性的影响不显著，并且，城市多样化指数对城市经济韧性的影响（0.117）远高于城市专业化指数对城市经济韧性的影响（0.0386）。这表明，尽管城市专业化集聚和城市多样化集聚均对城市经济韧性产生了正向影响，但城市多样化集聚是提高城市经济韧性的核心要素，可能的原因在于：（1）相比城市专业化集聚，城市产业的差异性和多样化更有助于创新发明和城市生产率的提升（梁琦，2004；梁琦、钱学锋，2007），从而强化城市经济韧性；（2）与城市专业化集聚相比，城市多样化集聚作为城市外部冲击吸收器的作用更强大，城市多样化集聚能够快速吸收、转移外部冲击，从而有助于城市经济的恢复与发展（Dawley，2014）；（3）当前阶段城市多样化集聚比城市专业化集聚更能促进中国城市经济集聚程度、提高城市经济发展水平（Batisse，2002；李金滟、宋德勇，2008）、增强城市抵御外部冲击的能力，进而提升城市经济韧性。

接着，分析控制变量。城市固定资产投资（lnfixedinv）的符号与预期一致，且在 1% 的水平上显著为正。这表明，城市固定资产投资对效率改进起到了积极作用，城市固定资产投资有效地促进了城市经济集聚的发展和城市经济水平提升，增强了城市经济韧性。城市对外开放水平（lnfdi）对城市经济韧性的影响在5%的水平上显著为正，说明城市对外开放水平的提高显著提升了城市经济韧性，这与我们的预期一致。而城市研发支出水平（lnrd）对城市经济韧性的影响在10%的水平上显著为正，说明城市研发水平的提高，加速了城市创新效应和知识溢出效应，从而有效地提高了城市经济集聚和城市经济韧性水平（Gerst et al., 2009）。另外，城市基础设施（lnroadper）对城市经济韧性的影响也显著为正，表明随着城市经济发展水平的提升和城市基础设施的完善，运输成本将会逐步降低，使城市生产率得以提升，从而增强城市经济集聚水平和城市经济韧性。与前文一样，我们发现城市人力资本对城市经济韧性的影响为负，此处不再赘述原因。

最后，作为衡量城市经济发展优惠政策的虚拟变量ETDZ，其对城市经济韧性的影响为正但不显著。尽管影响不显著，但优惠政策虚拟变量对城市经济韧性的正向影响，说明一个城市的相关优惠政策，能够在一定程度上促进城市经济集聚的发展。

（二）稳健性检验

1. 改变城市经济韧性测算方法进行检验

如同前文，我们使用城市失业率和三年滑动平均方法来测算城市经济韧性，并对城市经济集聚与城市经济韧性的关系重新进行检验。我们使用城市失业率（lnrunemployed）来衡量城市经济韧性，通过计量模型（3-9），估计城市专业化指数、城市多样化指数与城市经济韧性之间的关系，估计结果见表3-8。

表3-8的第（2）列估计结果显示，城市多样化指数（CRDI）与城市失业率在5%的水平上显著为负，即城市产业多样化集聚水平每提高1%，城市失业率将下降5.40%，也就是说，城市经济韧性将提高5.40%。这表明，城市多样化集聚水平的提升显著降低了城市失业率（即显著提高了城市经济韧性），而城市产业专业化指数（CRSI）并没有对降低失业率（即城市经济韧性提高）起到显著的积极作用，这一结论与前文的基准回归结论相一致，说明前文基准回归结果是稳健的。

表 3-8 改变城市经济韧性测算方法后城市产业多样化集聚、
城市产业专业化集聚对城市经济韧性影响的估计结果

项目	(1) diff-GMM	(2) sys-GMM	项目	(3) diff-GMM	(4) sys-GMM
被解释变量	城市经济韧性（lnrunemployed）		被解释变量	城市经济韧性（lnres）	
lnrunemployed1	0.288*** (0.0853)	0.254*** (0.0200)	lnres1	0.767*** (0.0278)	0.685*** (0.0209)
CRSI	-0.225 (0.160)	-0.276 (0.168)	CRSI	0.171 (0.127)	0.0810 (0.161)
CRDI	-0.289 (0.232)	-0.0540** (0.0221)	CRDI	0.381** (0.153)	0.503** (0.209)
lnfixedinv	1.289** (0.510)	1.394*** (0.387)	lnfixedinv	0.759*** (0.244)	0.643* (0.364)
lnfdi	0.0397 (0.288)	0.148 (0.219)	lnfdi	0.900*** (0.256)	0.882*** (0.308)
lnrd	0.781* (0.406)	0.433 (0.396)	lnrd	0.259*** (0.0865)	0.305*** (0.0618)
lnroadper	0.837* (0.496)	0.484* (0.275)	lnroadper	0.663** (0.261)	0.248** (0.110)
lnphumc	-0.501 (0.700)	1.535*** (0.448)	lnphumc	-0.776* (0.419)	-0.902 (0.563)
ETDZ		0.749 (0.866)	ETDZ		1.067*** (0.401)
Constant		0.125 (0.159)	Constant		0.181*** (0.0688)
Observations	2 265	2 559	Observations	2 265	2 559
Number of city	286	286	Number of city	286	286
AR (2) —p 值	0.219	0.321	AR (2) —p 值	0.145	0.129
Hansen test—p 值	0.631	0.336	Hansen test—p 值	0.553	0.752

资料来源：笔者根据《中国城市统计年鉴》和《中国区域统计年鉴》等相关数据，运用 Stata 软件计算整理而得。

接下来，我们使用三年滑动平均方法测算城市经济韧性，并使用计量模型 (3-9) 估计城市专业化指数、城市多样化指数与城市经济韧性之间的关系。从表 3-8 的第 (4) 列估计结果可知，城市专业化指数和城市多样化指数与使用三年滑动平均方法测算出的城市经济韧性 (lnres)

间均为正向关系，但城市专业化指数对城市经济韧性的影响不显著，而城市多样化指数的影响在5%的水平上显著为正，且城市多样化指数对城市经济韧性的影响（0.503）远高于城市专业化指数（0.0810）。这表明，产业多样化集聚是城市经济韧性提高的核心因素。这一结论也证实了前文基准检验是稳健的。

2. 剔除异常值检验

采用与前文相同的方法，我们将城市经济韧性大于90分位、小于10分位的样本作为异常样本从总样本中予以剔除，最后得到1972个观测值。对剔除异常值后的样本进行GMM估计，结果见表3–9。

表3–9　　　剔除异常值后城市产业多样化集聚、
城市产业专业化集聚对城市经济韧性影响的估计结果

项目	(1) diff–GMM	(2) sys–GMM
被解释变量	城市经济韧性（lnresilience）	
lnresilience1	0.200*** (0.0320)	0.198*** (0.0302)
CRSI	0.203 (0.137)	0.0202 (0.0468)
CRDI	0.231 (0.162)	0.199*** (0.0681)
lnfixedinv	0.441* (0.231)	0.280* (0.164)
lnfdi	0.388*** (0.146)	0.153 (0.110)
lnrd	0.224*** (0.0627)	0.139*** (0.0499)
lnroadper	0.196 (0.255)	−0.0244 (0.108)
lnphumc	−0.709*** (0.249)	−0.308* (0.170)
ETDZ		0.188 (0.401)
Constant		0.0692 (0.0664)

续表

项目	(1)	(2)
	diff – GMM	sys – GMM
被解释变量	城市经济韧性（lnresilience）	
Observations	1 322	1 972
Number of city	286	286
AR（2）—p 值	0.444	0.210
Hansen test—p 值	0.758	0.201

资料来源：笔者根据《中国城市统计年鉴》和《中国区域统计年鉴》等相关数据，运用 Stata 软件计算整理而得。

从表 3 – 9 可以看出，城市多样化指数、城市专业化指数与城市经济韧性之间的关系依然为正相关，但城市多样化指数对城市经济韧性的影响在 1% 的水平上显著为正，而城市专业化指数对城市经济韧性的影响虽然为正但不显著，即产业多样化集聚依然是影响城市经济韧性的关键因素。这一结果与前文基准检验结果相符，说明基准检验是稳健的。

3. 区分城市规模检验

与前文相同，我们将城市分为大城市、中等城市和小城市。并采用系统 GMM 方法，对城市专业化指数、城市多样化指数与城市经济韧性之间的关系进行估计，估计结果见表 3 – 10。从表 3 – 10 的估计结果可知，对于小城市，城市专业化指数对城市经济韧性的影响在 5% 的水平上显著为正，城市多样化指数对城市经济韧性的影响虽然为正，但不显著。但是，对于大城市、中等城市而言，城市多样化指数对城市经济韧性的影响分别在 1% 的水平上和 5% 的水平上显著为正，城市专业化指数对大城市和中等城市的城市经济韧性影响均为正且均不显著。即小城市专业化程度最高、大城市多样化程度最高，这与巴蒂斯（Batisse, 2002）、金滟和宋德勇（2008）的研究结果一致。这表明，多样化集聚是提高大城市和中等城市的城市经济韧性的核心因素，而专业化集聚则是提升小城市经济韧性的核心因素。我们认为可能的原因在于，大城市和中等城市，尤其是大城市，城市规模较大，城市中的企业、商品、服务以及高技能劳动力等集聚程度也较高，这就可以为企业生产提供大量的中间投入品、较高水平的服务和人力资本，加之城市规模越大、城市研发投入水平和创新水平也越高，因而，有效地推动了城市多种产业的协调发展，提升了城市多样化生产程度。另外，从消费者的角度来说，消费者更愿意集聚在多样化生产程度更高的城市。生产企业集聚和消费者集聚之间的正向自我强化机制（Krugman，1991；梁琦，钱学锋，2007），加速了大城市多样化集聚程度和城市经济发展，从而强化了城市经济韧性。但对于小城市而言，因为城市生产率、城市研发投入、城市人力资本以及城市产业发展优惠政策等均无法与大城市相比拟，所以，小城市可以充分发挥比较优势，有效地利用本地资源，最大限度地发挥城市专业化带来的外部性，从而提高城市生产率、促进城市经济增长、提高城市经济韧性。

表3–10　　区分城市规模后城市产业多样化集聚、城市产业专业化集聚对城市经济韧性影响的估计结果

项目	(1) 大城市	(2) 中等城市	(3) 小城市
被解释变量	城市经济韧性（lnresilience）		
lnresilience1	0.107** (0.0509)	0.103** (0.0411)	0.164*** (0.0331)
CRSI	0.0489 (0.0998)	0.0146 (0.113)	0.163** (0.0802)
CRDI	0.294*** (0.106)	0.107** (0.0463)	0.0450 (0.0950)
lnfixedinv	0.689** (0.316)	0.654** (0.280)	0.752*** (0.206)
lnfdi	1.084*** (0.356)	−0.0108 (0.230)	0.185 (0.122)
lnrd	0.309* (0.159)	0.928*** (0.182)	0.757*** (0.132)
lnroadper	−0.173 (0.187)	0.413** (0.202)	0.315** (0.129)
lnphumc	0.951*** (0.327)	−0.0452 (0.358)	0.280 (0.241)

续表

项目	(1) 大城市	(2) 中等城市	(3) 小城市
被解释变量	城市经济韧性（lnresilience）		
ETDZ	0.683 (0.545)	0.267 (0.875)	-1.770 (1.282)
Constant	0.220 (0.149)	0.109 (0.104)	0.249** (0.106)
Observations	635	757	1 167
Number of city	130	159	167
AR (2) —p 值	0.255	0.151	0.152
Hansen test—p 值	0.890	0.998	0.615

资料来源：笔者根据《中国城市统计年鉴》和《中国区域统计年鉴》等相关数据，运用 Stata 软件计算整理而得。

4. 区分城市区位检验

在不同区位下，城市专业化指数、城市多样化指数与城市经济韧性之间的估计结果，见表 3-11。从表 3-11 中我们可以发现：(1) 无论城市所处区位如何，城市多样化指数对城市经济韧性的影响均显著为正，且影响作用均高于城市专业化指数；城市专业化指数对城市经济韧性影响也为正，但对东部城市和中部城市的影响分别在 5%、10% 的水平上显著为正，而对西部城市的影响不显著。也就是说，无论城市所处区位如何变化，城市多样化指数对城市经济韧性的影响依然居于主导地位。(2) 不同规模城市相比而言，东部城市多样化指数对城市经济韧性的影响程度最高，中部城市最低；东部城市专业化指数对城市经济韧性的影响程度最高，西部城市最低且不显著。

表 3-11　　　区分城市区位后城市产业多样化集聚、
城市产业专业化集聚对城市经济韧性影响的估计结果

项目	(1) 东部城市	(2) 中部城市	(3) 西部城市
被解释变量	城市经济韧性（lnresilience）		
lnresilience1	0.384*** (0.0445)	0.265*** (0.0392)	0.249*** (0.0406)
CRSI	0.118** (0.0599)	0.0640* (0.0360)	0.0580 (0.0725)

续表

项目	(1) 东部城市	(2) 中部城市	(3) 西部城市
被解释变量	城市经济韧性（lnresilience）		
CRDI	0.128*	0.0672*	0.103**
	(0.0768)	(0.0367)	(0.0411)
lnfixedinv	0.702***	0.0691	0.368***
	(0.175)	(0.157)	(0.130)
lnfdi	1.396***	0.106	0.231***
	(0.446)	(0.166)	(0.0762)
lnrd	0.143**	0.113**	0.127*
	(0.0688)	(0.0495)	(0.0739)
lnroadper	-0.183	-0.0908	-0.0729
	(0.129)	(0.109)	(0.106)
lnphumc	-0.0235	0.199	-0.0349
	(0.255)	(0.201)	(0.142)
ETDZ	0.665*	1.299**	0.226
	(0.339)	(0.517)	(0.329)
Constant	-0.436**	0.109*	0.253**
	(0.179)	(0.0655)	(0.0994)
Observations	909	988	662
Number of city	102	110	74
AR(2)—p值	0.126	0.192	0.903
Hansen test—p值	0.599	0.490	0.829

资料来源：笔者根据《中国城市统计年鉴》和《中国区域统计年鉴》等相关数据，运用 Stata 软件计算整理而得。

第四节　本章小结

本章研究了城市经济集聚与城市经济韧性之间的关系，分析了城市经济集聚影响城市经济韧性的理论机制并予以实证检验。本章研究发现：

（1）城市经济集聚与城市经济韧性之间为正向关系，城市经济集聚程度越高，城市经济韧性越强；大城市的经济集聚对城市经济韧性的影响程度显著高于中、小城市；（2）东部城市的经济集聚对城市经济韧性的影响程度显著高于中部城市和西部城市，且西部城市的经济集聚对城市经济韧性影响虽为正但不显著，即西部城市经济集聚对城市经济韧性的作用有限；（3）城市产业多样化指数对城市经济韧性的影响显著为正，城市产业专业化指数对城市经济韧性的影响虽然为正但不显著，且城市产业多样化指数对城市经济韧性的影响作用大于城市产业专业化指数对城市经济韧性的影响，即多样化集聚是提高城市经济韧性的核心要素。在使用城市失业率和三年滑动平均方法测算城市经济韧性后，所得估计结果依然表明城市产业多样化集聚水平对城市经济韧性的影响高于城市产业专业化集聚水平的影响。这表明，城市产业多样化集聚对于解释城市经济韧性具有非常重要的意义（Fingleton and Palombi，2013）；（4）就不同规模城市而言，城市产业专业化指数和城市产业多样化指数对城市经济韧性的影响有一定差异。对于小城市，城市产业专业化指数对城市经济韧性的影响显著为正，而城市产业多样化指数对城市经济韧性的影响虽然为正但不显著。对于大、中城市，城市产业多样化指数对城市经济韧性的影响均显著为正，而城市产业专业化指数对大、中城市的城市经济韧性影响均为正但均不显著。小城市专业化程度最高、大城市多样化程度最高。这表明，城市产业多样化集聚是提高大、中城市经济韧性的关键因素，城市产业专业化集聚则是提高小城市经济韧性的关键因素；（5）不同区位下，专业化集聚、多样化集聚对城市经济韧性的影响也存在差异。无论是东部城市、中部城市还是西部城市，城市产业多样化指数对城市经济韧性的影响均显著为正，且影响程度均强于城市产业专业化指数，而城市产业专业化指数对东部城市和中部城市的影响显著为正，而对西部城市影响不显著。此外，东部城市多样化指数对城市经济韧性的影响最高，中部城市最低；东部城市专业化指数对城市经济韧性的影响最高，西部城市最低。

  城市产业多样化集聚促进了城市经济结构优化，加快了城市生产率提升。同时，城市产业多样化集聚程度的提高，增强了知识溢出效应、促进了城市外部性的产生，进一步推动了城市经济发展水平提高。城市经济发展水平越高，城市经济韧性也更强（Martin et al.，2016）。因此，本章具有明显的政策含义。在中国城市化战略推进过程中，各个城市应根据自身特性（如城市规模、城市区位等）合理制定和调整城市产业结构布局。对于大城市和中等城市而言，要鼓励、协调多种产业在城市中协同发展，强化城市产业多样化集聚程度；小城市则需要结合自身的要素禀赋，充分发挥优势资源，加快城市产业专业化集聚发展。而且，不同区位的城市也应采取不同的产业发展政策，东部城市和中部城市（尤其是东部城市）在进一步重点完善和发展城市产业多样化集聚水平的同时，也要兼顾城市多样化集聚与城市专业化集聚的协调发展；西部城市在继续提高城市经济集聚水平的同时，应更加注重城市产业多样化集聚发展。此外，完善各城市产业发展配套政策措施和交通运输等基础设施、加大城市研发投入并提高城市生产率，也必将促进城市产业集聚发展，从而更有助于城市经济韧性的提高和城市经济持续健康稳定快速发展。

第四章
经济集聚对城市出口贸易的影响：集聚效应还是排序效应

尽管已有文献研究发现，城市经济集聚可以显著地促进城市生产率的提高（Marshall，1890；Glaeser，2008；Combes et al.，2012；陈强远等，2016）、推动国际贸易中城市产业专业化的形成和城市贸易的发展（Krugman and Elizondo，1996；Baldwin and Okubo，2006；Gábor Békés and Péter Harasztosi，2010），但是，既有文献主要侧重于研究城市生产率的来源，而对于城市经济集聚如何影响城市出口贸易问题则鲜有研究。本章通过构建城市经济集聚与城市出口贸易之间关系的联立方程计量模型，采用3SLS方法，试图厘清促进中国城市生产率提高、城市出口贸易发展的源泉，以期为中国新型城市化建设中城市贸易的发展提供理论依据和政策参考。

通过实证研究，本章主要有三点结论：（1）中国城市生产率提升、城市出口贸易发展是集聚效应和排序效应共同作用的结果，但集聚效应的作用高于排序效应，即集聚效应是城市生产率提升、城市出口贸易发展的核心源泉；（2）从不同规模的城市来看，集聚效应、排序效应对中国中等城市生产率的提升和城市出口贸易发展的促进作用最大，小城市次之，而对大城市的影响最小；（3）从不同区位来看，集聚效应和排序效应对中部城市生产率的提升作用最大，东部城市次之，对西部城市的影响最小;集聚效应和排序效应对中部城市出口贸易促进作用最大,西部城市次之,而对东部城市影响最小。但无论城市区位、城市规模如何,集聚效应仍然是促进城市生产率提高和城市出口贸易发展的核心来源。本章的政策含义在于,在中国城市化进程中,既要充分利用集聚效应给城市生产率提升和城市出口贸易发展所带来的促进作用,也要注意不同规模、不同区位城市的均衡发展,尤其是中西部城市的发展。

第一节 问题的提出

城市是中国对外贸易发展过程中的主要力量。2000年,中国城市出口贸易额占全国出口贸易额的83.1%,尽管之后几年城市出口贸易额占比有所下降,但2007年依然高达56.2%[1],城市出口贸易额仍占中国出口贸易总额的一半以上,如图4-1所示。

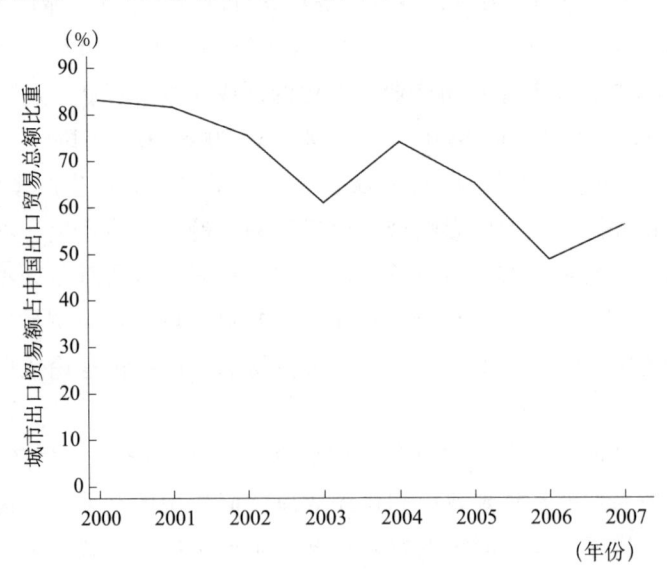

图4-1 2000~2007年城市出口贸易额占中国出口贸易总额比重

资料来源:笔者根据中国海关数据库、《中国城市统计年鉴》的相关数据计算整理绘制而得。

---

[1] 笔者根据中国海关数据库、《中国城市统计年鉴》的相关数据计算而得。

然而，中国城市贸易发展却是非常不平衡的，东部沿海地区是中国对外贸易的主力军。从省级层面看，城市规模越大，城市出口贸易额占该省出口贸易额比重越大，以 2007 年为例，城市规模与城市出口贸易额占该省份出口比重之间呈显著正相关，且大城市出口贸易额占据了该省的绝对出口贸易份额。以 2007 年福建省、湖北省、陕西省为例，厦门市、武汉市、西安市三个城市的出口贸易额占所在省当年出口贸易额的比重依次为 62.56%、75.97% 和 96.52%，而与此相对应的是，这三个省的宁德市、咸宁市和铜川市出口贸易额，依次分别仅占该省出口贸易额的 0.02%、0.43% 和 0.02%，占比非常低。① 其他省的城市出口在 2007 年或其他年份也表现出了与此相同或相似的特征，见图 4-2。

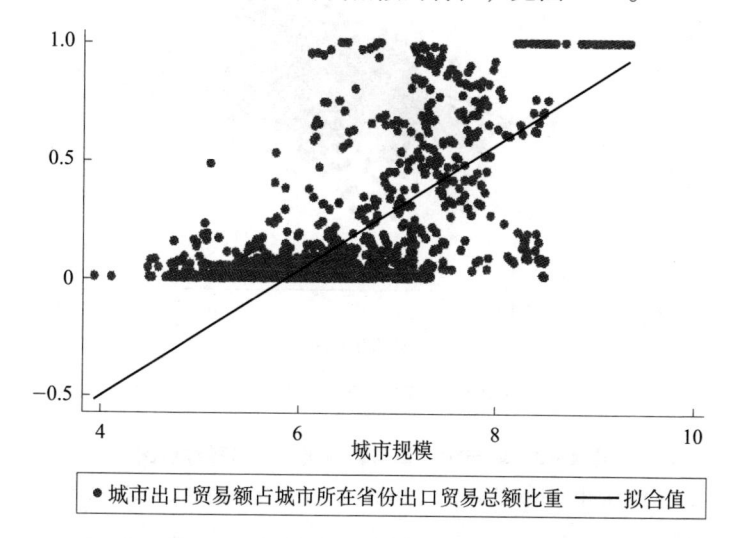

图 4-2 城市规模与城市出口贸易额占所在省份出口贸易总额比重散点图

资料来源：笔者根据中国海关数据库、《中国城市统计年鉴》的相关数据计算整理绘制而得。

进一步观察中国地级市及以上城市的城市出口贸易额与城市生产率、城市规模与城市生产率之间的关系，本书发现：2000~2007 年中国地级市及以上城市生产率与城市出口贸易额之间呈正向关系，见图 4-3，即城市生产率越高，城市出口贸易额越大；城市规模与城市生产率之间为

---

① 笔者根据中国海关数据库的相关数据整理计算而得。

正向关系，见图 4-4，即城市规模越大，城市生产率也越高，这与罗森塔尔和斯特兰奇（Rosenthal and Strange，2004）、范剑勇（2006）、陈良文等（2008）、库姆斯等（Combes et al.，2010，2012）的研究结论一致。此外，城市规模与城市出口产品种类数量、城市生产率与城市出口产品种类数量之间呈正向关系，即城市规模越大，城市出口产品种类数量越多，见图 4-5（a）；城市生产率越高，城市出口产品种类数量越多，见图 4-5（b）。

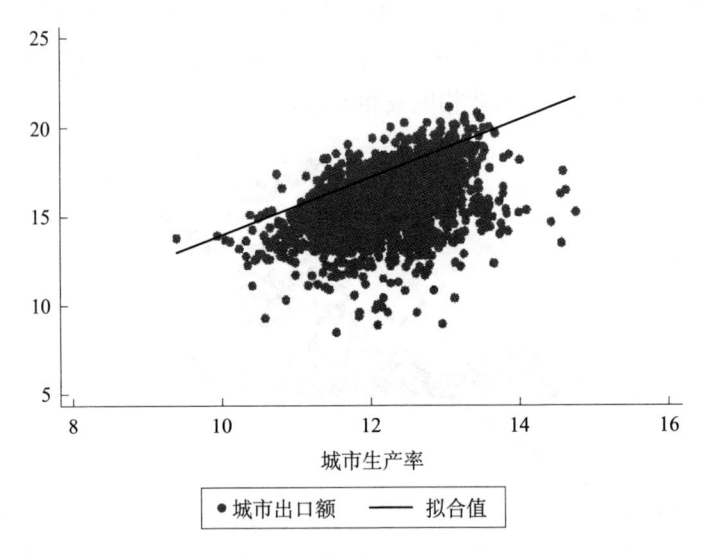

图 4-3　城市生产率与城市出口贸易额散点图

资料来源：笔者根据中国海关数据库、《中国城市统计年鉴》的相关数据计算整理绘制而得。

原因在于，城市经济集聚显著促进了城市出口的集约边际和扩展边际，因而大城市出口产品种类数量更多（孙楚仁等，2015a）。从企业层面来看，1998~2007 年，中国出口企业尤其是规模以上企业集中分布在东部沿海地区或城市，空间集聚特征非常明显（孙楚仁等，2015b）。

城市贸易的发展不平衡使得中国城市发展差距扩大，这显然不利于中国新型城市化和中国城市贸易的发展。因此，理解城市贸易的增长源泉，对于稳定中国贸易发展有非常重要的政策含义。

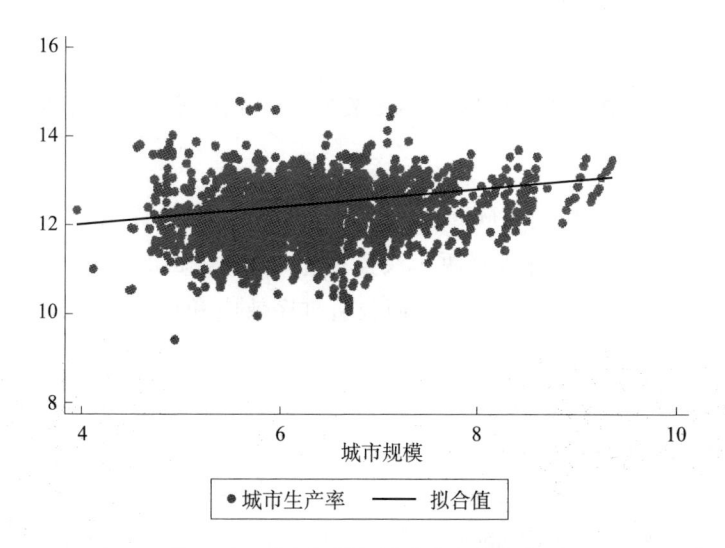

第四章 经济集聚对城市出口贸易的影响：集聚效应还是排序效应 | 97

图 4-4 城市规模与城市生产率散点图

资料来源：笔者根据中国海关数据库、《中国城市统计年鉴》的相关数据计算整理绘制而得。

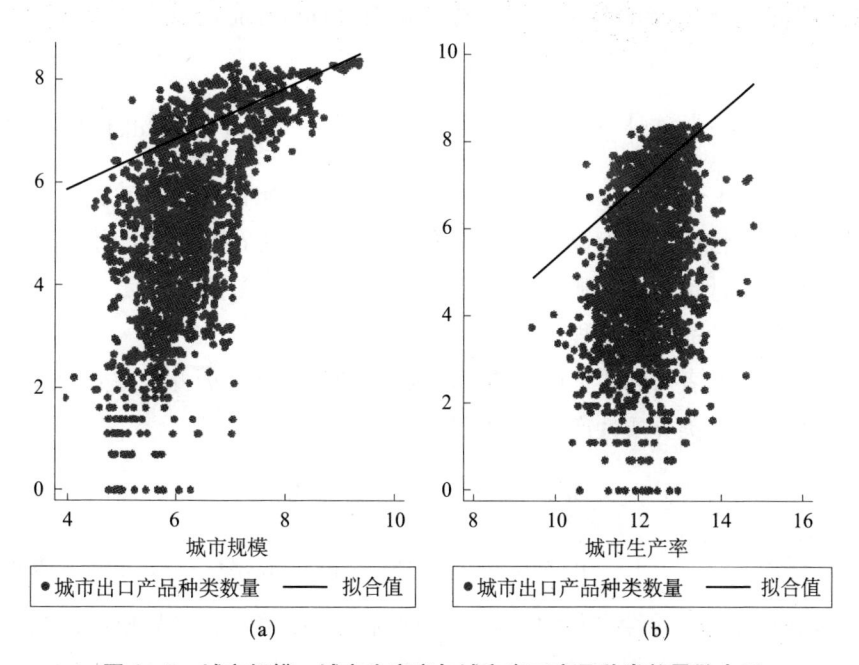

(a)　　　　　　　　　　　　(b)

图 4-5 城市规模、城市生产率与城市出口产品种类数量散点图

资料来源：笔者根据中国海关数据库、《中国城市统计年鉴》的相关数据计算整理绘制而得。

第二节 城市经济集聚：集聚效应和排序效应的理论基础

本章借鉴 MO 模型（Melitz and Ottaviano，2008）、库姆斯等（Combes et al.，2012）、卢卡斯和罗西·汉斯伯格（Lucas and Rossi - Hansberg，2002）等相关研究，将从理论方面分析排序效应和集聚效应的形成和影响因素。

一、排序效应

借鉴库姆斯等（Combes et al.，2012）的研究，本章假设 N 表示城市总人口（即城市规模），城市 i 的人口为 N_i，i = 1，2，3，…，I。此时，代表性消费者的效用为 OTT 效用函数（Ottaviano et al.，2002），表示为：

$$U = q^0 + \alpha \int_{k \in \Omega} q^k dk - \frac{1}{2}\beta \int_{k \in \Omega} (q^k)^2 dk - \frac{1}{2}\gamma \left(\int_{k \in \Omega} q^k dk\right)^2 \quad (4-1)$$

在式（4-1）中，q^0、表示作为计价物的同质性产品，q^k 表示作为计价物异质性产品。参数 α、β、γ 均为正值，参数 α 和 γ 表明了异质性产品和作为计价物的同质性产品之间的替代程度。参数 β 表示异质性产品种类间的产品差异化程度。

假定消费者对同质性产品的需求为正，即 $q^0 > 0$，因此，在效用最大化约束下，每类异质性产品 k 的反需求函数为：

$$p^k = \alpha - \beta q^k - \gamma \int_{j \in \Omega} q^j dj \quad (4-2)$$

在式（4-2）中，p^k 表示异质性产品 k 的价格，$Q = \int_{j \in \Omega} q^j dj$ 则表示个体消费者对异质性产品的总需求。此时，个体消费者对异质性产品的需求量为正，产品种类数量为 ω，则所有异质性产品平均价格为 $\bar{P} \equiv \frac{1}{\omega}\int_{j \in \bar{\Omega}} q^j dj$，因而，可以得到消费者对异质性产品 k 的需求为：

$$q^k = \frac{1}{\beta+\gamma\omega}\left(\alpha+\frac{\gamma}{\beta}\omega P\right) - \frac{1}{\beta}p^k, \quad \text{if} \quad p^k \leq p_{max} \equiv \bar{P} + \frac{\beta(\alpha-\bar{P})}{\beta+\gamma\omega} \tag{4-3}$$

在式（4-3）中，p_{max} 为价格临界值，且 $p_{max} > \bar{P}$。如果 $p^k > p_{max}$，则 $q^k = 0$。作为计价物的同质性产品，在城市间可自由贸易。而在垄断竞争条件下，当 $q^k \geq 0$ 时，异质性产品才能在市场上销售。因此，企业定价 $p^k \leq p_{max}$，$p_{max} \equiv \frac{\alpha\beta+\gamma\omega P}{\beta+\gamma\omega}$ 表示需求为 0 的最高定价产品，即市场最高价格或接近该价格时企业的利润最大化的产品价格。对于企业而言，假定劳动是唯一的要素投入，h 既表示单位产品所需劳动，也表示企业边际成本，且每个企业的 h 值不同；对于所有城市，概率密度函数为 g(h)、累积分布函数为 G(h)。此时，异质性产品生产企业利润最大化的产量为：

$$y(h) = \frac{N}{\beta}[p_y(h) - h], \quad \text{if} \quad p_y(h) \leq p_{max} \tag{4-4}$$

假设 c_{max} 表示异质性企业的临界边际成本，因为 p_{max} 表示均衡时临界企业的利润最大化产品价格，所以，$c_{max} = p_{max}$。

结合前文分析，我们可以得到异质性企业的利润最大化价格、产量、企业利润分别为：

$$p_y(h) = \frac{1}{2}(c_{max} + h), \quad y(h) = \frac{N}{2\beta}(c_{max} - h), \quad \pi_y(h) = \frac{N}{4\beta}(c_{max} - h)^2 \tag{4-5}$$

在进入市场前，企业的期望利润为 $\int_0^{c_{max}} \pi(h)dG(h) - f_E$，即预期利润为企业所获利润减去进入市场的固定成本。如果预期利润为负，那么，不会有企业进入市场。只要有一些企业生产，对新企业的进入无限制，则期望利润为 0。因此，均衡条件下企业自由进入时，企业的预期利润等于企业进入成本：

$$\int_0^{c_{max}} \pi(h)dG(h) = \frac{N}{4\beta}\int_0^{c_{max}}(c_{max} - h)^2 dG(h) = f_E \tag{4-6}$$

借鉴 MO 模型（Melitz and Ottaviano，2008），假设企业生产率服从帕累托分布，则成本分布函数为：

$$G(h) = \left(\frac{h}{h_M}\right)^\mu, \quad h \in [0, h_M] \quad (4-7)$$

在式 (4-7) 中，形状参数 μ 表示成本分布的离散程度，且 $\mu \geq 1$。当 $\mu = 1$ 时，成本在 $[0, h_M]$ 上均匀分布。而随着参数 μ 的增加，成本分布更多地集中在较高成本水平。当 μ 趋于无穷大时，成本分布在 h_M 处开始衰减。根据式 (4-6) 和式 (4-7) 可得，临界边际成本 c_{max} 为：

$$c_{max} = \left[\frac{2(\mu+1)(\mu+2)\beta(h_M)^\mu f_E}{N}\right]^{\frac{1}{\mu+2}} \quad (4-8)$$

将临界生产率 $\rho_{max} = \dfrac{1}{c_{max}}$，代入式 (4-8)，可得临界生产率为：

$$\rho_{max} = \left[\frac{2(\mu+1)(\mu+2)\beta(h_M)^\mu f_E}{N}\right]^{-\frac{1}{\mu+2}} \quad (4-9)$$

将临界生产率式 (4-9) 对城市规模 N 求导，可得：$\dfrac{\partial \rho_{max}}{\partial N} > 0$。这表明，在进入成本 f_E、异质性产品差异化程度参数 β 等给定的情况下，城市规模 N 越大，临界生产率 ρ_{max} 越高。由此可得命题 4-1：

命题 4-1：大城市较高的经济集聚程度，使得高生产率企业进入大城市，而生产率较低的企业进入相应中小城市，从而形成排序效应。

二、集聚效应

在分析排序效应的形成之后，接下来，我们考察集聚效应。已有文献认为，进入大城市的异质性企业，通过分享、匹配和学习获得了集聚正外部性（Duranton and Puga, 2004）。集聚地区的企业和劳动力通过相互学习、知识溢出，进一步提高生产率。将藤田和小川（Fujita and Ogawa, 1982）、卢卡斯和罗西·汉斯伯格（Lucas and Rossi-Hansberg, 2002）所认为的集聚存在正外部性的思想引入库姆斯等（Combes et al., 2012）的模型后，可得进入城市 i 的异质性企业 x 的生产率为：

$$\phi_{ix} = \frac{\ln[A(N_i)(N_i + \delta \sum_{j \neq i} N_j)]}{n_i} \quad (4-10)$$

将式 (4-10) 对城市规模 N_i 求导，可得：

$$\frac{\partial \phi_{ix}}{\partial N_i} = \frac{1}{n_i} \ln'[A(N_i)(N_i + \delta \sum_{j \neq i} N_j)]$$

$$[A(N_i)'(N_i + \delta \sum_{j \neq i} N_j) + A'(N_i)(N_i + \delta \sum_{j \neq i} N_j)] \quad (4-11)$$

在式 (4-11) 中，$A(N_i)$ 表示集聚给企业带来的生产率正外部性，且 $A'(N_i) > 0$。结合前文分析可知，$\frac{\partial \phi_{ix}}{\partial N_i} > 0$。因此，我们可得命题4-2，

命题4-2：随着城市规模扩大、城市经济集聚程度增加，正外部性使得进入该城市的企业生产率得以提升，形成集聚效应。

第三节 集聚效应和排序效应对城市出口贸易影响的经验研究

尽管上述理论模型刻画了大城市生产率优势的来源，且一些文献已经对城市生产率来源进行了检验（Combes et al., 2012；余壮雄，杨扬，2014；刘海洋等，2015；陈强远等，2016；韩峰，李玉双，2019），但本书主要的研究目的是在检验城市生产率源泉的基础上，进一步检验集聚效应、排序效应与城市生产率和城市出口贸易之间的关系。结合前文对城市经济集聚与城市出口贸易相关文献的梳理，本节将展开城市经济集聚带来的集聚效应和排序效应影响城市出口贸易的经验研究。先构建联立方程计量模型，并对数据来源与数据处理、变量选取等予以说明，在此基础上，采用多种方法实证检验集聚效应、排序效应对城市出口贸易的具体影响。

一、计量模型设定

城市出口贸易与城市生产率变量之间可能存在相互影响、相互决定的关系，即城市出口贸易会促进城市生产率进一步提升，而城市生产率提升反过来又会促进城市出口贸易，因此，为了处理城市出口贸易与城市生产率之间可能存在的内生性问题，本章构建联立方程计量模型来进行

计量分析。

首先，将式（4-6）进行变形，可得：

$$\int_0^{c_{max}} (c_{max} - h)^2 dG(h) = 4\beta f_E N^{-1} \qquad (4-12)$$

随着城市规模扩大，即 N 的增加，式（4-12）右侧的 N^{-1} 值则减少。在这种情况下，若要等式成立，式（4-12）左侧的临界边际成本必须也是较小的，即临界生产率是增加的，这就体现了排序效应。前文理论模型，已经证明了城市规模与临界生产率之间的这种关系。当然，影响企业生产率的因素，除了城市规模 N、企业进入成本或沉没成本 f_E 和企业异质性参数 β 之外，还有企业和城市的其他因素。

其次，我们来考察城市生产率。根据前文论述，集聚效应、排序效应相互联系又相互独立地影响城市生产率的大小。此外，出口行为也会对城市生产率产生影响。因此，借鉴罗森塔尔和斯特兰奇（Rosenthal and Strange, 2004）的做法，城市 c 在 t 时期的劳动生产率函数可表示为：

$$\text{productivity\_}c_{ct} = \frac{Y_{ct}}{L_{ct}} = e^{f_{ct}(size, productivity, export)} \left(\frac{K_{ct}}{L_{ct}}\right)^{\theta_1} H_{ct}^{\theta_2} \qquad (4-13)$$

在式（4-13）中，$e^{f_{ct}(size, productivity, export)}$ 表示城市经济活动中集聚效应、排序效应、出口对城市劳动生产率的影响，size、productivity、export 依次分别表示城市规模变量、企业生产率变量和城市出口贸易额；K_{ct}/L_{ct} 表示城市 c 在 t 时期的资本劳动比，本章用"市辖区固定资产投资总额/非农产业单位从业人员总量"表示，且将 K_{ct}/L_{ct} 改写为 capital_c_{ct}；H_{ct} 表示城市人力资本。对式（4-13）两边取对数，可得：

$$\text{lnproductivity\_}c_{ct} = cons + f_{ct}(size, productivity, export) + \theta_1 \text{lncapital\_}c_{ct}$$
$$+ \theta_2 \ln H_{ct} + CV_{ct1} + \varepsilon_{ct} \qquad (4-14)$$

根据前文论述，并借鉴钱学锋等（2012）的做法，本章使用城市规模 N（即城市非农人口）来刻画城市经济集聚效应，因此，用 lnnonagr$_{ct}$ 表示城市 c 在 t 时期的非农人口数量对数值，即城市 c 在 t 时期的规模大小。本章使用企业生产率来衡量排序效应，而在相关研究中，通常使用 TFP 来刻画企业生产率，因此，借鉴钱学锋等（2011）的做法，我们可以测算出 c 城市中每个企业 x 的 TFP 对数值，lnTFP_c_{xct}。对于城市出口贸易额及其各分量变量，取对数后，我们用 lnExpt$_{ct}$ 表示。CV_{ct1} 表示各种控制变量。故式（4-14）可改写为：

$$\ln\text{productivity\_}c_{ct} = \alpha_0 + \alpha_1 \ln\text{nonagr}_{ct} + \alpha_2 \ln\text{TFP\_}c_{xct} + \alpha_3 \ln\text{Expt}_{ct}$$
$$+ \alpha_4 \ln\text{capital\_}c_{ct} + \alpha_5 \ln H_{ct} + CV_{ct1} + \varepsilon_{ct} \quad (4-15)$$

最后，考察影响城市出口贸易的因素。异质性贸易理论认为，高生产率企业会主动选择进入出口贸易市场，进入出口贸易市场又促进了企业生产率水平的进一步提升；而低生产率企业则退出市场或服务于国内市场（Melitz，2003；Bernard，Eaton，Jensen and Kortum，2003；张杰等，2008；钱学锋等，2011）。因此，从理论上来看，具有较高生产率的大城市，其出口贸易表现应该强于具有较低生产率水平的小城市；从实际情况来看，中国城市出口贸易的现实也印证了这点，前文已经进行了阐述。在城市贸易中，诸多变量会对城市出口贸易产生影响。这些变量既包括城市特征变量，如城市规模、城市对外开放度、运输成本、城市生产率等，也包括企业特征变量，如企业 TFP、企业年龄等。本章的主要研究目的是探寻促进城市出口贸易发展的源泉，究竟是源于集聚效应还是排序效应，因此，借鉴劳莱斯（Lawless，2010）与黄玖立和徐旻鸿（2012）的做法，将城市 c 在 t 时期的出口模型构建如下：

$$\ln\text{Expt}_{ct} = \beta_0 + \beta_1 \ln\text{nonagr}_{ct} + \beta_2 \ln\text{TFP\_}c_{xct} + \beta_3 \ln\text{productivity\_}c_{ct}$$
$$+ CV_{ct2} + \mu_{ct} \quad (4-16)$$

在式（4-16）中，被解释变量 $\ln\text{Expt}_{ct}$ 表示城市 c 在 t 时期的出口额及其各个分解量（城市出口产品种类数量、城市出口目的地数量）的对数值；变量 $\ln\text{nonagr}_{ct}$、$\ln\text{TFP\_}c_{xct}$ 的含义，与前文相同。CV_{ct2} 表示控制变量集合；μ_{ct} 为随机扰动项。因此，城市生产率模型（4-15）和城市出口模型（4-16），共同构成了本章联立方程计量模型。

二、数据来源与数据处理说明

为了分析集聚效应、排序效应与城市生产率和城市出口贸易之间的内在关系，本章所使用的数据主要有三个来源：2000~2007 年的《中国城市统计年鉴》、中国海关数据库和中国工业企业数据库。在《中国城市统计年鉴》中，包括了中国 286 个地级及以上城市（包括直辖市、省会

（首府）城市）的相关统计指标。但因为统计数据缺失，所以，在数据处理中未包括西藏自治区的拉萨市。本书中的城市是指，因为直辖市、省会（首府）城市、地级市的市辖区（即不包括直辖市、省会（首府）城市、地级市下辖的县级市和县），而非行政意义上的城市，所以，文中所用城市的各种变量指标也相应为市辖区各种统计指标。鉴于数据库中统计的企业并非全部为市辖区企业以及部分数据缺失，本章对数据进行了筛选：(1) 为了剔除数据库中处于县级市和县的企业，根据邮编前四位（个别城市使用邮编前五位或者邮编全部六位数）将 2000~2007 年中国工业企业数据库和中国海关数据库的相关数据中处于县级市和县的出口企业逐年进行了剔除，这样，可以更加准确地衡量城市出口；(2) 2000~2007 年，部分城市由行政地区升格为行政意义上的地级城市，如甘肃省张掖市、山西省吕梁市于 2004 年由行政地区升格为地级城市，等。这些城市成为地级市之前，在《中国城市统计年鉴》中的数据缺失，在中国工业企业数据库、中国海关数据库和《中国城市统计年鉴》的相关数据进行合并时，将《中国城市统计年鉴》中数据缺失城市当年对应的企业也予以了剔除。数据经过处理后，本章最终得到 2000~2007 年 271 个地级城市的 124 786 个样本数据。

三、变量的选取与说明

为了更精确地估计结果，结合已有文献和研究需要，本章选取四个变量作为联立方程式 (4-15) 的控制变量：(1) 城市研发支出水平 (lnrd)，因为《中国城市统计年鉴》及相关数据中没有城市研发支出统计项目的内容，所以，如同前文所述，本书用"城市科学事业费支出（千元）"的对数值作为代理变量，以衡量城市研发费用支出，该项的预期符号为正；(2) 运输成本 (lnseadis)，该项的预期符号为负，关于运输成本，我们将在下文详细阐述；(3) 城市对外开放水平 (lnfdi)，我们使用城市实际外商投资额的对数值来衡量城市对外开放水平，并且使用当年汇率折算成人民币之后取 ln (1 + fdi) 纳入模型，该项的预期符号为正；(4) 城市基础设施 (lnroadper)，我们使用城市人均道路铺装面积

（人/平方米）的对数值来测算，该项的预期符号为正。

参照现有文献，本章选取三个变量作为联立方程式（4-16）的控制变量：（1）城市人力资本（lnphumc），各个统计数据库中，并没有直接衡量城市人力资本水平的指标，因此，借鉴柯善咨等（2014）的做法，本书用每万人中高校在校大学生数量作为代理变量，来衡量城市人力资本水平，取 ln（1 + phumc）纳入模型，该项的预期符号为正。（2）运输成本（lnseadis），目前，城市出口产品运输成本并没有直接的统计数据。尽管货物贸易出口运输方式多种多样，且中国存在大量的内河港口和内陆货物运输起运地，但从实际情况来看，海洋运输仍然是中国货物贸易出口运输的主要方式。因此，本书通过电子地图测算、比较后，获得了中国所有地级及以上城市到距离其最近海岸线港口的实际距离，并用城市与离其最近海岸线港口的距离（千米）的对数值作为代理变量，来衡量城市出口产品的运输成本，并取 ln（1 + seadis）纳入模型，该项的预期符号为负。（3）优惠政策虚拟变量（ETDZ），大城市通常可以享受更多优惠政策，从而企业更易生产和出口，因此，采取与前文相同的做法，本书使用城市是否拥有国家级经济开发区来衡量一个城市是否享有优惠政策，如果一个城市有国家级经济技术开发区，则 ETDZ = 1；反之，则 ETDZ = 0。该项预期符号为正。此外，控制变量还包括城市研发支出水平（lnrd）、城市对外开放水平（lnfdi）和城市基础设施（lnroadper），且这三个变量的定义与前文给出的定义相同。2000~2007 年主要变量的统计性描述见表 4-1。

表 4-1　　　　　2000~2007 年主要变量的统计性描述

变量	均值	标准差	最小值	最大值
lnnonagr	7.471891	1.137319	3.937691	9.351136
lnproductivity_c	12.68557	0.4784664	9.427104	14.77374
lnTFP_c	1.152482	0.1038688	-1.218045	1.780589
lncapital_c	11.33526	0.6306338	0	14.21161
lnphumc	2.146684	1.182181	0	4.253454
lnrd	10.98199	1.853107	0	14.51618
lnseadis	2.387295	2.628903	0	8.258163

续表

变量	均值	标准差	最小值	最大值
lnfdi	13.30175	2.077734	0	15.49572
lnroadper	2.303563	0.6489637	0.3710637	4.158883

资料来源：笔者根据《中国城市统计年鉴》、中国海关数据库和中国工业企业数据库的相关数据，运用 Stata 软件计算整理而得。

四、计量结果分析

（一）初步估计结果

1. 全样本联立方程的标准化系数估计

在进行实证检验前，我们先需要判断本书的联立方程模型是否存在联立性问题。根据已有文献并结合本书前文论述，本书使用 Hausman 检验，发现城市生产率与城市出口贸易之间存在内生性，这表明，本书使用联立方程模型来解决内生性的思路是可行的。另外，在保证联立方程联立性存在的情况下，要对模型进行准确估计，联立方程还必须具备可识别性（identified）。因此，为了避免过度识别，本书采用 2SLS 方法和 3SLS 方法对式（4-15）和式（4-16）进行了恰好识别检验。估计结果见表 4-2 和表 4-3。需要说明的是，为了比较集聚效应和排序效应对被解释变量影响作用的大小，本书在联立方程进行估计之前，先对所有变量进行了标准化估计处理，因此，本章所有估计结果列表中的系数均为标准化估计系数。

表 4-2 是以城市生产率作为被解释变量，对联立方程进行回归的结果。首先，将城市出口贸易额作为解释变量，与城市生产率模型联立进行估计，估计结果见表 4-2 的第（1）列和第（2）列。表 4-2 的第（1）列是在考虑行业固定效应、年份固定效应以及控制变量时，衡量集聚效应的城市规模（lnnonagr）及衡量排序效应的城市中企业平均生产率（lnTFP_c）两个核心解释变量与被解释变量城市生产率（lnproductivity_c）之间的 2SLS 方法的估计结果。但为了弥补 2SLS 方法的估计忽略了不同方程扰动项之间可能存在的相关性问题，本书又使用 3SLS 方法对模型

进行了估计，估计结果如表4-2的第（2）列所示。我们发现，城市规模和企业生产率对城市生产率具有正向影响，且在1%的水平上显著，集聚效应的影响程度高于排序效应的影响程度。具体来说，城市集聚效应每提高1%，城市生产率将提高15.5%；而排序效应每提高1%，城市生产率将会提高10.3%，集聚效应对城市生产率的促进作用大于排序效应。这表明，城市生产率的提高，得益于集聚效应和排序效应的共同结果，但集聚效应的作用强于排序效应的作用。

另外，在表4-2中，城市人力资本（lnphumc）对城市生产率的影响显著为正，这正是因为较大规模的城市集聚了更多高生产率的企业和工人、加速了人力资本的积累（Glaeser，1999；Duranton and Puga，2001）、强化了学习效应（Behrens，2013；De la Roca and Puga，2014；柯善咨等，2014），所以，使得城市生产率也显著增加。城市资本劳动比（lncapital_c）与城市生产率之间存在显著为正的关系。这表明，提高城市资本劳动比，是提高城市生产率的一个重要途径。

表4-2　　　　城市生产率为被解释变量的全样本估计结果

项目	(1) 2SLS	(2) 3SLS	(3) 2SLS	(4) 3SLS	(5) 2SLS	(6) 3SLS
被解释变量	城市生产率（lnproductivity_c）					
lnnonagr	0.130*** (0.00419)	0.155*** (0.00420)	0.130*** (0.00419)	0.139*** (0.00419)	0.130*** (0.00419)	0.135*** (0.00419)
lnTFP_c	0.116*** (0.00199)	0.103*** (0.00199)	0.116*** (0.00199)	0.112*** (0.00198)	0.116*** (0.00199)	0.113*** (0.00198)
lnphumc	0.0279*** (0.00354)	0.0777*** (0.00351)	0.0279*** (0.00354)	0.0447*** (0.00353)	0.0279*** (0.00354)	0.0382*** (0.00353)
lnrd	-0.00884*** (0.00340)	-0.0135*** (0.00341)	-0.00884*** (0.00340)	-0.0104*** (0.00340)	-0.00884*** (0.00340)	-0.00979*** (0.00340)
lnseadis	-0.113*** (0.00177)	-0.111*** (0.00178)	-0.113*** (0.00177)	-0.112*** (0.00177)	-0.113*** (0.00177)	-0.113*** (0.00177)
lnfdi	0.175*** (0.00206)	0.180*** (0.00207)	0.175*** (0.00206)	0.177*** (0.00206)	0.175*** (0.00206)	0.176*** (0.00206)

续表

项目	(1) 2SLS	(2) 3SLS	(3) 2SLS	(4) 3SLS	(5) 2SLS	(6) 3SLS
被解释变量	城市生产率（lnproductivity_c）					
lnroadper	0.186***	0.191***	0.186***	0.188***	0.186***	0.187***
	(0.00184)	(0.00185)	(0.00184)	(0.00184)	(0.00184)	(0.00184)
lncapital_c	0.396***	0.462***	0.396***	0.418***	0.396***	0.410***
	(0.00217)	(0.00205)	(0.00217)	(0.00213)	(0.00217)	(0.00215)
行业固定效应	YES	YES	YES	YES	YES	YES
年份固定效应	YES	YES	YES	YES	YES	YES
Constant	-0.599***	-0.582***	-0.599***	-0.593***	-0.599***	-0.595***
	(0.0102)	(0.0103)	(0.0102)	(0.0102)	(0.0102)	(0.0102)
Observations	124 669	124 669	124 669	124 669	124 669	124 669
R-squared	0.733	0.731	0.733	0.733	0.733	0.733

资料来源：笔者根据《中国城市统计年鉴》、中国海关数据库和中国工业企业数据库的相关数据，运用Stata软件计算整理而得。

表4-2中，在其他控制变量中，一个有趣的发现是，城市研发支出（lnrd）对城市生产率的影响显著为负，表明城市研发支出的增加，并没有有效提高城市生产率。可能是因为城市规模扩大、行业资本密集度较高等带来的高进入壁垒，使得市场竞争程度降低，进而导致生产率下降（吴延兵，2006）。运输成本（lnseadis）对城市生产率存在显著为负的影响，说明运输成本每下降1%，将会导致城市生产率提高11.1%。城市开放水平（lnfdi）与城市生产率之间存在显著为正的关系，主要的原因可能在于，大城市的开放程度一般要高于中小城市，开放程度越高，越倾向于出口，而出口又促进了城市生产率的提高。城市基础设施（lnroadper）与城市生产率之间存在显著正向关系，两者之间的系数为0.191，即城市基础设施建设水平每提高1%，可以促进城市生产率提高19.1%。这说明，城市良好的基础设施建设，有利于城市生产率的增长，也为中国各城市大力发展城市基础设施建设提供了一个较好的解释。

表4-2中的第（3）列、第（4）列和第（5）列、第（6）列是城市出口模型中，分别将城市出口产品种类数量、城市出口目的地数量作

为被解释变量,与城市生产率模型联立估计的结果。比较表4-2的第(2)列、第(4)列和第(6)列,我们发现,将城市出口贸易额和城市出口目的地数量作为城市出口模型的被解释变量,并分别与城市生产率模型联立后所得估计结果,与城市出口产品种类数量和城市生产率模型联立估计结果相比,尽管此时核心解释变量估计系数的大小出现了较小差异,但集聚效应、排序效应对城市生产率的整体影响趋势没有发生变化,集聚效应依然占优。

表4-3是以城市出口贸易额、城市出口产品种类数量和城市出口目的地数量为被解释变量时,对联立方程使用2SLS方法、3SLS方法估计的结果。由表4-3的第(1)列和第(2)列可知,无论是采用2SLS方法估计还是3SLS方法估计,集聚效应和排序效应对城市出口贸易额的影响显著为正,且集聚效应对城市出口贸易额的影响要大于排序效应的影响。再来看表4-3的第(3)列和第(4)列,与被解释变量为城市出口贸易额时相似,当被解释变量为城市出口产品种类数量时,2SLS方法估计和3SLS方法估计所得到的结果是一致的:集聚效应对城市出口产品种类数量的影响也高于排序效应的影响,即集聚效应每提高1%,可以促进城市出口产品种类数量提高约6.60%,而排序效应每提高1%,则可以使城市出口产品种类数量提高3.99%。表4-3的第(5)列和第(6)列是将城市出口目的地数量作为城市出口模型的被解释变量,与城市生产率模型联立估计的结果,我们发现,集聚效应、排序效应对城市出口产品种类数量、城市出口目的地数量的影响均显著为正,但集聚效应的作用大于排序效应。

表4-3 城市出口变量为被解释变量的全样本估计结果

项目	(1) 2SLS	(2) 3SLS	(3) 2SLS	(4) 3SLS	(5) 2SLS	(6) 3SLS
被解释变量	城市出口贸易额	城市出口贸易额	城市出口产品种类数量	城市出口产品种类数量	城市出口目的地数量	城市出口目的地数量
lnnonagr	0.208*** (0.00345)	0.200*** (0.00345)	0.0682*** (0.0150)	0.0660*** (0.0150)	0.233*** (0.00587)	0.224*** (0.00876)
lnTFP_c	0.0129*** (0.00162)	0.0106*** (0.00162)	0.0417*** (0.00216)	0.0399*** (0.00216)	0.0832*** (0.00242)	0.0819*** (0.00242)

续表

项目	(1) 2SLS	(2) 3SLS	(3) 2SLS	(4) 3SLS	(5) 2SLS	(6) 3SLS
被解释变量	城市出口贸易额		城市出口产品种类数量		城市出口目的地数量	
lnphumc	0.307***	0.273***	0.0305***	0.0579***	0.0180***	0.0379***
	(0.00338)	(0.00331)	(0.00452)	(0.00449)	(0.00506)	(0.00504)
lnrd	0.371***	0.367***	0.214***	0.211***	0.207***	0.204***
	(0.00284)	(0.00284)	(0.00379)	(0.00379)	(0.00424)	(0.00424)
lnseadis	-0.112***	-0.122***	-0.120***	-0.129***	-0.132***	-0.138***
	(0.00161)	(0.00159)	(0.00215)	(0.00214)	(0.00240)	(0.00240)
lnfdi	0.352***	0.353***	0.372***	0.373***	0.368***	0.369***
	(0.00171)	(0.00171)	(0.00229)	(0.00229)	(0.00256)	(0.00256)
lnroadper	0.241***	0.234***	0.171***	0.165***	0.133***	0.129***
	(0.00160)	(0.00159)	(0.00213)	(0.00213)	(0.00239)	(0.00239)
ETDZ	0.167***	0.133***	0.185***	0.157***	0.130***	0.110***
	(0.00218)	(0.00206)	(0.00291)	(0.00285)	(0.00325)	(0.00323)
行业固定效应	YES	YES	YES	YES	YES	YES
年份固定效应	YES	YES	YES	YES	YES	YES
Constant	-0.0277***	-0.0175**	0.333***	0.342***	0.0229*	0.0290**
	(0.00852)	(0.00852)	(0.0114)	(0.0114)	(0.0127)	(0.0127)
Observations	124 669	124 669	124 669	124 669	124 669	124 669
R-squared	0.814	0.814	0.667	0.667	0.581	0.580

资料来源：笔者根据《中国城市统计年鉴》、中国海关数据库和中国工业企业数据库的相关数据，运用 Stata 软件计算整理而得。

对于其他控制变量，城市人力资本（lnphumc）、城市研发支出（lnrd）、城市开放水平（lnfdi）和城市基础设施（lnroadper）对城市出口贸易额、城市出口产品种类数量和城市出口目的地数量的影响均显著为正。这表明，加速城市人力资本积累、提高城市研发支出、加快城市基础设施建设、扩大城市开放水平，可以有效地促使城市出口贸易额、城市出口产品种类数量和城市出口目的地数量增加，促进城市国际贸易的发展。另外，运输成本（lnseadis）即城市贸易成本，对城市出口贸易额、城市出口产品种类数量和城市出口目的地数量存在显著为负的影响，并且，运输成本每增加1%，将会导致城市出口贸易额、城市出口产品种类数量和城市出口目的地数量分别下降12.2%、12.9%和13.8%。运输成本与城市出口的负向关系，与克鲁格曼（Krugman，1991）等的观点相符。作为衡量城市贸易发展优惠政策的变量 ETDZ，同样对城市出口贸易额、城市出口产品种类数量和城市出口目的地数量的影响均显著为正。从实际情况来看，2000~2007年数据统计期间，拥有国家级经济技术开发区的大城市有32个、中等城市有9个、小城市有2个，①绝大多数集中在大城市，而大城市往往可以享受更多优惠政策，企业更易出口，进而促进城市出口贸易额、城市出口产品种类数量和城市出口目的地数量增加。

2. 按城市规模分组的联立方程估计

集聚效应、排序效应与城市出口贸易和城市生产率之间的关系，很可能在不同规模的城市之间存在较大差异，因而有必要将城市规模分组后，对不同规模城市的集聚效应、排序效应与城市出口贸易和城市生产率之间的关系进行实证检验。为了更清晰地刻画集聚效应、排序效应与城市出口贸易和城市生产率之间的关系，本书在以下实证检验中将特大城市与大城市合并，统称为大城市。对于不同规模的城市，采用3SLS方法对城市出口贸易与城市生产率联立方程进行估计，估计结果如表4-4所示。

表4-4　　　　　按城市规模分组时3SLS方法估计结果

项目	(1)	(2)	(3)	(4)	(5)	(6)
城市规模	大城市		中等城市		小城市	
被解释变量	城市出口贸易额	城市生产率	城市出口贸易额	城市生产率	城市出口贸易额	城市生产率
lnnonagr	0.0928***	0.291***	0.481***	1.317***	0.382***	0.815***
	(0.00355)	(0.0211)	(0.0199)	(0.0229)	(0.0180)	(0.0285)

---

① 在数据统计期间，拥有国家级经济技术开发区的大城市，包括北京市、天津市、石家庄市、太原市、沈阳市、大连市、长春市、哈尔滨市、上海市、南京市、苏州市、杭州市、宁波市、合肥市、福州市、厦门市、南昌市、青岛市、烟台市、郑州市、武汉市、长沙市、广州市、惠州市、南宁市、重庆市、成都市、贵阳市、昆明市、西安市、兰州市、乌鲁木齐市32个城市；中等城市包括秦皇岛市、呼和浩特市、营口市、南通市、温州市、芜湖市、湛江市、西宁市和银川市9个城市；小城市包括连云港市和威海市2个城市。

续表

项目	(1)	(2)	(3)	(4)	(5)	(6)
城市规模	大城市		中等城市		小城市	
被解释变量	城市出口贸易额	城市生产率	城市出口贸易额	城市生产率	城市出口贸易额	城市生产率
lnTFP_c	0.0232***	0.0129***	0.282***	0.121***	0.0364***	0.0831***
	(0.00188)	(0.00241)	(0.00750)	(0.00365)	(0.00385)	(0.00542)
lnphumc	0.355***	0.0229***	0.310***	0.214***	0.265***	0.380***
	(0.00311)	(0.00318)	(0.00698)	(0.00845)	(0.0150)	(0.0215)
lnrd	0.444***	0.198***	0.439***	0.128***	0.263***	0.188***
	(0.00279)	(0.00353)	(0.00701)	(0.00905)	(0.00809)	(0.0113)
lnseadis	-0.101***	-0.120***	-0.0871***	-0.0914***	-0.129***	-0.310***
	(0.00136)	(0.00159)	(0.00381)	(0.00454)	(0.00731)	(0.0101)
lnfdi	0.152***	0.0927***	0.755***	0.353***	0.565***	0.291***
	(0.00151)	(0.00188)	(0.00441)	(0.00581)	(0.00554)	(0.00779)
lnroadper	0.357***	0.128***	0.0299***	0.0772***	0.0925***	0.428***
	(0.00169)	(0.00193)	(0.00302)	(0.00374)	(0.00467)	(0.00638)
ETDZ	0.271***		0.0711***		-0.0427***	
	(0.00221)		(0.00348)		(0.00753)	
lncapital_c		0.333***		0.568***		0.445***
		(0.00248)		(0.00413)		(0.00614)
行业固定效应	YES	YES	YES	YES	YES	YES
年份固定效应	YES	YES	YES	YES	YES	YES
Constant	0.135***	-0.654***	-0.103***	0.0946***	0.369***	0.0129
	(0.00798)	(0.00991)	(0.0202)	(0.0258)	(0.0410)	(0.0580)
Observations	80 993	80 993	26 407	26 407	17 269	17 269
R-squared	0.838	0.812	0.822	0.651	0.708	0.566
被解释变量	城市出口产品种类数量	城市生产率	城市出口产品种类数量	城市生产率	城市出口产品种类数量	城市生产率
lnnonagr	0.124***	0.297***	0.512***	1.340***	0.215***	0.762***
	(0.00369)	(0.00710)	(0.0247)	(0.0228)	(0.0293)	(0.0285)

续表

项目	(1)	(2)	(3)	(4)	(5)	(6)
城市规模	大城市		中等城市		小城市	
被解释变量	城市出口产品种类数量	城市生产率	城市出口产品种类数量	城市生产率	城市出口产品种类数量	城市生产率
lnTFP_c	0.0694*** (0.00195)	0.0282*** (0.00750)	0.0977*** (0.00384)	0.130*** (0.00364)	0.0438*** (0.00567)	0.0851*** (0.00541)
Constant	0.522*** (0.00827)	-0.663*** (0.00988)	0.626*** (0.0277)	0.0856*** (0.0257)	1.204*** (0.0604)	-0.0876 (0.0579)
Observations	80 993	80 993	26 407	26 407	17 269	17 269
R-squared	0.650	0.813	0.717	0.654	0.679	0.567
被解释变量	城市出口目的地数量	城市生产率	城市出口目的地数量	城市生产率	城市出口目的地数量	城市生产率
lnnonagr	0.210*** (0.00560)	0.234*** (0.00554)	0.241*** (0.00274)	0.273*** (0.00331)	0.0687*** (0.00945)	0.0673** (0.0303)
lnTFP_c	0.124*** (0.00185)	0.0181** (0.00789)	0.0899*** (0.00403)	0.132*** (0.00364)	0.0961*** (0.00752)	0.0848*** (0.00541)
Constant	0.367*** (0.00784)	-0.662*** (0.00988)	-0.0151 (0.0291)	0.0835*** (0.0257)	1.268*** (0.0801)	-0.0760 (0.0580)
Observations	80 993	80 993	26 407	26 407	17 269	17 269
R-squared	0.612	0.813	0.671	0.654	0.570	0.567

资料来源：笔者根据《中国城市统计年鉴》、中国海关数据库和中国工业企业数据库的相关数据，运用Stata软件计算整理而得。

表4-4的第（1）列和第（2）列是大城市的城市出口模型与城市生产率联立方程的估计结果。

首先，分析将城市出口贸易额作为被解释变量时的联立估计结果，我们发现，集聚效应和排序效应对大城市出口贸易额的影响均在1%的水平上显著为正，且集聚效应对城市出口贸易额的影响高于排序效应对城市出口贸易额的影响；对于大城市生产率而言，集聚效应和排序效应对其影响同样在1%的水平上显著为正，集聚效应的作用大于排序效应。

其次，我们来分析城市出口产品种类数量与城市生产率联立方程的估计结果。因为其他解释变量和控制变量的估计结果，与城市出口贸易额和城市生产率联立方程估计结果基本一致，所以，表4-4中只保留了两个核心解释变量lnnonagr、lnTFP_c的估计结果。从表4-4的第（1）列估计结果可知，集聚效应、排序效应对大城市出口产品种类数量的影响均在1%的水平上显著为正，集聚效应的影响仍然高于排序效应；集聚效应和排序效应对大城市生产率的影响，与上文分析结果一致。

最后，当我们将城市出口目的地数量作为城市出口模型的被解释变量，与城市生产率模型联立估计后发现，集聚效应和排序效应对城市出口目的地数量的影响均显著为正，集聚效应的作用高于排序效应。这一结论与将城市出口贸易额和城市出口产品种类数量作为城市出口模型被解释变量后的联立估计结果相同。因此，对于大城市而言，城市出口贸易的发展，是集聚效应和排序效应共同作用的结果，但集聚效应更加显著地提升了大城市生产率、促进了城市出口贸易额、城市出口产品种类数量和城市出口目的地数量的增加。

使用3SLS方法，分别对中等城市、小城市的城市出口贸易和城市生产率联立方程模型进行估计，估计结果见表4-4的第（3）列和第（4）列，第（5）列和第（6）列。我们发现，集聚效应仍然是影响城市出口贸易发展和城市生产率提升的主要原因。因此，无论城市规模大小，城市出口贸易额、城市出口产品种类数量和城市出口目的地数量的增加，以及城市生产率提升是集聚效应和排序效应共同作用的结果，但集聚效应的作用均高于排序效应。

另外，比较不同规模城市的估计结果，本书发现，集聚效应和排序效应对中等城市的城市生产率、城市出口贸易额、城市出口产品种类数量和城市出口目的地数量的影响最大，对小城市的影响次之，而对大城市的影响最小。我们认为可能的原因在于，随着城市规模的扩大，大城市集聚程度增加的同时，拥挤等城市病问题也在逐渐显现和增加，这使得城市规模经济效应逐渐降低，集聚产生的正外部性也随之下降，从而对城市生产率增长和城市出口贸易发展的促进作用也出现下降。最终，城市过度集聚，可能会使得集聚效应对城市生产率提升和城市出口贸易的发展产生负效应。集聚效应对中国大城市生产率和城市出口贸易的作用小于对中等城市和小城市的作用，这表明，中国大城市集聚经济已经发展到了接近最优城市集聚程度，而中小城市的集聚经济尚存在较大的发展空间，因此，我们也应该重视中国中小城市集聚经济的发展，尤其是中等城市。

3. 按城市所处区位分组的联立方程估计

根据城市所处区位，本章将城市划分为东部城市、中部城市和西部城市三类，并采用3SLS方法对这三类城市的城市生产率与城市出口联立方程模型进行估计，估计结果见表4-5。

表4-5　　　　　按城市区位分组时3SLS方法的估计结果

项目	(1)	(2)	(3)	(4)	(5)	(6)
	东部城市		中部城市		西部城市	
被解释变量	城市出口贸易额	城市生产率	城市出口贸易额	城市生产率	城市出口贸易额	城市生产率
lnnonagr	0.174*** (0.00317)	0.170*** (0.00403)	0.265*** (0.0295)	0.261*** (0.0367)	0.181*** (0.0131)	0.108*** (0.0342)
lnTFP_c	0.00836*** (0.00182)	0.116*** (0.00236)	0.0162*** (0.00474)	0.0503*** (0.00560)	0.0609*** (0.00569)	0.0112 (0.00731)
lnphumc	0.00952*** (0.00308)	0.174*** (0.00408)	0.520*** (0.0276)	0.0617** (0.0271)	0.336*** (0.0236)	0.196*** (0.0308)
lnrd	0.233*** (0.00264)	-0.0741*** (0.00332)	0.0625*** (0.0207)	-0.0607** (0.0246)	0.172*** (0.0178)	0.247*** (0.0234)
lnseadis	-0.130*** (0.00154)	-0.0604*** (0.00178)	-0.453*** (0.0397)	-0.374*** (0.0456)	-0.180*** (0.0176)	-0.128*** (0.0237)
lnfdi	0.256*** (0.00186)	0.177*** (0.00235)	0.0820*** (0.00946)	0.152*** (0.0113)	0.0289*** (0.00492)	0.0328*** (0.00631)
lnroadper	0.171*** (0.00149)	0.187*** (0.00178)	0.172*** (0.0120)	0.236*** (0.0141)	0.250*** (0.0108)	0.0848*** (0.0146)
ETDZ	0.00712*** (0.00198)		0.135*** (0.0181)		0.421*** (0.0166)	
lncapital_c		0.418*** (0.00213)		0.358*** (0.0113)		0.283*** (0.0140)
行业固定效应	YES	YES	YES	YES	YES	YES
年份固定效应	YES	YES	YES	YES	YES	YES

续表

项目	(1)	(2)	(3)	(4)	(5)	(6)
	东部城市		中部城市		西部城市	
被解释变量	城市出口贸易额	城市生产率	城市出口贸易额	城市生产率	城市出口贸易额	城市生产率
Constant	0.267***	-0.550***	0.264***	-0.539***	-0.0161	-1.511***
	(0.00797)	(0.0100)	(0.0828)	(0.0949)	(0.0480)	(0.0633)
Observations	114 397	114 397	5 902	5 902	4 370	4 370
R-squared	0.820	0.740	0.767	0.719	0.840	0.737
被解释变量	城市出口产品种类数量	城市生产率	城市出口产品种类数量	城市生产率	城市出口产品种类数量	城市生产率
lnnonagr	0.00739**	0.176***	0.0304	0.264***	0.349***	0.106***
	(0.00353)	(0.00403)	(0.0410)	(0.0368)	(0.0371)	(0.0342)
lnTFP_c	0.0263***	0.111***	0.00976	0.0503***	0.0653	0.0109
	(0.00203)	(0.00236)	(0.00660)	(0.00560)	(0.123)	(0.00731)
Constant	0.334***	-0.547***	0.912***	-0.535***	0.790***	-1.513***
	(0.00887)	(0.0100)	(0.115)	(0.0949)	(0.0650)	(0.0633)
Observations	114 397	114 397	5 902	5 902	4 370	4 370
R-squared	0.670	0.740	0.771	0.719	0.866	0.737
被解释变量	城市出口目的地数量	城市生产率	城市出口目的地数量	城市生产率	城市出口目的地数量	城市生产率
lnnonagr	0.00804**	0.197***	0.353***	0.257***	0.720***	0.112***
	(0.00368)	(0.00409)	(0.0541)	(0.0378)	(0.0613)	(0.0348)
lnTFP_c	0.00995***	0.0103***	0.0181	0.0210***	0.0132	0.00243
	(0.00137)	(0.00152)	(0.0119)	(0.00783)	(0.0140)	(0.00854)
Constant	0.0231**	-0.550***	0.886***	-0.537***	0.304***	-1.512***
	(0.00917)	(0.0100)	(0.148)	(0.0949)	(0.103)	(0.0633)
Observations	114 397	114 397	5 902	5 902	4 370	4 370
R-squared	0.579	0.740	0.695	0.719	0.741	0.737

资料来源：笔者根据《中国城市统计年鉴》、中国海关数据库和中国工业企业数据库的相关数据，运用Stata软件计算整理而得。

首先，分析城市出口贸易额与城市生产率联立方程模型估计结果。本书发现，在表4-5中，对于东部城市，集聚效应和排序效应对城市出口贸易额的影响均显著为正，但集聚效应的作用高于排序效应；集聚效应和排序效应对城市生产率的影响均显著为正，且集聚效应的影响作用也高于排序效应。集聚效应和排序效应对西部城市出口贸易额的影响，也呈现出与东部城市相同的特征，但对城市生产率的影响有所差异，集聚效应的影响显著为正，而排序效应影响不显著。此外，对于中部城市，尽管集聚效应、排序效应对中部城市生产率的影响均显著为正，但集聚效应的作用大于排序效应。

其次，分析城市出口产品种类数量与城市生产率联立方程模型估计结果。与前文采取相同的做法，在表4-5中，本书只保留了两个核心解释变量 lnnonagr、lnTFP_c 的估计结果。从表4-5的估计结果可知，集聚效应对东部城市、中部城市、西部城市的城市出口产品种类数量影响均显著为正，但排序效应仅对东部城市出口产品种类数量的影响显著为正，而对中部城市和西部城市出口产品种类数量的影响不显著。集聚效应对东部城市、中部城市和西部城市生产率的影响同样显著为正，而排序效应对东部城市和中部城市生产率的作用显著为正，但对西部城市生产率的作用不显著。

最后，分析城市出口目的地数量与城市生产率联立方程估计结果。集聚效应对东部城市、中部城市和西部城市出口目的地数量的影响均显著为正，尽管对于东部城市的影响仅在5%的水平上显著；排序效应仅对东部城市的影响显著为正，而对中部城市和西部城市的影响不显著。从城市生产率角度看，集聚效应和排序效应对东部城市和中部城市的影响均显著为正，且集聚效应的作用大于排序效应；对于西部城市，集聚效应对其生产率影响显著为正，而排序效应的影响不显著。

总体而言，无论城市区位如何，集聚效应是城市生产率提高、城市出口贸易发展的核心因素。但是，不同区位城市之间集聚效应和排序效应作用的大小，存在较大差异。从城市生产率角度看，集聚效应、排序效应对中部城市生产率的促进作用最大，东部次之，西部最小。我们认为，可能的原因是中部城市经济集聚尚未接近或达到城市经济集聚饱和状态，发展空间依然很大，因而，集聚效应和排序效应对中部城市生产率提升的促进作用会比较显著。而东部城市较高水平的经济集聚，使东部城市生产率水平已经达到了较高的程度，且高集聚水平所带来的负效应也逐渐显现，因此，导致集聚效应和排序效应对东部城市生产率的促进程度不会太高。虽然西部城市经济集聚发展空间依然较大，但是相对偏远的地理位置带来的高运输成本、城市基础设施建设的相对落后，以及与东部城市和中部城市相比，进入西部城市的高生产率企业数量也相对较少，因而，导致集聚效应和排序效应对西部城市生产率的提升作用非常有限。从城市出口贸易额来看，总体而言，集聚效应、排序效应对中部城市出口贸易发展的促进作用最大，西部次之，东部最小。集聚效应和排序效应对东部城市出口贸易影响作用最小，我们认为其主要原因还是在于东部城市经济集聚程度已经接近城市经济集聚的最优程度，因此，持续的经济集聚效应和排序效应很难对东部城市出口贸易再产生更大的促进作用。而随着中部崛起战略、西部大开发战略的实施，加之东部城市实施产业梯度转移，使得中部城市和西部城市承接了一些生产率相对较高的制造业产业，既促进了中西部城市生产率的提高，也加快了中西部城市出口贸易的发展。因而，集聚效应和排序效应对中部城市和西部城市出口贸易发展的促进作用相对更加显著。

（二）稳健性检验

1. 使用替代变量检验

为了进一步检验核心解释变量的选取是否合适、前文估计结果是否稳健，本章采用改变核心解释变量定义的方式，用企业密度（lndensityfirm）替换核心解释变量城市经济集聚（lnnonagr），企业密度用"限额以上企业数量（个）/市辖区土地面积（平方公里）"的对数值表示，也是衡量集聚效应的重要指标之一。一般而言，企业密度越大，表明该地区集聚效应越显著。变量替换后，我们对联立方程模型进行了估计，估计结果如表4-6所示。

从表4-6我们发现，无论城市生产率，还是城市出口贸易额、城市出口产品种类数量和城市出口目的地数量，进行变量替换并使用3SLS方法估计后，估计结果依然稳健：集聚效应每提高1%，城市出口贸易额、城市出口产品种类数量、城市出口目的地数量将会分别增加2.20%、16.9%、21.6%，城市生产率则会提升6.20%、5.98%和5.81%；而排序效应对城市出口贸易额、城市出口产品种类数量、城市出口目的地数量和城市生产率的影响均显著为正,排序效应的影响均小于集聚效应的影响。这说明,集聚效应仍然是城市出口贸易发展、城市生产率提升的主要来源,这一结论与前文所得的估计结果是一致的,表明前文基准估计结果是稳健的。

表 4-6 改变核心解释变量后 3SLS 方法估计结果

项目	(1)	(2)	(3)	(4)	(5)	(6)
被解释变量	城市出口贸易额	城市生产率	城市出口产品种类数量	城市生产率	城市出口目的地数量	城市生产率
lndensityfirm	0.0220***	0.0620***	0.169***	0.0598***	0.216***	0.0581***
	(0.00159)	(0.00193)	(0.00204)	(0.00193)	(0.00227)	(0.00193)
lnTFP_c	0.0176***	0.0542***	0.0268***	0.0450**	0.0648***	0.0368**
	(0.00164)	(0.0100)	(0.00211)	(0.0178)	(0.00234)	(0.0158)
lnphumc	0.0810***	0.0303***	0.0501***	0.0350***	0.0127***	0.0387***
	(0.00278)	(0.00270)	(0.00358)	(0.00271)	(0.00400)	(0.00271)
lnrd	0.330***	0.0418***	0.175***	0.0413***	0.145***	0.0410***
	(0.00233)	(0.00273)	(0.00300)	(0.00273)	(0.00333)	(0.00273)
lnseadis	-0.138***	-0.105***	-0.0900***	-0.105***	-0.0877***	-0.106***
	(0.00165)	(0.00180)	(0.00212)	(0.00180)	(0.00236)	(0.00180)
lnfdi	0.248***	0.169***	0.339***	0.169***	0.325***	0.169***
	(0.00176)	(0.00209)	(0.00226)	(0.00208)	(0.00251)	(0.00208)
lnroadper	0.179***	0.167***	0.145***	0.167***	0.106***	0.167***
	(0.00159)	(0.00184)	(0.00204)	(0.00183)	(0.00227)	(0.00183)
ETDZ	0.0413***		0.203***		0.172***	
	(0.00218)		(0.00281)		(0.00315)	
lncapital_c		0.422***		0.413***		0.406***
		(0.00216)		(0.00217)		(0.00220)
行业固定效应	YES	YES	YES	YES	YES	YES
年份固定效应	YES	YES	YES	YES	YES	YES
Constant	0.296***	-0.555***	0.343***	-0.559***	0.0231*	-0.561***
	(0.00857)	(0.0102)	(0.0110)	(0.0102)	(0.0122)	(0.0102)
Observations	124 669	124 669	124 669	124 669	124 669	124 669
R-squared	0.810	0.733	0.685	0.733	0.609	0.733

资料来源:笔者根据《中国城市统计年鉴》、中国海关数据库和中国工业企业数据库的相关数据,运用 Stata 软件计算整理而得。

2. 剔除异常样本点检验

为了检验估计结果是否受异常样本点的影响，本章首先，计算了样本中的城市出口产品种类数量均值、城市出口产品种类数量均值的 90 分位数和 10 分位数；其次，将城市出口产品种类数量大于 90 分位的样本、小于 10 分位的样本从总样本中剔除；最后，得到 101 306 个样本观测值。[①] 对剔除异常样本后的样本进行 3SLS 方法估计，估计结果见表 4-7。

本章主要考察的是集聚效应和排序效应所产生的影响，加之剔除异常样本后，其他控制变量对城市出口贸易和城市生产率的影响没有发生较大变化，在表 4-7 中只保留了衡量集聚效应和排序效应的两个核心解释变量。我们通过 3SLS 方法检验发现，剔除异常样本后，集聚效应和排序效应对城市出口贸易额、城市生产率和城市出口产品种类数量的影响均显著为正，且集聚效应的影响仍然高于排序效应的影响。这进一步证明了前文基准估计结果的稳健性。

表 4-7　　　　剔除异常样本点后 3SLS 方法估计结果

项目	(1)	(2)	(3)	(4)	(5)	(6)
被解释变量	城市出口贸易额	城市生产率	城市出口产品种类数量	城市生产率	城市出口目的地数量	城市生产率
lnnonagr	0.222***	0.149***	0.118***	0.130***	0.0823***	0.128***
	(0.00320)	(0.00431)	(0.00413)	(0.00429)	(0.00532)	(0.00430)
lnTFP_c	0.0543***	0.117***	0.0180***	0.0445***	0.0375***	0.0301***
	(0.00193)	(0.00262)	(0.00140)	(0.00514)	(0.00145)	(0.00385)
Constant	-0.00964	-0.540***	0.420***	-0.547***	0.0795***	-0.548***
	(0.00826)	(0.0110)	(0.00599)	(0.0109)	(0.00619)	(0.0109)
Observations	101 289	101 289	101 289	101 289	101 289	101 289
R-squared	0.726	0.702	0.673	0.704	0.616	0.704

资料来源：笔者根据《中国城市统计年鉴》、中国海关数据库和中国工业企业数据库的相关数据，运用 Stata 软件计算整理而得。

3. 内生性

因为城市规模的扩大会使城市集聚效应更加显著、城市生产率更高，

[①] 剔除城市出口贸易额或城市出口目的地数量的异常之后，估计结果显示，集聚效应仍然居于主导地位。

进而促进城市出口产品种类数量、城市出口贸易额的增加,所以,在本章的核心解释变量中,城市规模、城市出口贸易、城市生产率之间可能具有内生性。而城市出口贸易额和城市出口产品种类数量的增加,又吸引了更多高生产率企业进入城市,从而提高了城市经济集聚程度、促进城市生产率提升和城市规模扩大。因此,要解决内生性带来的估计偏误和非一致性,需要寻找一个工具变量对联立方程模型进行3SLS检验。工具变量的选取必须满足两个条件:一是工具变量与内生解释变量高度相关;二是工具变量必须是外生的。通常情况下,所需要的工具变量至少要与内生解释变量一样多。已有文献中,通常使用地理变量或者历史变量作为工具变量,但有效工具变量选择不易,本书借鉴钱学锋等(2013)的做法,使用滞后一期的核心解释变量作为解释变量的工具变量。当然,所选工具变量是否有效,还需要严格的计量检验,因此,本章对于工具变量进行了恰好识别检验,检验结果显示,所选工具变量不仅是外生的,而且,与内生解释变量高度相关。选择工具变量(即刻画集聚效应的城市规模滞后一期变量lnnonagr1和刻画排序效应的城市中企业平均TFP滞后一期变量lnTFP_c1)之后,我们对联立方程进行估计,估计结果如表4-8所示。

表4-8 工具变量法3SLS方法估计结果

项目	(1)	(2)	(3)	(4)	(5)	(6)
被解释变量	城市出口贸易额	城市生产率	城市出口产品种类数量	城市生产率	城市出口目的地数量	城市生产率
lnnonagr1	0.0762***	0.174***	0.170***	0.201***	0.178***	0.0400***
	(0.0195)	(0.00736)	(0.00538)	(0.00542)	(0.00597)	(0.00506)
lnTFP_c1	0.0461***	0.132***	0.0603***	0.141***	0.104***	0.0305***
	(0.00188)	(0.00245)	(0.00255)	(0.00244)	(0.00283)	(0.00764)
Constant	0.0350***	-0.162***	-0.180***	0.364***	-0.132***	0.367***
	(0.00927)	(0.0121)	(0.0126)	(0.0118)	(0.0140)	(0.0118)
Observations	73 173	73 173	73 173	73 173	73 173	73 173
R-squared	0.847	0.727	0.718	0.729	0.631	0.729

资料来源:笔者根据《中国城市统计年鉴》、中国海关数据库和中国工业企业数据库的相关数据,运用Stata软件计算整理而得。

从表4-8的估计结果可以看出，集聚效应和排序效应共同影响城市生产率提高和城市出口贸易发展，但集聚效应的作用居于主导地位，这表明，前文估计结果仍然是稳健的。①

4. 区分不同贸易方式检验

中国的出口贸易中，加工贸易所占比重较大，而加工贸易可能对生产率不敏感，考虑到加工贸易可能会对集聚效应或排序效应产生的影响，本章将城市出口贸易分为两种：加工贸易和一般贸易，并分别考察两种不同贸易方式下，集聚效应和排序效应对城市生产率和城市出口贸易的影响。估计结果如表4-9所示。② 通过表4-9我们可以看出，无论考虑加工贸易还是一般贸易，城市生产率提升、城市出口贸易发展是集聚效应和排序效应共同作用的结果，但集聚效应仍然是最核心的因素。这说明，本书前文基准估计所得结果是稳健的。

表4-9 按不同贸易方式分组时3SLS方法估计结果

项目	(1)	(2)	(3)	(4)	(5)	(6)
贸易方式	加工贸易					
被解释变量	城市出口贸易额	城市生产率	城市出口产品种类数量	城市生产率	城市出口目的地数量	城市生产率
lnnonagr	0.138***	0.254***	0.0436***	0.191***	0.0553***	0.0541***
	(0.00572)	(0.0115)	(0.00613)	(0.00912)	(0.00718)	(0.00761)
lnTFP_c	0.0259***	0.172***	0.0246***	0.180***	0.0468***	0.0460
	(0.00304)	(0.00417)	(0.00326)	(0.00416)	(0.00382)	(0.0538)
Constant	0.0624***	-0.445***	0.377***	-0.450***	0.0791***	-0.454***
	(0.0172)	(0.0227)	(0.0184)	(0.0227)	(0.0215)	(0.0227)
Observations	39 177	39 177	39 177	39 177	39 177	39 177
R-squared	0.765	0.688	0.640	0.690	0.554	0.690

---

① 各个控制变量对城市出口贸易额、城市出口产品种类数量和城市出口目的地数量以及城市生产率的影响，与前文基准估计时基本一致，此处估计结果列表中未列明控制变量。
② 表中未列明各个控制变量估计结果的原因，如前文所述，此处不再赘述。

续表

项目	(1)	(2)	(3)	(4)	(5)	(6)
贸易方式	一般贸易					
被解释变量	城市出口贸易额	城市生产率	城市出口产品种类数量	城市生产率	城市出口目的地数量	城市生产率
lnnonagr	0.208***	0.202***	0.0754***	0.183***	0.139***	0.180***
	(0.00424)	(0.00504)	(0.0178)	(0.00504)	(0.0275)	(0.00504)
lnTFP_c	0.0445***	0.0770***	0.0563***	0.0829***	0.103***	0.0840***
	(0.00188)	(0.00226)	(0.00274)	(0.00226)	(0.00307)	(0.00226)
Constant	-0.0439***	-0.631***	0.350***	-0.646***	0.0683***	-0.648***
	(0.00987)	(0.0117)	(0.0144)	(0.0117)	(0.0161)	(0.0117)
Observations	85 020	85 020	85 020	85 020	85 020	85 020
R-squared	0.835	0.759	0.682	0.761	0.592	0.761

资料来源：笔者根据《中国城市统计年鉴》、中国海关数据库和中国工业企业数据库的相关数据，运用 Stata 软件计算整理而得。

第四节 本章小结

本章在库姆斯等（Combes et al., 2012）的研究框架下，分析了影响城市生产率的两种效应：集聚效应和排序效应，并通过构建联立方程计量模型，研究了集聚效应、排序效应与城市生产率和城市出口贸易之间的关系。本章研究得出四点结论：（1）集聚效应和排序效应共同促进了城市生产率的提升，但集聚效应对城市生产率的促进作用强于排序效应所引起的作用，也就是说，城市生产率提升主要是由集聚效应引起的；（2）城市出口贸易（即城市出口贸易额、城市出口产品种类数量和城市出口目的地数量）的增加，是集聚效应和排序效应共同作用的结果，但集聚效应是促进城市出口贸易发展的核心原因；（3）对于不同规模的城市，集聚效应和排序效应作用的大小存在差异：集聚效应和排序效应对中等城市的城市生产率和城市出口贸易的影响最大，对小城市的影响次之，对大城市的影响最小；（4）对于不同区位的城市，集聚效应和排序效应的影响也存在差异：集聚效应和排序效应对中部城市生产率的提升最大，东部城市次之，西部城市最低；集聚效应和排序效应对中部城市出口贸易的促进作用最大，西部城市次之，而东部城市最低。但无论城市规模大小、城市区位如何，集聚效应对城市生产率、城市出口贸易的影响均大于排序效应。

在城市化发展进程中，集聚效应使得企业生产率快速提升，吸引了更多高生产率企业排序进入了集聚效应更强的大城市核心地区，而低生产率企业排序进入大城市边缘地区或中小城市（Baldwin and Okubo, 2006），企业在不同规模城市的集聚，有效地促进了城市生产率的提高，进而推动了城市出口贸易的发展。

本章的结论具有明显的政策含义。在重视集聚效应给城市生产率提升和城市出口贸易发展带来促进作用的同时，也要充分利用排序效应所带来的积极作用，此外，也要注意不同规模、不同区位城市的均衡发展，尤其是中西部城市的发展。另外，在制定城市发展政策时，不仅要合理调整城市产业布局和对外贸易结构，还应通过完善产业发展配套措施和贸易发展配套设施、优化产业发展环境和贸易发展环境等措施进一步提高城市吸引力，以便吸引更多高生产率企业和更高技能水平劳动力排序进入城市，增强城市经济集聚程度，推动城市生产率的提高和城市出口贸易发展，提升城市竞争力，从而推进中国城市贸易结构优化和中国新型城市化空间发展战略。

第五章
城市经济韧性对城市出口贸易的影响

通过前文研究，并结合已有文献，本书发现城市经济集聚显著促进了城市经济韧性的提高和城市贸易的发展。但是，面对外部冲击时，异质性城市贸易发展也表现出较大差异，这种差异是否来自异质性城市的韧性差异？本章在测算中国地级市城市经济韧性的基础上，实证检验了城市经济韧性与城市出口贸易之间的关系。本章研究发现：（1）城市经济韧性有效地促进了城市出口贸易的发展；（2）从城市规模来看，城市经济韧性对大城市出口贸易和中等城市出口贸易发展的影响显著为正，且对大城市的影响高于中等城市，但城市经济韧性对小城市出口贸易发展的影响作用有限；（3）从城市区位来看，城市经济韧性对东部城市、中部城市出口贸易的影响显著为正，且对东部城市的影响高于中部城市，但城市经济韧性对西部城市出口贸易的影响作用有限。城市集聚有助于城市经济韧性的提高（Martin et al.，2016），而城市经济韧性的强化显著地促进了城市出口贸易的发展，因此，本章具有明显的政策含义。在中国城市化发展过程中，异质性城市要充分利用城市经济集聚带来的溢出效应，进一步强化城市经济韧性对于抵御外部冲击、促进城市经济和贸易发展的重要作用，尤其是对西部城市或小城市而言，需根据自身比较优势制定或调整城市产业结构，以提高城市经济集聚程度、强化城市经济韧性，这对于加快西部城市或小城市经济和贸易发展、推进中国新型城市化战略的实现有着重要意义。

第一节　问题的提出

随着贸易投资一体化和生产网络碎片化的深入发展，城市经济生活已经成为推动现代化和经济增长的核心因素。城市作为开放经济下一国对外贸易网络体系的空间节点（孙楚仁等，2015a），是推动中国对外贸易发展的主力军。尽管近年来中国城市出口贸易额（不包含地级市以下行政区域单元，如县级市、县等出口贸易统计数据）在中国出口贸易总额中的占比有所下降，但依然稳固占据50%以上的出口份额。[①] 2008年金融危机以及随后各国严厉的经济政策和外需的大幅下降，使中国出口贸易大幅回落。2009年，中国出口贸易额虽然达到1.202万亿美元，但与2008年相比，增长幅度为 – 15.88%。[②] 面对外部冲击，一些城市的出口贸易在遭受冲击后能够快速恢复，而另一些城市的出口贸易发展持续低迷。如2009~2011年，深圳市出口增长率分别为 – 8.16%、14.15%、23.43%，贵港市的出口增长率分别为 – 16.11%、– 10.51%和 – 14.27%，在遭受外部冲击后，异质性城市出口贸易的发展出现了较大差异。[③] 遭受外部冲击后，城市出口贸易的快速恢复是否得益于良好的城市经济韧性？或者说，城市经济韧性是否有效地减轻了外部冲击对城市出口贸易的影响？城市经济韧性对不同规模、不同区位城市的出口贸易会产生怎样的影响？厘清这些问题，对于解释中国城市贸易增长的原因、理解异质性城市对外贸易竞争力差异、推动中国城市贸易发展具有重要的现实意义。

第二节　城市经济韧性影响城市出口贸易的模型构建

一、计量模型设定

列夫钦科等（Levchenko et al., 2010）使用美国NAICS6位数编码月

[①] 笔者根据中国海关数据库和《中国城市统计年鉴》的相关数据整理计算而得。
[②] 笔者根据中华人民共和国国家统计局网站的相关统计数据整理计算而得。
[③] 笔者根据中国海关数据库的相关数据整理计算而得。

度数据北美产业分类体系（North American industry classification system, NAICS,），分析了2008年金融危机对美国贸易流量的影响及引起美国贸易流量下降的主要原因。而本章以2008年中国城市经济增长率为基础测算城市经济韧性，进而考察城市经济韧性对城市贸易的影响，这与列夫钦科等（Levchenko et al.，2010）的研究思想本质上相似。此外，考虑到城市贸易可能产生的持续性影响，本章将城市贸易变量的滞后值引入模型。因此，借鉴列夫钦科等（Levchenko et al.，2010）的做法，本书构建计量模型如下：

$$\ln EX_{ct} = \alpha \ln EX_{c,t-1} + \beta \ln resilience_{ct} + \gamma X_{ct} + \mu_c + \varepsilon_{ct} \qquad (5-1)$$

在式（5-1）中，$\ln EX_{ct}$表示c城市在t时间城市出口贸易特征变量（主要包括城市出口贸易额、城市出口产品种类数量和城市出口产品目的地数量等）；$\ln EX_{c,t-1}$表示被解释变量的滞后一期值，用来说明该变量变化的持续性影响；$\ln resilience_{ct}$表示城市经济韧性变量指标，也是本章的核心解释变量；X_{ct}表示控制变量，主要包括城市经济集聚规模程度、城市生产率、城市开放度等与城市出口贸易有关的城市层面特征；μ_c为城市固定效应，ε_{ct}为误差项，下标c和下标t分别代表城市和时间。

二、数据来源与数据处理说明

为了研究城市经济韧性与城市出口贸易之间的关系，本章所使用的数据来源主要有两个：2004~2012年的《中国城市统计年鉴》和2003~2011年的中国海关数据库，数据涵盖了286个中国地级及地级以上城市（包括直辖市、省会（首府）城市、计划单列市等）的相关统计指标。鉴于数据库中统计口径不一致以及数据缺失等问题的存在，本章对数据进行了筛选、合并等处理。(1)《中国城市统计年鉴》中的相关统计指标既包括全市的统计数据，也包括市辖区的统计数据（即统计数据中不包含地级市下辖县级市、县的统计数据），为了更精确地估计城市经济韧性与城市出口贸易特征，本章选择使用《中国城市统计年鉴》中的市辖区相关统计数据。(2)《中国城市统计年鉴》中行业统计口径在2003年发生变化，将城市产业分类由原来的15类调整为19类，本章选择使用2004~

2012年《中国城市统计年鉴》的相关统计数据进行分析研究。(3) 为了剔除中国海关数据库中位于地级市下辖县级市和/或县的企业，本章根据数据库中邮编的数据信息，使用邮编前四位（个别城市使用邮编前五位或邮编全部六位数），逐年选取中国海关数据库中位于城市市辖区的进出口企业以及相关统计指标数据，在这些微观企业各种出口变量数据的基础上，计算出中国城市出口贸易相关变量数据。最后，与《中国城市统计年鉴》进行合并。数据经过处理后，本章最终得到了2003～2011年中国286个地级及以上城市的2 337个样本数据。

三、变量选取与变量说明

城市出口贸易变量（lnEX）。城市出口贸易变量是本章的被解释变量，在下文具体分析时，本章将城市出口贸易变量分解为三个具体分量：城市出口贸易额（lnvalue）、城市出口产品种类数量（lnnum）和城市出口产品目的地数量（lnnumcou），来具体研究城市经济韧性与城市出口贸易额、城市经济韧性与城市出口产品种类数量、城市经济韧性与城市出口目的地数量之间的关系。

城市经济韧性（lnresilience）。城市经济韧性是本章的核心解释变量。采取与前文相同的做法，本章先计算出2008年中国各地级市的实际GDP增长速度，并以此为基准，测算出各个城市不同年份的实际GDP增长速度与该城市2008年实际GDP增长速度之间的差值。但是，计算所得的差值，既有正值也有负值。本章借鉴钱学锋等（2011）的做法，在不影响城市经济韧性结果的情况下，通过指数化方法消除了差值之间的正负区别，最终计算出各年、各城市经济韧性。[1]

根据研究需要，本章主要控制变量有：城市经济集聚规模（lnnonagr）、城市劳动生产率水平（lnproductivity）、城市人力资本水平（lnphumc）、城市研发支出水平（lnrd）、城市对外开放程度（lnfdi）、城市基础设施建设水平（lnroadper）、城市运输成本（lnseadis）和城市经济发

---

[1] 城市韧性的具体计算方法，请参见本书第三章相关内容。

展优惠政策虚拟变量（ETDZ）等。对于城市劳动生产率，相关数据库中并没有直接列明各年、各城市的城市劳动生产率统计项目及相关数据，但我们可以使用相关数据计算城市劳动生产率：城市劳动生产率＝限额以上工业企业总产值（千元）/限额以上工业企业年均从业人数（千人）。而其他各个控制变量，各自的含义与前文相同。并且，除了城市运输成本预期符号为负之外，其他控制变量的预期符号均为正。2003~2011年城市经济韧性与城市出口贸易及主要变量的描述性统计，见表5-1。

表5-1　2003~2011年城市经济韧性与城市出口贸易及主要变量的描述性统计

变量	观察值	均值	标准差	最小值	最大值
lnvalue	2 337	16.24363	2.205458	2.772589	21.54284
nnum	2 337	4.934822	1.950534	0	8.357728
lnnumcou	2 337	4.068754	1.034516	0.693147	5.416101
lnnonagr	2 337	6.418184	0.909548	3.919991	9.781659
lnresilience	2 337	0.371650	0.232905	0	0.693147
lnproductivity	2 337	12.99824	0.702953	2.781709	16.00006
lnphumc	2 337	9.695915	2.504031	0	13.73254
lnrd	2 337	10.23112	1.967061	0	16.8945
lnfdi	2 337	11.95521	4.069254	0	18.19584
lnroadper	2 337	2.043162	0.602467	1.171183	4.445002
lnseadis	2 337	5.599162	2.006076	0	8.258163

资料来源：笔者根据《中国城市统计年鉴》和中国海关数据库的相关数据，运用Stata软件计算整理而得。

第三节　城市经济韧性影响城市出口贸易的计量结果分析

一、初步估计结果

表5-2是城市经济韧性与城市出口贸易各分量（城市出口贸易、城

市出口产品种类数量和城市出口目的地数量）之间关系的基准估计结果。首先，我们以城市出口贸易额（lnvalue）作为被解释变量，估计了城市经济韧性与城市出口贸易额之间的关系，结果见表5-2的第（1）列和第（2）列。第（1）列为同时控制年份固定效应和城市固定效应下，采用OLS方法对城市经济韧性与城市出口贸易额之间关系的估计结果。从估计结果可知，被解释变量的滞后一期与被解释变量之间的关系在1%的水平上显著为正，表明城市出口贸易额对城市出口贸易发展具有较强的持续性影响。分析核心解释变量——城市经济韧性（lnresilience）对于城市出口贸易额的影响，我们发现，城市经济韧性对城市出口贸易额的影响在1%的水平上显著为正，城市经济韧性每提高1%，城市出口贸易额将会提高26.4%，这表明，城市经济韧性提升对于促进城市出口贸易额的提高作用非常显著。

接着，分析控制变量。从表5-2中的估计结果我们发现，城市经济集聚规模（lnnonagr）与城市出口贸易额之间存在显著为正的关系，且城市经济集聚程度每提高1%，城市出口贸易额将会提高23.4%，这说明城市经济集聚有效地提高了城市出口贸易额，原因在于，异质性企业和劳动力在不同规模城市的集聚，有效地加速了企业生产率和城市生产率的提升，从而推动城市出口贸易的进一步发展，这与本书第四章相关研究的结论是一致的。城市劳动生产率（lnproductivity）对城市出口贸易额的影响也显著为正，这表明，提高城市劳动生产率，是促进城市出口贸易发展的一个重要途径。城市人力资本（lnphumc）对城市出口贸易额的影响显著为正，可能是因为高生产率企业和高技能劳动力在城市的集聚，加速了人力资本积累和学习效应（Duranton and Puga，2001），促进了城市生产率和城市出口贸易发展。城市研发支出水平（lnrd）与城市出口贸易额之间亦呈正向关系，表明增加研发投入，可以有效地提高城市生产率，提高城市贸易发展水平。城市对外开放程度（lnfdi）对城市出口贸易额的影响在1%的水平上显著为正，原因在于中国大城市、东部沿海城市的开放程度一般要高于中小城市和内陆城市，而城市开放度越高，越有利于城市出口贸易发展。城市基础设施建设水平（lnroadper）与城市出口贸易额间呈显著正向关系，说明良好的城市基础设施建设有助于推动城市贸易发展，这一结果与预期是相一致的。运输成本（lnseadis）对城市出口贸易额的影响在1%的水平上显著为负，这表明，运输成本每增加1%，将会导致城市出口贸易额下降20.0%。城市运输成本与城市出口贸易额之间的这种反向关系，与克鲁格曼（Krugman，1991）的观点是相一致的。

同时，这一结论也可以较好地解释三大集聚（即制造业集聚、对外贸易集聚和FDI集聚）在中国东部沿海地区表现突出（梁琦，2004）这一特征现象。城市经济发展优惠政策虚拟变量（ETDZ）与城市出口贸易额之间呈显著正向关系，表明政府部门实施的城市发展相关优惠政策对城市贸易发展有着较强的影响。

其次，我们估计城市经济韧性与城市出口产品种类数量（lnnum）之间的关系，估计结果，见表5-2的第（3）列和第（4）列。由表5-2的第（3）列可知，在控制年份固定效应、城市固定效应时，核心解释变量城市经济韧性对城市出口产品种类数量的影响在1%的水平上显著为正，即城市经济韧性每提高1%，可以有效地促使城市出口产品种类数量提高14.8%，这表明城市经济韧性显著地促进了城市出口产品种类数量的扩大。对于所有控制变量，所得估计结果的符号均与预期相一致，即城市经济集聚规模、城市劳动生产率、城市人力资本、城市研发支出水平、城市对外开放度、城市基础设施建设水平的提高，以及城市经济发展优惠政策的实施，都不同程度地显著促进了城市出口产品种类数量的扩大，而城市运输成本则显著降低了城市出口产品种类数量的扩大。

最后，我们估计了城市经济韧性与城市出口目的地数量（lnnumcou）的关系，估计结果见5-2的第（5）列和第（6）列。从表5-2第（5）列的估计结果可以看出，同时控制年份固定效应和城市固定效应时，城市经济韧性对城市出口目的地数量的影响在1%的水平上显著为正，这表明城市经济韧性的提高，有效地促进了城市出口目的地数量的扩大，有利于推动城市贸易出口地多元化战略的实施。而在控制变量中，除城市运输成本的影响显著为负外，城市经济集聚规模等控制变量对于城市出口目的地数量的影响显著为正。这表明，城市运输成本的存在阻碍了城市出口目的地数量的扩大，而城市经济集聚规模水平等的提升则有助于城市出口目的地数量扩大。

在使用 OLS 方法估计城市经济韧性对城市出口贸易额、城市出口产品种类数量和城市出口目的地数量影响的同时,我们也使用了 FE 方法估计,估计结果分别见表 5-2 的第(2)列、第(4)列和第(6)列,所得估计结果与 OLS 估计结果基本一致,这也说明使用 OLS 估计结果是稳健的。

表 5-2　城市经济韧性与城市出口贸易全样本基准估计结果

项目	(1) OLS	(2) FE	(3) OLS	(4) FE	(5) OLS	(6) FE
被解释变量	城市出口贸易额	城市出口贸易额	城市出口产品种类数量	城市出口产品种类数量	城市出口目的地数量	城市出口目的地数量
lnvalue1	0.125*** (0.0151)	0.0236*** (0.00665)				
lnnum1			0.488*** (0.0213)	0.0884*** (0.0132)		
lnnumcou1					0.364*** (0.0217)	0.0512*** (0.0109)
lnresilience	0.264*** (0.121)	0.277*** (0.0819)	0.148*** (0.0177)	0.136** (0.0659)	0.0754*** (0.0141)	0.0143** (0.00695)
lnnonagr	0.234*** (0.0332)	0.228*** (0.0805)	0.186*** (0.0400)	0.343*** (0.0647)	0.116*** (0.0237)	0.173*** (0.0376)
lnproductivity	0.316*** (0.0840)	0.336*** (0.0892)	0.127** (0.0586)	0.202*** (0.0477)	0.0664** (0.0280)	0.0667** (0.0277)
lnphumc	0.0422** (0.0186)	0.0527*** (0.0195)	0.0447*** (0.0113)	0.00206 (0.0125)	0.0431*** (0.00783)	0.00288 (0.00723)
lnrd	0.234*** (0.0331)	0.0195 (0.0254)	0.106*** (0.0217)	0.00121 (0.0205)	0.0497*** (0.0126)	0.00996 (0.0119)
lnfdi	0.0460*** (0.0111)	0.00267 (0.00855)	0.0701*** (0.00845)	0.0156** (0.00688)	0.0513*** (0.00553)	0.00913** (0.00399)
lnroadper	0.439*** (0.0583)	0.143* (0.0757)	0.279*** (0.0435)	0.102* (0.0609)	0.184*** (0.0264)	0.0464 (0.0354)
lnseadis	-0.200*** (0.0134)		-0.108*** (0.0104)		-0.0535*** (0.00603)	
ETDZ	0.140* (0.0845)		0.278*** (0.0697)		0.00167 (0.0381)	
年份固定效应	YES	YES	YES	YES	YES	YES

续表

项目	(1) OLS	(2) FE	(3) OLS	(4) FE	(5) OLS	(6) FE
被解释变量	城市出口贸易额		城市出口产品种类数量		城市出口目的地数量	
城市固定效应	YES	YES	YES	YES	YES	YES
Constant	4.919*** (1.012)	16.09*** (0.928)	-0.199 (0.743)	4.215*** (0.747)	0.764** (0.371)	3.881*** (0.433)
Observations	2 318	2 318	2 318	2 318	2 318	2 318
R-squared	0.698	0.590	0.771	0.154	0.696	0.125
Number of city		280		280		280

资料来源：笔者根据《中国城市统计年鉴》、中国海关数据库的相关数据，运用 Stata 软件计算整理而得。

二、稳健性检验

（一）内生性检验

城市经济韧性可能与城市出口贸易额、城市出口产品种类数量、城市出口目的地数量之间存在内生性，即城市经济韧性有助于城市出口贸易额、城市出口产品种类数量和城市出口目的地数量的扩大以及城市出口贸易的发展，而城市出口贸易的发展又可以促进城市产业结构、城市贸易结构转型升级，从而促进城市经济韧性进一步提升。因此，要解决内生性所带来的非一致性和估计偏误，就需要寻找一个适合的工具变量（IV）对模型进行进一步检验。采用与前文相同的方法，我们借鉴钱学锋等（2013）的做法，将核心解释变量的滞后一期视为解释变量自身工具变量。对于所选工具变量是否适合，还需进行严格检验。在估计时我们使用了恰好识别检验方法，从检验结果来看，我们所选的工具变量不仅外生，而且与内生解释变量高度相关。

城市经济韧性与城市出口贸易额、城市出口产品种类数量和城市出口目的地数量之间关系的估计结果，见表 5-3。从表 5-3 的估计结果可以看出，在使用工具变量后，尽管所得估计结果的显著性和影响系数与基准估计结果有所差异，但城市经济韧性对城市出口贸易额、城市出口产品种类数量、城市出口目的地数量的影响均显著为正，即城市经济韧性显著促进了城市贸易的发展,这一结论与前文相应基准估计结果是相一致的。这说明,前文基准估计结果是稳健的。

表 5 – 3　城市经济韧性与城市出口贸易全样本 IV 估计结果

项目	(1)	(2)	(3)
被解释变量	城市出口贸易额	城市出口产品种类数量	城市出口目的地数量
lnvalue1	0.0206 *** (0.00746)		
lnnum1		0.0829 *** (0.0160)	
lnnumcou1			0.0526 *** (0.0131)
lnresilience	0.258 * (0.147)	0.116 *** (0.00330)	0.0624 * (0.0376)
lnnonagr	0.176 * (0.0934)	0.316 *** (0.0730)	0.177 *** (0.0417)
lnproductivity	0.295 *** (0.111)	0.246 *** (0.0735)	0.0593 (0.0437)
lnphumc	0.0207 (0.0184)	0.00228 (0.0141)	0.00293 (0.00802)
lnrd	0.285 *** (0.0362)	0.000771 (0.0219)	0.0103 (0.0118)
lnfdi	0.0516 *** (0.0115)	0.0169 * (0.00897)	0.00890 * (0.00530)
lnroadper	0.168 ** (0.0799)	0.115 * (0.0678)	0.0442 (0.0363)
lnseadis	-1.420 *** (0.235)	-1.102 *** (0.157)	-0.474 *** (0.0652)
ETDZ	3.154 *** (0.539)	3.900 *** (0.363)	1.859 *** (0.179)
年份固定效应	YES	YES	YES
城市固定效应	YES	YES	YES

续表

项目	(1)	(2)	(3)
被解释变量	城市出口贸易额	城市出口产品种类数量	城市出口目的地数量
Constant	24.23 *** (1.883)	10.32 *** (1.438)	6.882 *** (0.813)
Observations	2 318	2 318	2 318
R-squared	0.876	0.900	0.883

资料来源：笔者根据《中国城市统计年鉴》、中国海关数据库的相关数据，运用Stata软件计算整理而得。

（二）使用替代变量检验

为了进一步检验本章所使用的核心解释变量是否合适、前文基准估计结果是否稳健，我们改变核心解释变量定义，分别使用城市失业率和三年滑动平均方法来测算城市经济韧性，并重新估计城市经济韧性与城市出口贸易各分量之间的关系[①]。

1. 使用城市失业率测算城市经济韧性

尽管《中国城市统计年鉴》及相关资料中没有直接给出各年、各城市的失业率，但是，我们可以采取与前文相同的处理方式，通过《中国城市统计年鉴》中相关数据测算出各年、各城市登记失业率。本书研究发现，城市失业率与城市经济集聚程度和城市经济韧性之间呈反向变化关系，即城市经济集聚程度越高、城市经济韧性越强，城市失业率就越低。而已有研究证实，城市经济集聚与城市出口贸易之间呈正向关系，因此，本章使用城市失业率来刻画城市经济韧性，并进一步检验城市经济韧性与城市出口贸易之间的关系。

我们分别使用OLS方法、FE方法和IV方法，估计了城市经济韧性与城市出口贸易额、城市经济韧性与城市出口产品种类数量、城市经济韧性与城市出口目的地数量三者之间的关系，具体估计结果，见表5-4。从估计结果可知，无论使用何种估计方法，城市经济韧性对城市出口贸

[①] 使用城市失业率和三年滑动平均方法测算城市韧性的具体方法，请参阅前文城市经济集聚与城市韧性研究的相关章节内容。

表 5-4　用城市失业率测算的城市经济韧性与出口全样本估计结果

项目	(1) OLS	(2) FE	(3) IV	(4) OLS	(5) FE	(6) IV	(7) OLS	(8) FE	(9) IV
被解释变量	城市出口贸易额			城市出口产品种类数量			城市出口目的地数量		
lnvalue1	0.125*** (0.0150)	0.0247*** (0.00666)	0.0240*** (0.00719)						
lnnum1				0.488*** (0.0213)	0.0900*** (0.0132)	0.0854*** (0.0158)			
lnnumcou1							0.364*** (0.0216)	0.0521*** (0.0109)	0.0516*** (0.0126)
lnrunemployed	-0.301** (0.126)	-0.290*** (0.0820)	-0.282*** (0.0659)	-0.127*** (0.0291)	-0.108** (0.0426)	-0.227*** (0.0342)	-0.232*** (0.0394)	-0.200*** (0.0344)	-0.183*** (0.0590)
lnnonagr	0.495*** (0.0553)	0.247*** (0.0805)	0.233** (0.0912)	0.186*** (0.0402)	0.352*** (0.0647)	0.338*** (0.0709)	0.116*** (0.0237)	0.176*** (0.0375)	0.172*** (0.0407)
lnproductivity	0.307*** (0.0856)	0.0754*** (0.0141)	0.0516*** (0.0115)	0.126** (0.0585)	0.188*** (0.0473)	0.181*** (0.0641)	0.0658** (0.0278)	0.0620** (0.0274)	0.0603 (0.0402)
lnphumc	0.0427** (0.0188)	0.0195 (0.0155)	0.0197 (0.0195)	0.0447*** (0.0113)	0.00199 (0.0125)	0.00197 (0.0148)	0.0430*** (0.00784)	0.00291 (0.00724)	0.00287 (0.00804)
lnrd	0.232*** (0.0337)	0.0178 (0.0255)	0.0196 (0.0248)	0.107*** (0.0217)	0.00182 (0.0206)	0.000685 (0.0216)	0.0504*** (0.0126)	0.0102 (0.0119)	0.00974 (0.0118)
lnfdi	0.0468*** (0.0111)	0.00359 (0.00857)	0.00336 (0.0113)	0.0700*** (0.00844)	0.0151** (0.00688)	0.0153* (0.00911)	0.0511*** (0.00553)	0.00899** (0.00399)	0.00905* (0.00529)

续表

项目	(1) OLS	(2) FE	(3) IV	(4) OLS	(5) FE	(6) IV	(7) OLS	(8) FE	(9) IV
被解释变量	城市出口贸易额			城市出口产品种类数量			城市出口目的地数量		
lnroadper	0.435*** (0.0586)	0.136* (0.0761)	0.104 (0.0799)	0.280*** (0.0437)	0.0974 (0.0611)	0.0655 (0.0705)	0.185*** (0.0265)	0.0449 (0.0354)	0.0367 (0.0361)
lnseadis	−0.198*** (0.0134)		−1.516*** (0.245)	−0.108*** (0.0105)		−1.229*** (0.183)	−0.0540*** (0.00607)		−0.515*** (0.0744)
ETDZ	0.135 (0.0845)		3.522*** (0.512)	0.279*** (0.0698)		4.173*** (0.376)	0.000467 (0.0382)		1.898*** (0.182)
年份固定效应	YES	YES	YES	YES	YES	YES	YES	YES	YES
城市固定效应	YES	YES	YES	YES	YES	YES	YES	YES	YES
Constant	5.013*** (1.024)	16.46*** (0.926)	26.51*** (1.987)	−0.204 (0.739)	4.411*** (0.743)	12.11*** (1.566)	0.756** (0.369)	3.944*** (0.431)	7.163*** (0.860)
Observations	2 318	2 318	2 318	2 318	2 318	2 318	2 318	2 318	2 318
R-squared	0.698	0.588	0.878	0.771	0.152	0.899	0.696	0.125	0.882
Number of city		280			280			280	

资料来源：笔者根据《中国城市统计年鉴》、中国海关数据库的相关数据，运用 Stata 软件计算整理而得。

易额、城市出口产品种类数量、城市出口目的地数量的影响均显著为负，即城市登记失业率的下降显著促进了城市贸易发展。也就是说，城市经济韧性的提高可以有效地推进城市贸易发展，这一结论与前文基准估计所得出的结论相符。另外，除显著性和具体影响系数有所变化外，控制变量对城市出口贸易各分量的影响与前文基准估计也是相符的。这说明，前文基准估计结果是稳健的。

2. 使用三年滑动平均测算城市经济韧性

采用前文相同的方法，我们借鉴钱学锋等（2011）的做法，首先，测算各城市差值的三年滑动平均值（mrdvalue$_{c,t}$）。其次，求出该城市测算出的三年滑动平均值与2008年实际GDP增长速度之差（mrvd），并取各年、各城市mrvd的最小差值（minmrvd）、最大差值（maxmrvd），最终测算出每年、每个城市的城市经济韧性（rec$_{ct}$），并取对数形式后，我们采用OLS方法、FE方法和IV方法，分别估计了城市经济韧性（lnrec$_{ct}$）与城市出口贸易各个分量（城市出口贸易额、城市出口产品种类数量和城市出口目的地数量）之间的关系，估计结果见表5-5。

从表5-5的估计结果来看，尽管采用的估计方法不同，但是，所得估计结果均是一致的：城市经济韧性与城市出口贸易额、城市出口产品种类数量、城市出口目的地数量之间均为正向关系。这一结论与前文基准估计结果一致，说明基准估计结果是稳健的。

（三）区分城市规模进行检验

为了进一步检验前文基准估计结果是否稳健，本章将城市分为三类：大城市（包括特大城市）、中等城市和小城市，且均采用了OLS方法、FE方法和IV方法，来估计不同规模城市的经济韧性与城市出口贸易各分量之间的关系，估计结果见表5-6。

从表5-6的第（1）~（3）列估计结果可知，对于大城市而言，城市经济韧性对城市出口贸易额、城市出口产品种类数量和城市出口目的地数量的影响均显著为正，表明城市经济韧性显著地促进了大城市出口贸易的发展。对于中等城市，城市经济韧性与城市出口贸易额、城市出口产品种类数量和城市出口目的地数量之间均为正向关系，但城市经济

表 5-5　用三年滑动平均测算的城市经济韧性与城市出口贸易全样本估计结果

项目	(1) OLS	(2) FE	(3) IV	(4) OLS	(5) FE	(6) IV	(7) OLS	(8) FE	(9) IV
被解释变量	城市出口贸易额			城市出口产品种类数量			城市出口目的地数量		
lnvalue1	0.126*** (0.0149)	0.0247*** (0.00666)	0.0246*** (0.00719)						
lnnum1				0.489*** (0.0212)	0.0901*** (0.0132)	0.0897*** (0.0158)			
lnnumcoul							0.364*** (0.0216)	0.0516*** (0.0109)	0.0499*** (0.0125)
lnres	0.229** (0.116)	0.287*** (0.0653)	0.234 (0.180)	0.393** (0.166)	0.215** (0.0979)	0.313** (0.155)	0.0109 (0.0486)	0.0829** (0.0359)	0.0423*** (0.0102)
lnnonagr	0.496*** (0.0552)	0.238*** (0.0807)	0.263*** (0.0930)	0.187*** (0.0401)	0.352*** (0.0648)	0.375*** (0.0728)	0.116*** (0.0238)	0.182*** (0.0375)	0.202*** (0.0432)
lnproductivity	0.312*** (0.0845)	0.0158 (0.0592)	0.0132 (0.0617)	0.129** (0.0589)	0.188*** (0.0475)	0.162*** (0.0579)	0.0657** (0.0280)	0.0551** (0.0275)	0.0312 (0.0359)
lnphumc	0.0423** (0.0187)	0.0196 (0.0155)	0.0195 (0.0195)	0.0448*** (0.0112)	0.00200 (0.0125)	0.00192 (0.0148)	0.0431*** (0.00783)	0.00294 (0.00723)	0.00304 (0.00818)
lnrd	0.234*** (0.0332)	0.0183 (0.0255)	0.0168 (0.0247)	0.106*** (0.0216)	0.00182 (0.0206)	0.00321 (0.0210)	0.0498*** (0.0126)	0.0106 (0.0119)	0.0119 (0.0118)

续表

项目	(1) OLS	(2) FE	(3) IV	(4) OLS	(5) FE	(6) IV	(7) OLS	(8) FE	(9) IV
被解释变量	城市出口贸易额			城市出口产品种类数量			城市出口目的地数量		
lnfdi	0.0463*** (0.0111)	0.00357 (0.00857)	0.00361 (0.0113)	0.0702*** (0.00847)	0.0151** (0.00688)	0.0151* (0.00897)	0.0513*** (0.00553)	0.00898** (0.00399)	0.00893* (0.00524)
lnroadper	0.439*** (0.0581)	0.139* (0.0759)	0.127 (0.0780)	0.279*** (0.0435)	0.0982 (0.0610)	0.0871 (0.0661)	0.184*** (0.0264)	0.0422 (0.0353)	0.0324 (0.0370)
lnseadis	−0.201*** (0.0134)		−1.376*** (0.222)	−0.108*** (0.0104)		−1.086*** (0.178)	−0.0535*** (0.00604)		−0.494*** (0.0784)
ETDZ	0.133 (0.0841)		3.424*** (0.498)	0.275*** (0.0696)		4.080*** (0.386)	−0.00129 (0.0380)		1.962*** (0.204)
年份固定效应	YES	YES	YES	YES	YES	YES	YES	YES	YES
城市固定效应	YES	YES	YES	YES	YES	YES	YES	YES	YES
Constant	4.886*** (1.020)	16.30*** (0.931)	25.75*** (1.816)	−0.231 (0.748)	4.396*** (0.748)	11.43*** (1.491)	0.770** (0.372)	4.066*** (0.433)	7.495*** (0.831)
Observations	2 318	2 318	2 318	2 318	2 318	2 318	2 318	2 318	2 318
R-squared	0.698	0.588	0.880	0.771	0.152	0.901	0.696	0.127	0.880
Number of city		280			280			280	

资料来源：笔者根据《中国城市统计年鉴》和中国海关数据库的相关数据，运用 Stata 软件计算整理而得。

表 5-6 不同规模城市的城市经济韧性与城市出口贸易估计结果

项目	(1) OLS	(2) FE	(3) IV	(4) OLS	(5) FE	(6) IV	(7) OLS	(8) FE	(9) IV
城市规模	大城市			中等城市			小城市		
被解释变量	城市出口贸易额								
lnvalue1	0.105*** (0.0233)	0.0206** (0.00867)	0.0207** (0.00949)	0.148*** (0.0420)	0.00552 (0.0118)	0.0618 (0.0473)	0.115*** (0.0165)	0.196** (0.0952)	0.0298*** (0.0114)
lnresilience	0.574*** (0.176)	0.358* (0.212)	0.353* (0.204)	0.0186 (0.251)	0.0110*** (0.00252)	0.0198*** (0.00449)	0.185 (0.195)	0.127 (0.137)	0.155 (0.255)
lnnonagr	0.256* (0.142)	0.107 (0.185)	0.113 (0.137)	0.512** (0.246)	0.168*** (0.0183)	0.218*** (0.0626)	0.497*** (0.128)	0.570*** (0.106)	0.451* (0.242)
lnproductivity	0.187* (0.104)	0.234 (0.148)	0.254 (0.199)	0.468*** (0.107)	0.212 (0.168)	1.073 (0.786)	0.230** (0.105)	0.212 (0.168)	0.0957 (0.0940)
lnphumc	0.166*** (0.0438)	0.0638* (0.0380)	0.0641*** (0.0193)	0.0627* (0.0342)	0.0423 (0.0370)	0.0243 (0.0471)	0.0172 (0.0219)	0.0423 (0.0370)	0.00275 (0.0228)
lnrd	0.229** (0.0906)	0.00359 (0.0259)	0.00375 (0.0135)	0.178*** (0.0491)	0.0578 (0.0448)	0.0150 (0.0943)	0.223*** (0.0503)	0.0582* (0.0301)	0.00672 (0.0578)
lnfdi	0.0631* (0.0323)	0.0278* (0.0142)	0.0271** (0.0122)	0.0840*** (0.0253)	0.0170 (0.0172)	0.0198*** (0.00449)	0.0157 (0.0140)	0.0170 (0.0172)	0.00625 (0.0137)
lnroadper	0.531*** (0.107)	0.129 (0.117)	0.130 (0.0807)	0.355*** (0.104)	0.485*** (0.0156)	0.0751 (0.250)	0.382*** (0.0825)	0.128 (0.179)	0.427*** (0.110)

续表

项目	(1) OLS	(2) FE	(3) IV	(4) OLS	(5) FE	(6) IV	(7) OLS	(8) FE	(9) IV
城市规模	大城市			中等城市			小城市		
被解释变量	城市出口贸易额								
lnseadis	-0.139*** (0.0173)		-2.359*** (0.339)	-0.241*** (0.0266)		-0.511 (2.111)	-0.317*** (0.0401)		-7.031*** (2.223)
ETDZ	0.305*** (0.101)		5.250*** (0.773)	-0.372* (0.217)		-1.668 (12.64)	-1.216*** (0.256)		-0.564 (1.272)
年份固定效应	YES	YES	YES	YES	YES	YES	YES	YES	YES
城市固定效应	YES	YES	YES	YES	YES	YES	YES	YES	YES
Constant	6.809*** (1.381)	13.93*** (2.201)	25.83*** (2.172)	3.479* (2.001)	12.27*** (3.574)	15.03 (14.73)	7.182*** (1.414)	12.27*** (3.574)	57.40*** (14.27)
Observations	613	613	613	719	719	719	986	719	986
R-squared	0.753	0.804	0.953	0.585	0.642	0.671	0.513	0.642	0.787
Number of city		126			152			152	
被解释变量	城市出口产品种类数量								
lnnum1	0.370*** (0.0485)	0.912*** (0.223)	0.570** (0.233)	0.483*** (0.0413)	0.0553** (0.0232)	0.495* (0.269)	0.558*** (0.0279)	0.0553** (0.0232)	0.126*** (0.0268)
lnresilience	0.408*** (0.136)	0.342* (0.191)	0.463 (0.435)	0.170 (0.150)	0.0486 (0.108)	0.0455 (0.180)	0.101 (0.156)	0.0931 (0.212)	0.616 (1.002)

续表

项目	(1) OLS	(2) FE	(3) IV	(4) OLS	(5) FE	(6) IV	(7) OLS	(8) FE	(9) IV
城市规模	大城市	大城市	大城市	中等城市	中等城市	中等城市	小城市	小城市	小城市
被解释变量	城市出口产品种类数量								
年份固定效应	YES	YES	YES	YES	YES	YES	YES	YES	YES
城市固定效应	YES	YES	YES	YES	YES	YES	YES	YES	YES
Constant	1.496 (1.229)	4.133** (1.894)	12.97*** (1.904)	−1.015 (1.575)	4.785* (2.814)	11.66 (13.58)	0.932 (1.103)	4.785* (2.814)	33.87*** (8.322)
Observations	613	613	613	719	719	719	986	719	986
R-squared	0.842	0.121	0.958	0.679	0.215	0.748	0.675	0.215	0.856
Number of city		126			152			152	
被解释变量	城市出口目的地数量								
lnnumcou1	0.300*** (0.0502)	0.248** (0.121)	0.131** (0.0659)	0.332*** (0.0430)	0.253** (0.123)	0.233* (0.134)	0.401*** (0.0294)	0.248** (0.121)	0.0824*** (0.0217)
lnresilience	0.257*** (0.0797)	0.124** (0.0590)	0.190 (0.147)	0.192* (0.110)	0.0132 (0.0601)	0.117* (0.0654)	0.0436 (0.102)	0.0132 (0.0601)	0.323 (0.563)
年份固定效应	YES	YES	YES	YES	YES	YES	YES	YES	YES
城市固定效应	YES	YES	YES	YES	YES	YES	YES	YES	YES
Constant	2.907*** (0.566)	5.263*** (0.688)	8.368*** (0.761)	−0.502 (0.911)	3.750** (1.562)	8.845*** (2.423)	0.601 (0.640)	3.750** (1.562)	18.62*** (5.226)

续表

项目	(1)	(2)	(3)	(4)	(5)	(6)	(7)	(8)	(9)
	OLS	FE	IV	OLS	FE	IV	OLS	FE	IV
城市规模	大城市			中等城市			小城市		
被解释变量	城市出口目的地数量								
Observations	613	613	613	719	719	719	986	719	986
R-squared	0.759	0.157	0.973	0.572	0.239	0.886	0.610	0.239	0.830
Number of city		126			152			152	

资料来源：笔者根据《中国城市统计年鉴》和中国海关数据库的相关数据，运用 Stata 软件计算整理而得。

韧性对中等城市出口产品种类数量的影响不显著，也就是说，城市经济韧性对于扩大中等城市出口产品种类数量的作用有限。最后，来分析小城市，通过表5-6的第（7）列、第（8）列和第（9）列估计结果观察，我们发现城市经济韧性与城市出口贸易各个分量之间均呈正向关系，但作用均不显著，即小城市的城市经济韧性对于推进城市出口贸易发展的作用并不显著。我们认为可能的原因在于，与大中城市相比，小城市的城市经济集聚程度较低，因而导致小城市的城市经济韧性也较弱，因此，城市经济韧性对于促进城市出口贸易发展作用有限。对于控制变量，不同规模城市下，各控制变量对城市出口贸易的影响作用是一致的，且与基准估计结果也一致。因此，为了节省篇幅，我们在表5-6中只列出控制变量对城市出口贸易额影响的估计结果，而没有列出控制变量对城市出口产品种类数量和城市出口目的地数量的估计结果。尽管不同规模城市的经济韧性对城市出口贸易各个分量的影响作用大小存在差异，但无论城市规模如何，城市经济韧性与城市出口贸易额、城市出口产品种类数量、城市出口目的地数量间均为正向关系，这一结论与基准估计结果相符，也证明基准估计结果是稳健的。

（四）区分城市区位进行检验

区位不同，城市经济集聚程度和城市经济韧性也存在差异。因此，根据城市所处区位，我们将中国的地级市分为三类：东部城市、中部城市和西部城市。在此基础上，检验城市经济韧性与城市出口贸易各个分量之间的关系，估计结果见表5-7。

首先，分析城市经济韧性对城市出口贸易额的影响。从表5-7可知，城市经济韧性对东部城市、中部城市出口贸易额的影响显著为正，且对东部城市的影响（0.238）高于中部城市（0.184），而对西部城市而言，城市经济韧性与城市出口贸易额间呈正向关系，但影响不显著，也就是说，城市经济韧性对于西部城市出口贸易额的提升作用并不明显。我们认为，可能的原因在于，东部城市较高的城市经济集聚程度和良好的城市产业结构以及优越的城市区位优势，强化了城市经济韧性，从而有助于城市出口贸易的发展，而西部城市经济集聚程度相对较弱、城市

表 5-7 不同区位城市的城市经济韧性与城市出口贸易估计结果

项目	(1)	(2)	(3)	(4)	(5)	(6)	(7)	(8)	(9)
	OLS	FE	IV	OLS	FE	IV	OLS	FE	IV
城市区位	东部城市			中部城市			西部城市		
被解释变量	城市出口贸易额								
lnvalue1	0.0924**	0.00255	0.00274	0.137***	0.0461***	0.0349**	0.105***	0.0178	0.0123
	(0.0368)	(0.00674)	(0.00689)	(0.0163)	(0.0120)	(0.0151)	(0.0267)	(0.0159)	(0.0172)
lnresilience	0.238***	0.145*	0.380	0.184***	0.133***	0.114***	0.330	0.331	0.106
	(0.0522)	(0.0842)	(0.285)	(0.00190)	(0.00207)	(0.00361)	(0.280)	(0.214)	(0.0840)
lnnonagr	0.323***	0.0123	0.0318	0.525***	0.444***	0.284	0.590***	0.0772	0.0696
	(0.0789)	(0.0870)	(0.0797)	(0.102)	(0.160)	(0.183)	(0.138)	(0.196)	(0.209)
lnproductivity	0.00737	0.215**	0.236**	0.410***	0.0656	0.219	0.247*	0.0313	0.126
	(0.0637)	(0.0851)	(0.0946)	(0.0929)	(0.153)	(0.198)	(0.140)	(0.0951)	(0.139)
lnphumc	0.0396*	0.0280	0.0302	0.134***	0.0891***	0.0780***	0.0135	0.0435	0.0436
	(0.0218)	(0.0181)	(0.0186)	(0.0299)	(0.0296)	(0.0290)	(0.0295)	(0.0301)	(0.0329)
lnrd	0.137***	0.0321	0.0328	0.0773	0.129***	0.129**	0.292***	-0.0155	-0.0176
	(0.0456)	(0.0217)	(0.0204)	(0.0487)	(0.0492)	(0.0576)	(0.0753)	(0.0737)	(0.0785)
lnfdii	0.235	0.0334	0.0347	0.0268	0.00171	0.00302	0.0342**	-0.00739	-0.00187
	(0.202)	(0.0227)	(0.0324)	(0.0213)	(0.0161)	(0.0197)	(0.0155)	(0.0140)	(0.0155)
lnroadper	0.188**	0.0689	0.0703	0.444***	0.262*	0.386**	0.542***	-0.0230	-0.0241
	(0.0743)	(0.0801)	(0.0685)	(0.0971)	(0.141)	(0.167)	(0.125)	(0.165)	(0.160)

续表

项目	(1) OLS	(2) FE	(3) IV	(4) OLS	(5) FE	(6) IV	(7) OLS	(8) FE	(9) IV
城市区位	东部城市			中部城市			西部城市		
被解释变量	城市出口贸易额								
lnseadis	-0.110*** (0.0198)		-1.868*** (0.275)	-0.466*** (0.124)		-7.314*** (2.138)	-0.213*** (0.0465)		-0.0551 (1.157)
ETDZ	-0.111 (0.156)		-9.916*** (1.491)	0.672*** (0.180)		3.137*** (0.486)	0.447** (0.208)		3.814*** (0.660)
年份固定效应	YES	YES	YES	YES	YES	YES	YES	YES	YES
城市固定效应	YES	YES	YES	YES	YES	YES	YES	YES	YES
Constant	9.108*** (0.913)	12.65*** (1.253)	22.44*** (2.144)	6.283*** (1.375)	16.70*** (2.131)	60.80*** (13.27)	4.741*** (1.802)	15.10*** (1.852)	14.18* (8.245)
Observations	865	865	865	923	923	923	530	530	530
R-squared	0.753	0.824	0.937	0.610	0.549	0.760	0.618	0.487	0.808
Number of city		102			109			69	
被解释变量	城市出口产品种类数量								
lnnum1	0.329*** (0.0391)	0.0642*** (0.0153)	0.0633*** (0.0139)	0.529*** (0.0322)	0.167*** (0.0266)	0.132*** (0.0403)	0.493*** (0.0474)	0.0509* (0.0280)	0.0250 (0.0433)
lnresilience	0.229* (0.127)	0.205*** (0.0792)	0.466 (0.294)	0.0553** (0.0232)	0.0241* (0.0142)	0.0363 (0.128)	0.0546 (0.464)	0.0121 (0.228)	0.0266 (0.0240)

续表

项目	(1) OLS	(2) FE	(3) IV	(4) OLS	(5) FE	(6) IV	(7) OLS	(8) FE	(9) IV
城市区位	东部城市			中部城市			西部城市		
被解释变量	城市出口产品种类数量								
年份固定效应	YES	YES	YES	YES	YES	YES	YES	YES	YES
城市固定效应	YES	YES	YES	YES	YES	YES	YES	YES	YES
Constant	3.157*** (0.778)	5.166*** (1.178)	7.769*** (2.543)	2.000* (1.192)	3.515* (1.845)	47.34*** (9.070)	−0.644 (1.373)	1.896* (1.138)	3.950 (6.335)
Observations	865	865	865	923	923	923	530	530	530
R-squared	0.735	0.202	0.899	0.633	0.197	0.713	0.799	0.197	0.809
Number of city		102			109			69	
被解释变量	城市出口目的地数量								
lnnumcou1	0.197*** (0.0395)	0.00961 (0.00793)	0.00952 (0.00695)	0.369*** (0.0314)	0.0756*** (0.0199)	0.0615** (0.0246)	0.397*** (0.0449)	0.0756** (0.0295)	0.118** (0.0599)
lnresilience	0.148*** (0.0376)	0.0900** (0.0436)	0.0553** (0.0232)	0.0618** (0.0276)	0.0624* (0.0376)	0.0266 (0.0240)	0.0902 (0.145)	0.0144 (0.0176)	0.0157 (0.0912)
年份固定效应	YES	YES	YES	YES	YES	YES	YES	YES	YES
城市固定效应	YES	YES	YES	YES	YES	YES	YES	YES	YES
Constant	3.603*** (0.350)	3.815*** (0.417)	3.285*** (0.861)	1.916*** (0.654)	3.477*** (0.985)	21.66*** (3.570)	0.513 (0.677)	2.495*** (0.939)	17.56*** (5.608)

续表

项目	(1) OLS	(2) FE	(3) IV	(4) OLS	(5) FE	(6) IV	(7) OLS	(8) FE	(9) IV
城市区位	东部城市	东部城市	东部城市	中部城市	中部城市	中部城市	西部城市	西部城市	西部城市
被解释变量	城市出口目的地数量								
Observations	865	865	865	923	923	923	530	530	530
R-squared	0.616	0.296	0.925	0.564	0.193	0.776	0.705	0.110	0.620
Number of city		102			109			69	

资料来源：笔者根据《中国城市统计年鉴》和中国海关数据库的相关数据，运用 Stata 软件计算整理而得。

产业结构单一，因而城市经济韧性对城市出口贸易的作用有限。另外，控制变量对不同区位城市经济韧性的影响，与前文基准估计结果也相符。

其次，分析城市经济韧性与城市出口产品种类数量之间的关系。表 5-7 的估计结果显示，无论城市区位如何，城市经济韧性对不同区位城市出口产品种类数量的影响均显著为正，但是，显著性和影响系数大小有所差异。具体而言，东部城市的城市经济韧性对城市出口产品种类数量的影响作用最大（0.229），中部城市的影响次之（0.116），西部城市的影响最小（0.0546）且不显著。

最后，分析不同区位城市经济韧性对城市出口目的地数量的影响。从表 5-7 的估计结果可知，城市经济韧性与东部城市、中部城市的城市出口目的地数量之间均呈显著的正向关系，而城市经济韧性与西部城市的城市出口目的地数量间的关系为正但不显著。这表明，城市经济韧性有效地扩大了东部城市和中部城市的出口目的地数量，有效地促进了其城市出口市场多元化的发展，但西部城市的城市经济韧性对城市出口市场多元化战略实施的推动作用有限。

需要说明的是，无论城市区位如何，控制变量对不同区位城市出口贸易额、出口产品种类数量和出口目的地数量的影响是一致的，同时，也与前文的基准估计结果相符。因此，为了节约篇幅，表 5-7 中我们只保留了控制变量与城市出口贸易额之间的估计结果。

综上所述，尽管不同区位城市的城市经济韧性对城市出口贸易额、城市出口产品种类数量和城市出口目的地数量的影响大小、影响的显著性存在一定差异，但总体而言，均为正向影响关系，即城市经济韧性的提高，有助于推动城市出口贸易的发展。这一结果与前文基准估计结果是相符的，说明基准估计结果是稳健的。

（五）剔除异常样本检验

为了检验异常样本是否会给估计结果带来偏误，我们计算了城市经济韧性的均值、城市经济韧性的 10 分位数和 90 分位数，并将小于 10 分位数和大于 90 分位数的样本作为异常样本予以剔除，最终得到 1 765 个

第五章　城市经济韧性对城市出口贸易的影响 | 151

表 5-8　剔除异常值后城市经济韧性与出口贸易估计结果

项目 被解释变量	(1) OLS	(2) FE	(3) IV	(4) OLS	(5) FE	(6) IV	(7) OLS	(8) FE	(9) IV
	城市出口贸易额			城市出口产品种类数量			城市出口目的地数量		
lnvalue1	0.148*** (0.0170)	0.0332*** (0.00861)	0.0308*** (0.00980)						
lnnum1				0.558*** (0.0258)	0.111*** (0.0161)	0.107*** (0.0207)			
lnnumcou1							0.431*** (0.0289)	0.0578*** (0.0140)	0.0585*** (0.0175)
lnresilience	0.208 (0.150)	0.327** (0.133)	0.182* (0.0150)	0.108 (0.124)	0.394* (0.206)	0.580* (0.348)	0.0713*** (0.0276)	0.0489** (0.0201)	0.109 (0.197)
lnnonagr	0.416*** (0.0593)	0.197* (0.0919)	0.167* (0.0984)	0.154*** (0.0441)	0.317*** (0.0706)	0.300*** (0.0755)	0.0853*** (0.0267)	0.144*** (0.0418)	0.147*** (0.0474)
lnproductivity	0.441*** (0.0683)	0.147* (0.0865)	0.234** (0.0960)	0.187*** (0.0535)	0.277*** (0.0665)	0.325*** (0.0859)	0.0763** (0.0321)	0.104*** (0.0394)	0.0977* (0.0516)
lnphumc	0.0340 (0.0214)	0.0357* (0.0197)	0.0394* (0.0237)	0.0431*** (0.0127)	0.00587 (0.0152)	0.00772 (0.0171)	0.0436*** (0.00917)	0.00167 (0.00899)	0.00142 (0.0116)
lnrd	0.275*** (0.0336)	0.00263 (0.0340)	0.0122 (0.0397)	0.104*** (0.0274)	0.0246 (0.0262)	0.0323 (0.0312)	0.0530*** (0.0166)	0.0110 (0.0155)	0.0120 (0.0177)

续表

项目	(1) OLS	(2) FE	(3) IV	(4) OLS	(5) FE	(6) IV	(7) OLS	(8) FE	(9) IV
被解释变量	城市出口贸易额			城市出口产品种类数量			城市出口目的地数量		
lnfdi	0.0478***	-0.00101	0.00208	0.0589***	0.00925	0.0110	0.0480***	0.0128***	0.0126**
	(0.0123)	(0.0101)	(0.0134)	(0.00944)	(0.00780)	(0.0103)	(0.00620)	(0.00461)	(0.00606)
lnroadper	0.341***	0.105	0.120	0.164***	0.0116	0.0203	0.138***	-0.00496	-0.00610
	(0.0651)	(0.0867)	(0.0840)	(0.0484)	(0.0668)	(0.0637)	(0.0301)	(0.0396)	(0.0357)
lnseadis	-0.182***		-1.678***	-0.0903***		-1.094***	-0.0435***		-0.385***
	(0.0150)		(0.221)	(0.0114)		(0.169)	(0.00626)		(0.0659)
ETDZ	0.175**		3.382***	0.213***		3.889***	-0.0107		1.626***
	(0.0788)		(0.486)	(0.0634)		(0.399)	(0.0379)		(0.198)
年份固定效应	YES	YES	YES	YES	YES	YES	YES	YES	YES
城市固定效应	YES	YES	YES	YES	YES	YES	YES	YES	YES
Constant	3.584***	14.25***	24.00***	-0.455	3.670***	9.727***	0.894**	3.254***	5.646***
	(0.867)	(1.277)	(2.083)	(0.710)	(0.981)	(1.649)	(0.437)	(0.582)	(0.903)
Observations	1 750	1 750	1 750	1 750	1 750	1 750	1 750	1 750	1 750
R-squared	0.719	0.613	0.885	0.795	0.171	0.916	0.726	0.134	0.896
Number of city		274	274		274	274		274	274

资料来源：笔者根据《中国城市统计年鉴》和中国海关数据库的相关数据，运用 Stata 软件计算整理而得。

观测样本。① 与前文相同，在控制年份固定效应和城市固定效应后，我们采用 OLS 方法、FE 方法和 IV 方法，使用剔除异常值的样本，估计了城市经济韧性与城市出口贸易额、城市出口产品种类数量、城市出口目的地数量之间的关系，估计结果见表 5-8。从估计结果可知，总体而言，城市经济韧性对城市出口贸易额、城市出口产品种类数量和城市出口目的地数量的影响均显著为正，这与前文基准估计结果相符，也进一步表明前文基准估计结果的稳健性。

第四节　本章小结

本章利用 2003~2011 年《中国城市统计年鉴》、中国海关数据库的相关数据，测算了中国 286 个地级及以上城市的城市经济韧性，并实证检验了城市经济韧性对城市出口贸易的影响作用。本章研究发现：（1）城市经济韧性显著促进了城市贸易的发展。（2）城市规模不同，城市经济韧性对城市贸易的影响作用也会不同。城市经济韧性对大城市、中等城市出口贸易额的影响显著为正，且对大城市的影响程度高于中等城市，即城市经济韧性的提高有效地增加了大城市、中等城市的出口贸易额，而城市经济韧性对小城市出口贸易额的影响虽为正但不显著。也就是说，城市经济韧性对促进小城市出口贸易提升作用有限。城市经济韧性显著增加了大城市出口产品种类数量，但对中等城市、小城市出口产品种类数量的影响为正但不显著。城市经济韧性对大城市、中等城市出口目的地数量的影响显著为正，并且，对大城市的影响程度高于中等城市。这说明，城市经济韧性有效地推进了大城市、中等城市出口市场多元化战略的实施，但是，城市经济韧性对小城市出口目的地数量的影响不显著。总而言之，城市经济韧性对大城市、中等城市的出口贸易发展的影响作用显著，而对小城市出口贸易发展的影响作用有限。（3）城市区位不同，城市经济韧性对城市贸易发展的影响也不同。对东部城市和中部城市而

---

① 分别使用城市出口贸易额、城市出口产品种类数量和城市出口目的地数量的均值并进行异常样本剔除后，所得估计结果与使用韧性剔除异常样本后所得估计结果总体结果一致。

言，城市经济韧性与城市出口贸易间呈显著正相关，且东部城市的影响系数大于中部城市，而城市经济韧性对西部城市出口贸易发展的影响虽为正但不显著，即城市经济韧性并没有有效地促进西部城市出口贸易的发展。

本章的政策含义在于，在中国城市化战略推进过程中，不同规模、不同区位的城市，要根据城市自身要素禀赋和条件，积极推进差异化城市产业集聚，调整城市出口产业结构，并充分发挥城市经济集聚产生的正外部性，从而强化城市经济集聚和城市经济韧性，以实现城市出口市场多元化战略、推进中国城市贸易的健康、稳定发展。虽然本书实证研究了城市经济韧性与城市出口贸易之间的关系，但并没有通过理论模型对城市经济韧性影响城市出口贸易的具体作用机制进行刻画，这是本章的一个主要不足之处，也是本书下一步需要解决的重要问题之一。此外，研究不同规模、不同区位的城市在面对外部冲击（需求冲击和供给冲击）时，城市出口贸易会发生怎样的变化，也必将会产生一些有趣的结论。

第六章

外部需求冲击对城市出口贸易的影响：机制与经验研究

前文研究发现，城市经济集聚、城市经济韧性显著促进了城市出口贸易的发展。但前文研究并没有说明当面临外部需求冲击时，城市经济韧性是否有效地缓解了外部需求冲击。因此，本章基于外部需求冲击视角，探讨了城市经济韧性对于缓解外部需求冲击的作用大小，外部需求冲击下城市经济韧性与城市出口贸易之间的关系。[①] 本章研究发现：（1）外部需求下降，致使中国城市出口贸易显著下降。（2）外部需求冲击使中国小城市出口贸易额和出口产品种类数量下降幅度最大，中等城市次之，大城市最小。而外部需求冲击使中国大城市、中等城市出口目的地数量显著下降，对小城市的影响不明显。（3）无论城市区位如何，外部需求冲击对城市出口贸易额的影响均显著为负，但对中部城市的影响最大，东部城市次之，西部城市最小；外部需求冲击致使东部城市和中部城市的出口产品种类数量、城市出口目的地数量显著减少，而对西部城市的影响作用不明显。（4）城市经济韧性可以有效地缓解外部需求

---

① 外部冲击既包括外部需求冲击，也包括外部供给冲击以及其他因素（如制度变化等）冲击。本书之所以仅从外部需求冲击视角研究外部冲击对城市出口贸易的影响，主要有两个原因：一是外部需求变化是影响中国城市出口贸易最主要、最直接的因素；二是因数据可得性限制，目前，本书并没有完全获得有关影响中国城市出口贸易的外部供给数据，当然，数据发掘工作正在紧张进行，这也是本书今后研究的重点问题之一。

冲击给城市贸易发展造成的负面影响。因此，建设更具经济韧性的城市，对于进一步推动城市经济贸易健康持续发展具有重要意义。

第一节 问题的提出

城市出口贸易在中国出口贸易中占有非常重要的地位，尽管近年来城市出口贸易额在中国出口贸易总额中所占比重有所下降，但依然占据中国出口贸易总额50%以上的份额。① 而随着全球经济一体化程度的日益加深，外部需求冲击（既包括经济冲击也包括非经济冲击）对城市经济和贸易发展的影响也越来越大。2008年金融危机以及随之而来的全球经济衰退，对中国城市出口贸易产生了较大的负面影响，城市出口贸易急剧下降，甚至出现负增长。与2008年相比，2009年中国外贸出口额增长幅度出现大幅下降，增幅为-15.88%，这是改革开放以来罕见的。与此同时，中国286个地级及以上城市出口贸易额平均增幅同样也呈总体下降趋势。金融危机引发的外部需求冲击，是中国出口贸易急剧下滑的最主要原因（唐宜红，林发勤，2012；陈波，荆然，2013）。对于异质性城市而言，外部需求冲击对城市出口贸易造成的影响也会因城市规模、城市区位等不同而产生一定差异。因此，厘清外部需求冲击对城市出口贸易发展的影响机制、分析外部需求冲击对异质性城市出口贸易发展的影响，对于促进城市产业结构升级、推进异质性城市出口贸易发展、实现差异化城市经济发展战略和推进"中国制造2025"有着重要的现实意义。

第二节 外部需求冲击影响城市出口贸易的作用机制

马森（Masson，1998）认为，金融危机的传导原因主要包括三个效应：季风效应（monsoonal effect）、溢出效应（spillover effect）和净传染

---

① 笔者根据中国海关数据库的相关数据计算而得。

效应（pure contagion effect）。而随着世界经济一体化和生产网络碎片化程度的日益加深，各国商品贸易往来愈加频繁，贸易双方之间的相互依赖也越来越强，因此，贸易联系已成为金融危机传播的主要途径。也就是说，贸易溢出效应（包括收入效应和价格效应）是金融危机传递的主要渠道（Glick and Rose，1999；Forbes，2002）。因此，金融危机引发的外部需求冲击对中国城市出口贸易的影响，主要是通过收入效应（income effect）和价格效应（price effect）来实现的。当然，出口城市的经济韧性等城市特征，也会对外部需求冲击影响下的城市出口贸易发展产生重要的影响。我们可将外部需求冲击影响城市出口贸易的作用机制归纳如下。

一、收入效应

收入效应是指，金融危机导致该国或地区经济增长速度下降或衰退、失业率上升、人均实际收入下降，进而导致消费者对国内需求减少，相应地对进口商品的需求也减少。与此同时，为了应对金融危机对经济增长产生的不利影响，政府部门往往也会采取贸易保护政策，或是滥用WTO 规则框架内的贸易救济政策，或是使用关税壁垒、非关税壁垒（赵春明，魏浩，2010），以期保护国内产业和国内市场，从而减少进口需求，造成与其密切联系的贸易伙伴出口下降。

二、价格效应

价格效应是指，金融危机爆发后，金融危机国货币呈持续贬值、出口国货币呈持续升值，致使金融危机国进口商品的国际市场价格发生变化，从而影响出口国商品出口量的变化，即，金融危机国本国市场上使用本币标示的进口商品相对价格上升、外国市场上以外币标示的出口商品相对价格下降，从而增强金融危机国出口商品的竞争力、削弱其贸易对象国（出口国）出口商品的竞争力，最终减少了其贸易对象国的商品出口。2008 年金融危机爆发后，人民币对美元和欧元大幅升值，对中国城市出口贸易造成了较大的不利影响。如，陈华和赵俊燕（2009）认为，金融危机使美元贬值，减少了与美国贸易关系紧密的国家对美国的出口。谢志超等（2012）认为，金融危机主要通过价格效应影响中国进出口贸易。

三、城市经济韧性

除收入效应和价格效应外，城市经济韧性大小也是影响金融危机背景下城市出口贸易发展的核心因素之一。一般而言，城市经济韧性越高，城市抵御外部需求冲击的能力就越强，因而城市经济发展和城市出口贸易所遭受外部需求冲击的影响程度也就越小。强化城市经济韧性是降低外部需求冲击对城市出口贸易影响的主要途径之一。而城市集聚又有助于城市经济韧性的提高（Martin et al., 2016），因此，构建合理的城市产业布局、降低交易成本（运输成本）、提高城市经济集聚程度，对于强化城市经济韧性、促进城市出口贸易有着重要意义。当然，除城市经济韧性外，城市经济集聚程度、城市出口成本等，也会对城市出口贸易产生重要的影响。

第三节 外部需求冲击影响城市出口贸易的经验研究

从理论上分析外部需求冲击影响城市贸易的作用机制后，结合前文对外部需求冲击与城市贸易相关文献的梳理，本节将展开外部需求冲击影响城市贸易的实证研究。本节的研究思路是，先根据已有文献并结合本书的研究目的，构建计量模型，接着，对数据来源、数据处理和变量选取进行说明，最后，采用系统GMM方法展开翔实的实证研究。

一、计量模型构建

根据前文作用机制分析，进口地消费者人均收入下降、汇率变化，以及出口城市的城市经济韧性、城市经济集聚程度和出口成本变化，都

第六章　外部需求冲击对城市出口贸易的影响：机制与经验研究

会对金融危机影响下城市出口贸易产生重要的影响。结合一般需求理论，城市出口函数可以表示如下：

$$EX_{ct} = F(Y_{im,t}, E_t, RES_{ct}, AGG_{ct}, C_{ct}) \quad (6-1)$$

对式（6-1）取对数，可得：

$$\ln EX_{ct} = \alpha_0 + \alpha_1 \ln Y_{im,t} + \alpha_2 \ln E_t + \alpha_3 \ln RES_{ct}$$
$$+ \alpha_4 \ln AGG_{ct} + \alpha_5 \ln C_{ct} + \varepsilon_{ct} \quad (6-2)$$

在式（6-2）中，$\ln EX_{ct}$ 表示城市出口贸易变量的对数形式，具体而言，城市出口贸易变量包括城市出口贸易额（$\ln value_{ct}$）、城市出口产品种类数量（$\ln num_{ct}$）和城市出口目的地数量（$\ln numcou_{ct}$）；$\ln Y_{im,t}$ 表示进口地消费者人均收入水平的对数值，我们使用进口地人均 GDP 作为其代理变量；$\ln E_t$ 表示人民币汇率，我们使用人民币实际有效汇率（real effective exchange rate，REER）的对数形式来测度汇率对城市出口贸易的影响，因此，该项改写为 $\ln REER_t$；$\ln RES_{ct}$ 表示城市 c 在 t 时期的城市经济韧性的对数形式；$\ln AGG_{ct}$ 表示城市经济集聚程度的对数形式；$\ln C_{ct}$ 表示城市 c 在 t 时期的出口成本的对数形式，我们采用运输成本来衡量城市出口成本，故将其改写为 $\ln DIS_{ct}$；ε_{ct} 为随机扰动项；下标 c 和下标 t 分别表示城市和年份。

鉴于本书的研究目的是考察外部需求冲击对城市出口贸易的影响，我们以 2008 年金融危机作为外部需求冲击，将 2008 年设为时间分隔点，设置二元虚拟变量 ES 为解释变量，如果数据年份为 2003～2007 年，则 ES = 0；如果数据年份为 2008～2011 年，则 ES = 1。同时，为了刻画城市经济韧性对缓解外部需求冲击所起的具体作用，我们需要在计量方程中加入外部需求冲击与城市经济韧性的交互项，即 $ES\ln RES_{ct}$。此外，因为外部需求冲击对进口地消费者收入、汇率等均具有持续性影响，加之城市出口行为也会产生持续性影响，所以，在构建计量方程时还需考虑这些相关变量的滞后期对估计结果的影响，即将 $\ln Y_{im,t}$ 的滞后一期 $\ln Y_{im,t-1}$、$\ln REER_t$ 的滞后一期 $\ln REER_{t-1}$ 纳入计量模型检验的范围。式（6-2）改写如下：

$$\ln EX_{ct} = \alpha_0 + \alpha_1 \ln EX_{c,t-1} + \alpha_2 ES + \alpha_3 \ln Y_{im,t} + \alpha_4 \ln Y_{im,t-1}$$
$$+ \alpha_5 \ln REER_t + \alpha_6 \ln REER_{t-1} + \alpha_7 \ln RES_{ct}$$
$$+ \alpha_8 ES\ln RES_{ct} + \alpha_9 \ln AGG_{ct} + \alpha_{10} \ln DIS_{ct} + \varepsilon_{ct} \quad (6-3)$$

二、数据来源与数据处理说明

本章所使用的数据主要有四个来源：2003～2011 年中国海关数据库、《中国城市统计年鉴》、中华人民共和国国家统计局国际统计数据库和国际清算银行（bank for international settlements，BIS）数据库。[①] 因为各个数据库的统计口径存在差异，所以，我们对数据进行了筛选、合并等处理。(1) 为了从中国海关数据库中提取中国地级市的市辖区出口企业，我们使用企业所在地邮编的前四位剔除了位于地级市下辖县、县级市等企业，从而可以更为精确地测算出城市出口状况；对于中国海关数据库中，出口金额缺失等异常样本，我们予以剔除；(2)《中国城市统计年鉴》中涵盖了286 个地级及以上城市的相关经济统计指标数据，为了准确刻画城市经济特征，我们选用《中国城市统计年鉴》中的"市辖区"相关统计指标数据。鉴于测算城市经济韧性的需要，《中国城市统计年鉴》的数据我们选用 2003 年及之后年份的数据，原因在于自 2003 年起，《中国城市统计年鉴》数据中城市产业分类做了调整，由原来的 15 类调整为 19 类；(3) 2003～2011 年，欧元区 28 国、美国、日本、俄罗斯、印度、巴西、墨西哥、澳大利亚和韩国等国家的人口总量、GDP 总量等统计数据，来源于中华人民共和国国家统计局国际统计数据库，在此基础上，我们测算出各国或地区的人均 GDP 指数和总体平均 GDP 指数，以此衡量中国城市出口所面临的外部市场消费者收入变化（即外部需求变化）；(4) 人民币实际有效汇率数据，源于国际清算银行数据库。经过整理，我们得到了 2003～2011 年人民币实际有效汇率指数，总体来看，人民币实际有效汇率指数呈上升趋势（即人民币呈持续升值趋势）。对上述数据库进行筛选、整理、合并后，本书得到中国 286 个地级及以上城市 2003～2011 年的 2 337 个样本数据。

三、变量选取

除二元虚拟变量 ES 和城市出口贸易变量的一阶滞后变量 $\ln EX_{c,t-1}$ 之

[①] 国际清算银行. http://www.bis.org/statistics/eer.htm.

外，结合已有文献，补充选取了 5 个主要解释变量和控制变量：（1）进口地消费者收入水平（lnY）：本章选取了欧元区 28 国、美国、日本、俄罗斯、印度、巴西、墨西哥、澳大利亚和韩国等作为进口地代表，因为这些市场的进口总额已经占据了中国城市出口贸易额的绝大部分。外部冲击导致中国城市主要出口对象经济增长衰退、消费者收入水平下降、需求下滑，从而也减少了对中国出口产品的需求。预期该项符号为正，即外部消费者收入水平越高，对中国城市出口需求越大；（2）人民币实际有效汇率（lnREER）：计算人民币实际有效汇率指数时，考虑了中国主要贸易伙伴的货币变化、剔除了通货膨胀等因素，能够更真实地体现人民币的对外价值、刻画外部需求冲击对中国城市出口产品相对价格的影响程度。人民币实际有效汇率指数上升表示人民币相对价值的上升，即人民币升值；反之，则意味着人民币贬值。如果马歇尔—勒纳条件（Marshall-Lerner condition）成立，中国城市出口贸易将会下降，即该项符号预期为正；（3）出口成本（lnDIS）：本章使用中国各地级市与出口海港的最近距离（即运输成本）来刻画各城市的出口成本，取 ln（1 + DIS）纳入模型，预期该项符号为负；（4）城市经济韧性（lnRES）：理论研究与实证研究发现，城市经济韧性越高，抵御外部需求冲击的能力越强，城市出口贸易发展受外部冲击的影响越小。取 ln（1 + RES）纳入模型，预期该项符号为正；[①]（5）城市经济集聚（lnAGG）：本章使用市辖区非农人口作为测度城市经济集聚的指标变量，预期该项符号为正。（6）城市经济发展优惠政策虚拟变量（ETDZ）：采取与前文相同的做法，如果城市没有国家级经济技术开发区，则 ETDZ = 0；反之，ETDZ = 1，预期该项符号为正。2003 ~ 2011 年，主要变量的描述性统计，见表 6 - 1。

表 6 - 1　外部冲击与城市出口贸易主要变量的描述性统计（2003 ~ 2011）

变量	观察值	均值	标准差	最小值	最大值
lnvalue	2 337	16.24363	2.205458	2.772589	21.54284
lnnum	2 337	4.934822	1.950534	0	8.357728
lnnumcou	2 337	4.068754	1.034516	0.6931472	5.416101

---

① 城市韧性的测算方法与前文相同，此处不再赘述。具体方法请参阅前文相关内容。

续表

变量	观察值	均值	标准差	最小值	最大值
lnY	2 337	5.08101	0.0422572	4.997157	5.14557
lnREER	2 337	4.526211	0.0742536	4.438968	4.630066
lnDIS	2 337	5.599162	2.006076	0	8.258163
lnRES	2 337	0.3716509	0.232905	0	0.6931472
lnAGG	2 331	6.418184	0.9095487	3.919991	9.781659

资料来源：笔者根据《中国城市统计年鉴》、中国海关数据库、中华人民共和国国家统计局国际统计数据库和国际清算银行数据库的相关数据，运用 Stata 软件计算整理而得。

四、计量结果分析

（一）基准估计结果分析

如前文计量模型设定时所述，为了考察城市出口贸易的持续性影响，我们在模型中引入了城市出口贸易变量的滞后一期作为解释变量，因此，本章的计量模型为动态模型。系统 GMM 方法可以有效地克服在样本量有限的情况下差分 GMM 方法可能存在的弱工具变量问题产生的偏误，进而提高估计结果的准确性（Blundell and Bond，1998），我们采用系统 GMM 方法对计量模型进行估计。借鉴钱学锋等（2013）的做法，使用核心解释变量的滞后一期、作为内生变量的工具变量使用城市市辖区土地面积外生变量的工具变量。对于工具变量的有效性，我们也进行了相应检验，检验结果表明，模型设定是合理的、工具变量选择是有效的。计量模型（6-3）的具体估计结果，见表6-2。

表6-2 的第（1）列，是外部需求冲击与城市出口贸易额之间关系的估计结果。从表6-2 的第（1）列估计结果可知，外部需求冲击虚拟变量 ES 对城市出口贸易额的影响在5% 的水平上显著为负，即外部需求冲击导致城市出口贸易额显著降低。国外消费者收入水平（$lnY_{im,t}$）及其滞后一期（$lnY_{im,t-1}$）与中国城市出口贸易额之间的关系均在1% 的水平上显著为正，表明当期和滞后一期国外消费者收入水平下降，会导致消费者进口强度和实际支付能力相应减弱，因此，对本国国内商品和进口商品的需求下降。

相反，如果国外消费者收入水平提高，则会加速中国城市出口贸易的发展。这与我们预期是相符的。接着，分析汇率对城市出口贸易的影响。从理论层面来说，一国汇率波动对该国贸易量的影响可能是正，也可能是负。从表 6-2 的估计结果可知，当期人民币实际有效汇率指数 $lnREER_t$ 对城市出口贸易额的影响显著为正，滞后一期 $lnREER_{t-1}$ 的影响则显著为负。这表明，在外部需求冲击下，人民币升值使中国城市出口贸易额先降后升。我们认为，可能的原因在于，人民币升值虽然使城市出口增长遭受了一定不利影响，但是，人民币升值也有利于优化城市出口结构、降低城市贸易不平衡发展程度、改善城市贸易条件，企业和城市可以通过增加研发投入和技术升级，提高出口产品质量和产品附加值，以此降低产品价格、抵消人民币升值带来的压力，进而促进城市出口贸易的发展。被解释变量城市出口贸易额滞后一期（lnvalue1）对城市出口贸易额的影响在 1% 的水平上显著为正，可能是磁滞效应的存在，使得城市出口贸易行为具有一定的持续性影响。城市经济韧性（lnRES）与城市出口贸易额间呈显著正相关，说明在遭受外部需求冲击时，城市经济韧性的提高有助于城市抵御外部冲击、促进城市出口贸易的发展，这与亚科沃尼和萨瓦卡（Iacovone and Zavacka，2009）的研究结论也是一致的。外部需求冲击与城市经济韧性的交互项，即 ESlnRES，虽然对城市出口贸易额的影响呈显著负相关，即当城市经济韧性提高时，外部需求冲击对城市出口贸易额的影响仍然为负，但是，当城市经济韧性每提高 1% 时，外部需求冲击将使得城市出口贸易额下降 11.6%，这一降幅远远小于外部需求冲击虚拟变量 ES 对城市出口贸易额的影响幅度（-56.8%）。这就表明，在面临外部需求冲击时，良好的城市经济韧性有效地缓解了外部需求冲击给城市出口贸易额带来的负面影响。

表 6-2　　　　　　外部需求冲击与城市出口贸易基准估计结果

项目	(1)	(2)	(3)
被解释变量	城市出口贸易额 (lnvalue)	城市出口产品种类数量 (lnnum)	城市出口目的地数量 (lnnumcou)
lnvalue1	0.400 *** (0.0245)		
lnnum1		0.192 *** (0.0406)	

续表

项目	(1)	(2)	(3)
被解释变量	城市出口贸易额 (lnvalue)	城市出口产品种类数量 (lnnum)	城市出口目的地数量 (lnnumcou)
lnnumcou1			0.0934***
			(0.0215)
ES	-0.568**	-0.380*	-0.264***
	(0.101)	(0.217)	(0.108)
$\ln Y_{im,t}$	0.207***	0.0569*	0.0132
	(0.0328)	(0.0341)	(0.0322)
$\ln Y_{im,t-1}$	0.186***	1.390**	0.0311***
	(0.0464)	(0.612)	(0.0119)
$\ln REER_t$	0.534***	0.363***	0.201***
	(0.0518)	(0.0481)	(0.0517)
$\ln REER_{t-1}$	-0.901*	-0.0834**	0.0311***
	(0.501)	(0.0363)	(0.0119)
lnRES	0.0856***	0.0671***	0.0808**
	(0.0195)	(0.0188)	(0.0205)
ESlnRES	-0.116***	-0.107***	-0.104***
	(0.0243)	(0.0227)	(0.0238)
lnAGG	0.374***	0.162*	0.140*
	(0.100)	(0.0974)	(0.0841)
lnDIS	-0.131***	-0.113***	-0.0954***
	(0.0114)	(0.0111)	(0.0110)
ETDZ	0.128***	0.0683*	0.310
	(0.0113)	(0.0375)	(0.613)
Constant	0.184	-0.227*	0.130
	(0.174)	(0.125)	(0.106)
Observations	2 330	2 330	2 330
Number of city	280	280	280
AR (2) —p 值	0.260	0.332	0.276
Hansen test—p 值	0.756	0.269	0.530

资料来源：笔者根据《中国城市统计年鉴》、中国海关数据库、中华人民共和国国家统计局国际统计数据库和国际清算银行数据库的相关数据，运用 Stata 软件计算整理而得。

在表 6-2 中，对于其他控制变量，城市经济集聚程度（lnAGG）与城市出口贸易额间也呈显著正相关，原因在于城市经济集聚程度的提高，强化了城市经济韧性，从而提高了城市抵御外部需求冲击的能力，促进了城市贸易的增长。出口成本（lnDIS）对城市出口贸易额的影响显著为负，表明出口成本的增加，不利于城市出口贸易的发展，这一结果与克鲁格曼（Krugman，1991）的结论相符，与我们的预期一致。而城市经济发展优惠政策虚拟变量（ETDZ）对城市出口贸易额的影响显著为正，说明在面临外部需求冲击时，良好有效的城市经济贸易发展政策和城市产业结构调整政策，有助于减轻外部需求冲击给城市经济贸易发展带来的压力，推进城市出口贸易提升。

最后，分析外部需求冲击虚拟变量 ES 对城市出口产品种类数量（lnnum）和城市出口目的地数量（lnnumcou）的影响，分别见表 6-2 的第（2）列和第（3）列。从估计结果可以看出，外部需求冲击对城市出口产品种类数量和城市出口目的地数量的影响分别在 10% 和 1% 的水平上显著为负。这表明，外部需求冲击导致中国城市出口产品种类数量显著下降、出口目的地市场大幅缩减。此外，尽管外部需求冲击与城市经济韧性交互项 ESlnRES 对城市出口产品种类数量、城市出口目的地数量的影响依然显著为负，但估计结果表明，面临外部需求冲击时，城市经济韧性的提高，可以有效地减弱外部需求冲击对城市出口产品种类数量和城市出口目的地数量的负面影响。对于其他各个变量，其对城市出口产品种类数量、城市出口目的地数量的影响，与各自对城市出口贸易额的影响方向基本一致，只是部分变量的显著性和影响作用大小存在差异。

（二）稳健性检验

1. 区分城市规模进行检验

不同规模的城市在面临外部需求冲击时，城市出口贸易可能会呈现出不同的状态。因此，有必要区分城市规模，检验不同规模城市的出口贸易对外部需求冲击的反应程度。采取与前文相同的做法，本章将中国286 个地级及以上城市分为：大城市、中等城市和小城市。外部需求冲击对不同规模城市出口贸易的估计结果，见表 6-3。

表6-3的第（1）列、第（2）列和第（3）列是将城市出口贸易额作为被解释变量时的估计结果。从表6-3的估计结果可知，无论城市规模如何，外部需求冲击虚拟变量ES对城市出口贸易额的影响均在1%的水平上显著为负，即外部需求冲击显著降低了城市出口贸易额。这一结论与前文基准检验结果相符。但是，外部需求冲击对不同规模城市出口贸易额的冲击作用存在差异：外部需求冲击对小城市出口贸易额影响最大，中等城市次之，而对大城市出口贸易额影响最小。我们认为可能的原因在于，三类不同规模城市相比而言，大城市的经济集聚程度最高、城市产业结构更加合理、城市研发投入水平和产品生产技术水平较高，因而城市经济韧性相对越高，较强的城市经济韧性，有效地减少了外部需求冲击对城市出口贸易的影响。相反，小城市无论是城市经济集聚程度、城市产业结构，还是城市经济韧性等，均远低于大城市，因此，外部需求冲击对小城市出口会造成更大影响。进口地消费者当期收入水平（$lnY_{im,t}$）和滞后一期收入水平（$lnY_{im,t-1}$）对大城市出口贸易额、中等城市出口贸易额和小城市出口贸易额的影响均显著为正，尽管影响作用大小和显著性有所差异，但估计结果均表明：进口地消费者收入水平的提高有利于中国城市出口贸易额的提高，而进口地消费者收入水平下降则会导致中国城市出口贸易额下降，这与前文基准估计结果是一致的。当期人民币实际有效汇率指数$lnREER_t$对大城市出口贸易额、中等城市出口贸易额和小城市出口贸易额的影响均在1%的水平上显著为正，而滞后一期$lnREER_{t-1}$对三类城市出口贸易额的影响均为负，但显著性有差异。这表明，人民币升值使大城市出口额、中等城市出口额和小城市出口贸易额先上升、后下降，但上升幅度或下降幅度有差异，其可能的原因如前文所述，此处不再重复。

面对外部冲击时，城市经济韧性（lnRES）对不同规模城市出口贸易的作用也存在差异：大城市的城市经济韧性对抵御外部需求冲击、增加城市出口贸易额的作用最大（系数为0.244），中等城市次之（系数为0.0906），小城市最小（系数为0.0880）。这一结论也说明了为何小城市在遭受外部需求冲击时，城市出口贸易额下降幅度会高于中等城市和大城市。尽管外部需求冲击与城市经济韧性的交互项ESlnRES对不同规模城市的出口额影响均显著为负,即城市经济韧性的提高并没有完全改变外部需求冲击对城市出口贸易额造成的负面影响,但我们发现,与外部需求冲击虚拟变量 ES 的影响结果相比较,良好的城市经济韧性有效地降低了外部需求冲击给城市出口额带来的负面冲击。

此外,尽管作用大小有差异,但城市经济集聚程度(lnAGG)和城市经济发展优惠政策虚拟变量(ETDZ)对大城市、中等城市和小城市抵御外部需求冲击、促进城市出口贸易发展均呈现出正向作用,而城市出口成本(lnDIS)对城市出口贸易额的影响仍然显著为负,这与前文基准检验结果也是相符的,即前文基准检验是稳健的。

表6–3 的第(4)列、第(5)列、第(6)列是外部需求冲击与城市出口产品种类数量的估计结果。从估计结果可知,无论城市规模如何,外部需求冲击对城市出口产品种类数量的影响均显著为负,但外部需求冲击对小城市出口产品种类数量的影响最大,对中等城市的影响次之,而对大城市的影响最小,这一结论与外部需求冲击对不同规模城市出口贸易额的影响作用趋势相同。再来分析外部需求冲击与城市出口目的地数量之间的关系。从表6–3 的第(7)列、第(8)列、第(9)列可知,外部需求冲击导致大城市、中等城市和小城市出口目的地数量均呈现显著减少趋势,但影响作用不同:外部需求冲击对不同规模城市的影响作用由小到大依次为大城市、中等城市和小城市。这表明,外部需求冲击显著降低了各类城市出口目的地数量,影响了城市出口市场多元化战略的实施。交互项 ESlnRES 对不同规模城市出口产品种类数量、城市出口目的地数量的影响也呈显著负相关,但估计结果表明,城市经济韧性的提升可以较好地缓解外部需求冲击给城市出口产品种类数量、城市出口目的地数量带来的负面影响。对于其他变量,如进口地消费者当期收入水平 $lnY_{im,t}$ 和滞后一期收入水平 $lnY_{im,t-1}$、当期人民币实际有效汇率指数 $lnREER_t$ 和滞后一期 $lnREER_{t-1}$、城市经济韧性等,在城市面临外部需求冲击时,其对城市出口产品种类数量和城市出口目的地数量的影响,与对城市出口贸易额的影响趋势基本一致,只是影响作用和显著性有所差异,故不再赘述。

综上所述,无论城市规模如何,外部需求冲击导致了城市出口贸易

表6-3　不同规模城市外部需求冲击与城市出口贸易估计结果

项目	(1)	(2)	(3)	(4)	(5)	(6)	(7)	(8)	(9)
被解释变量	大城市	中等城市	小城市	大城市	中等城市	小城市	大城市	中等城市	小城市
	城市出口贸易额			城市出口产品种类数量			城市出口目的地数量		
lnvalue1	0.127*** (0.0442)	0.940*** (0.0223)	0.0273** (0.0124)						
lnnum1				0.978*** (0.147)	0.755*** (0.251)	0.584** (0.244)			
lnnumcou1							0.0299** (0.0123)	0.0964*** (0.0109)	0.0444*** (0.0130)
ES	-0.116*** (0.0237)	-0.143*** (0.0216)	-0.232*** (0.0394)	-0.282** (0.118)	-0.357*** (0.0873)	-0.466** (0.204)	-0.265** (0.111)	-0.295*** (0.0995)	-0.401** (0.167)
$\ln Y_{im,t}$	0.152*** (0.0458)	0.306*** (0.0470)	0.263*** (0.0600)	0.000555 (0.0434)	0.203*** (0.0536)	0.0757* (0.0460)	0.0408 (0.0295)	0.174*** (0.0485)	0.0383 (0.0495)
$\ln Y_{im,t-1}$	0.121*** (0.0396)	0.154* (0.0865)	0.245*** (0.0463)	0.000414 (0.634)	-3.299*** (0.839)	-0.650 (0.766)	0.233 (0.521)	-2.993*** (0.922)	0.0866 (0.789)
$\ln REER_t$	0.598*** (0.0662)	0.496*** (0.0698)	0.629*** (0.105)	0.156*** (0.0525)	0.154** (0.0682)	0.207** (0.0979)	0.112*** (0.0392)	0.147*** (0.0493)	0.224*** (0.0811)
$\ln REER_{t-1}$	-0.119*** (0.0184)	-0.472 (0.669)	-0.625 (0.754)	-0.158*** (0.0266)	-0.228*** (0.0678)	-0.114*** (0.0110)	-1.534*** (0.483)	-1.979** (0.854)	-0.492 (0.749)

续表

项目	(1) 大城市	(2) 中等城市	(3) 小城市	(4) 大城市	(5) 中等城市	(6) 小城市	(7) 大城市	(8) 中等城市	(9) 小城市
被解释变量	城市出口贸易额			城市出口产品种类数量			城市出口目的地数量		
lnRES	0.244***	0.0906*	0.0880***	0.139**	0.0717**	0.00840	0.133***	0.0832**	0.0593**
	(0.0700)	(0.0477)	(0.0230)	(0.0598)	(0.0323)	(0.0747)	(0.0405)	(0.0371)	(0.0293)
ESlnRES	−0.0903***	−0.112**	−0.110***	−0.184**	−0.0960**	−0.417***	−0.187***	−0.104**	−0.338**
	(0.0228)	(0.0543)	(0.0393)	(0.0802)	(0.0375)	(0.142)	(0.0565)	(0.0419)	(0.151)
lnAGG	0.292***	0.375***	0.247***	0.0764*	0.164**	0.293*	0.0667*	0.232***	0.593***
	(0.0500)	(0.121)	(0.0464)	(0.0415)	(0.0758)	(0.175)	(0.0354)	(0.0844)	(0.222)
lnDIS	−0.0502***	−0.137***	−0.218***	−0.143*	−0.327*	−0.227***	−0.0174**	−0.0773***	−0.227***
	(0.0117)	(0.0208)	(0.0318)	(0.0844)	(0.173)	(0.0358)	(0.00748)	(0.0140)	(0.0413)
ETDZ	0.259*	0.486***	0.187***	0.118***	0.0722*	0.0818	0.0541**	0.544	0.277
	(0.144)	(0.137)	(0.0472)	(0.0345)	(0.0377)	(0.392)	(0.0240)	(0.695)	(0.190)
Constant	0.407***	0.210	0.519**	0.239***	0.173*	0.224	0.163***	0.143*	0.463***
	(0.0738)	(0.155)	(0.214)	(0.0502)	(0.0962)	(0.182)	(0.0508)	(0.0827)	(0.175)
Observations	616	721	993	616	721	993	616	721	993
Number of city	126	152	159	126	152	159	126	152	159
AR（2）—p 值	0.436	0.231	0.146	0.945	0.458	0.378	0.362	0.226	0.327
Hansen test—p 值	0.365	0.592	0.874	0.433	0.612	0.461	0.556	0.241	0.293

资料来源：笔者根据《中国城市统计年鉴》、中国海关数据库、中华人民共和国国家统计局国际统计数据库和国际清算银行数据库的相关数据，运用 Stata 软件计算整理而得。

额、城市出口产品种类数量和城市出口目的地数量下降，但是，影响作用存在差异。此外，良好的城市经济韧性能有效地缓解外部需求冲击给不同规模的城市贸易发展带来的不利影响。

2. 区分城市区位进行检验

为了进一步检验外部需求冲击对城市出口贸易的影响，我们按照城市所处区位，将城市分为三类：东部城市、中部城市和西部城市。不同区位城市外部需求冲击与城市出口估计结果，见表6-4。同样，在估计时我们也对计量方程的合理性和工具变量的有效性进行了检验，检验结果也表明，我们所设计量方程是合理的、所选工具变量是有效的。

首先，分析外部需求冲击对不同区位城市出口贸易额的影响。从表6-4的第（1）列、第（2）列和第（3）列可知，外部需求冲击虚拟变量 ES 对东部城市出口贸易额、中部城市出口贸易额和西部城市出口贸易额的影响均在1%的水平上显著为负，即无论城市区位如何，外部需求冲击导致了城市出口贸易额显著下降，这一结论与前文基准检验结果是一致的，也表明前文基准检验是稳健的。但是，城市区位不同，外部需求冲击对城市出口贸易额的影响作用也不同。具体来说，外部需求冲击对中部城市出口贸易额的冲击作用最大，东部城市次之，西部城市最小。我们认为可能的原因在于，中部城市和东部城市（尤其是东部城市）是中国城市出口贸易企业的主要集聚地，我国实施的中西部地区承接东部地区产业转移政策，加速了中西部城市的产业集聚，促进了中西部城市贸易的进一步发展。然而，与西部城市相比，中部城市利用其优越的区位优势承接了大部分来自东部城市转移的产业，从而促进了中部城市产业结构优化和出口贸易的发展。尽管如此，东部城市仍然是城市出口主力军和出口企业的集聚地。此外，已有研究发现，因为东部城市的经济韧性高于西部城市的经济韧性，所以，面临外部需求冲击时，中部城市出口贸易所遭受的冲击程度也会高于东部城市。对于西部城市而言，其出口贸易额在城市出口贸易总额中的比重相对较小，因此，外部需求冲击对西部城市出口贸易造成的冲击相对也较小。对于其他变量，无论城市区位如何变化，它们对城市出口贸易额的影响与前文基准检验时的影响趋势基本一致，只是显著性和影响系数大小有所差异。

第六章 外部需求冲击对城市出口贸易的影响：机制与经验研究 | 171

表6—4 不同区位城市外部需求冲击与城市出口贸易估计结果

项目	(1)	(2)	(3)	(4)	(5)	(6)	(7)	(8)	(9)
被解释变量	东部城市	中部城市	西部城市	东部城市	中部城市	西部城市	东部城市	中部城市	西部城市
	城市出口贸易额			城市出口产品种类数量			城市出口目的地数量		
lnvalue1	0.350*** (0.0447)	0.135*** (0.0301)	0.0231* (0.0124)						
lnnum1				0.967*** (0.106)	0.713*** (0.194)	0.197 (0.292)			
lnnumcou1							0.804*** (0.236)	0.619** (0.300)	0.187*** (0.0600)
ES	-0.593*** (0.131)	-0.843*** (0.227)	-0.170*** (0.0554)	-0.567*** (0.110)	-0.781*** (0.158)	-0.485 (0.497)	-0.200* (0.112)	-0.284*** (0.106)	-0.265 (0.123)
$\ln Y_{im,t}$	0.259*** (0.0321)	0.209*** (0.0676)	0.118 (0.0765)	0.0556* (0.0324)	0.152** (0.0724)	0.102* (0.0618)	0.0335* (0.0186)	0.124*** (0.0437)	0.0785 (0.108)
$\ln Y_{im,t-1}$	0.652*** (0.0744)	0.663** (0.278)	0.389 (2.614)	0.882* (0.519)	1.337 (0.960)	0.453 (1.138)	0.862** (0.390)	0.560*** (0.153)	0.326 (1.545)
$\ln REER_t$	0.599*** (0.0520)	0.645*** (0.0862)	0.427*** (0.126)	0.212*** (0.0503)	0.270*** (0.0831)	0.0156 (0.110)	0.0804** (0.0379)	0.155** (0.0641)	0.104 (0.138)
$\ln REER_{t-1}$	0.0245 (0.512)	-1.936** (0.909)	0.00749 (1.156)	0.0260 (0.522)	0.512 (1.041)	-0.0580 (1.225)	-0.0257 (0.387)	-0.599 (0.825)	-0.201 (1.507)

续表

项目	(1) 东部城市	(2) 中部城市	(3) 西部城市	(4) 东部城市	(5) 中部城市	(6) 西部城市	(7) 东部城市	(8) 中部城市	(9) 西部城市
被解释变量	城市出口贸易额			城市出口产品种类数量			城市出口目的地数量		
lnRES	0.121**	0.0389**	0.0783*	0.0646***	0.103***	0.0383**	0.121***	0.164*	0.111*
	(0.0519)	(0.0188)	(0.0437)	(0.0130)	(0.0317)	(0.0156)	(0.0350)	(0.0880)	(0.0595)
ESlnRES	-0.0884*	-0.140***	-0.154***	-0.0992***	-0.188***	-0.266	-0.160***	-0.306***	-0.251
	(0.0455)	(0.0157)	(0.0371)	(0.0332)	(0.0670)	(0.470)	(0.0454)	(0.0523)	(0.146)
lnAGG	0.291***	0.506***	0.140***	0.0911*	0.103***	0.0868**	0.0483***	0.278*	0.127***
	(0.0699)	(0.126)	(0.0157)	(0.0493)	(0.0317)	(0.0361)	(0.0101)	(0.146)	(0.0307)
lnDIS	-0.0675***	-0.253**	-0.158***	-0.0281**	-0.195*	-0.176***	-0.0334***	-0.286***	-0.176***
	(0.0171)	(0.109)	(0.0374)	(0.0120)	(0.103)	(0.0344)	(0.0105)	(0.108)	(0.0390)
ETDZ	0.212	0.199**	0.0698	0.0674*	0.316***	0.243***	0.403*	0.195***	0.281
	(0.303)	(0.0843)	(0.699)	(0.0396)	(0.111)	(0.0845)	(0.217)	(0.0697)	(1.467)
Constant	0.499***	1.011***	0.0134	0.357***	0.500**	0.172	0.288***	0.780***	-0.102
	(0.0988)	(0.292)	(0.283)	(0.0572)	(0.226)	(0.431)	(0.0512)	(0.298)	(0.574)
Observations	871	924	535	871	924	535	871	924	535
Number of city	102	109	69	102	109	69	102	109	69
AR (2) 一p 值	0.329	0.154	0.219	0.851	0.535	0.363	0.116	0.330	0.205
Hansen test一p 值	0.504	0.602	0.582	0.237	0.452	0.581	0.323	0.492	0.408

资料来源：笔者根据《中国城市统计年鉴》、中国海关数据库、中华人民共和国国家统计局国际统计数据库和国际清算银行数据库的相关数据，运用 Stata 软件计算整理而得。

其次，分析外部需求冲击对不同区位城市出口产品种类数量的影响。从表6-4的第（4）列、第（5）列和第（6）列估计结果可知，无论城市区位如何，外部需求冲击与城市出口产品种类数量间呈负相关，即外部需求冲击导致城市出口产品种类数量下降，这一结果与前文基准检验结果相符，证明基准检验是稳健的。但因为城市区位不同，所以，外部需求冲击对城市出口产品种类数量的影响作用也不同。从估计结果可以看出，外部需求冲击对东部城市、中部城市出口产品种类数量的影响在1%的水平上显著为负，且对中部城市的影响作用大于对东部城市的影响作用。外部需求冲击对西部城市的影响虽然为负但不显著，即外部需求冲击对西部城市出口产品种类数量冲击的作用有限。主要原因如前文所述，西部城市专业化集聚程度相对较高，且城市专业化集聚对于提高西部城市经济韧性的作用比东部城市和中部城市更大，加之西部城市出口贸易在中国城市总出口贸易中所占份额有限，因此，相对而言遭受冲击的程度就不会太大。

最后，分析外部需求冲击对不同区位城市出口目的地数量的影响。从表6-4的第（7）列、第（8）列和第（9）列估计结果我们发现，外部需求冲击对不同区位城市出口目的地数量和城市出口产品种类数量的影响趋势相一致：外部需求冲击导致了城市出口目的地数量下降，但对东部城市和中部城市作用显著，而对西部城市出口目的地数量下降的作用不显著。另外，尽管交互项ESlnRES对东部城市和中部城市的城市出口目的地数量和城市出口产品种类数量的影响均显著为负，而对西部城市的城市出口目的地数量和城市出口产品种类数量的影响虽然为负但不显著，但比较估计结果可知，无论城市区位如何，城市经济韧性的提升均可以较好地降低外部需求冲击给城市出口产品种类数量和城市出口目的地数量带来的负面影响。对于进口地消费者收入水平、汇率变化、城市经济韧性和城市经济集聚等变量，其作用结果与前文分析外部需求冲击对城市出口贸易额影响时的作用结果也基本相符。

3. 剔除异常值进行检验

估计样本中异常样本的存在，可能造成估计结果的偏误。为了解决这一问题，我们计算了城市出口贸易额的均值以及城市出口贸易额的10

分位数和 90 分位数。①在此基础上，将小于 10 分位数、大于 90 分位数的样本视为异常样本，并从总样本中予以剔除，最终我们得到了 1 871 个观测样本。剔除异常样本后，我们对外部需求冲击与城市出口贸易额、城市出口产品种类数量和城市出口目的地数量的关系进行了估计，估计结果见表 6-5。从估计结果看，外部需求冲击对城市出口贸易额、城市出口产品种类数量和城市出口目的地数量的影响均显著为负，这一结论与前文基准估计结果相一致。交互项 ESlnREs 的估计结果表明，城市经济韧性的强化仍然是缓解外部需求冲击对城市贸易发展负面影响的重要途径。而被解释变量的滞后一期、进口地消费者收入水平的当期和滞后一期、人民币实际有效汇率的当期和滞后一期、城市经济韧性等解释变量，对被解释变量的影响与前文基准估计时的结果基本一致。这表明，前文基准估计结果是稳健的。

表 6-5　　剔除异常值后外部需求冲击与城市出口贸易估计结果

项目	(1)	(2)	(3)
被解释变量	城市出口贸易额	城市出口产品种类数量	城市出口目的地数量
lnvalue1	0.123*** (0.0185)		
lnnum1		0.851*** (0.155)	
lnnumcou1			0.334*** (0.0816)
ES	-0.235** (0.111)	-0.493*** (0.0951)	-0.326*** (0.0967)
$\ln Y_{im,t}$	0.234*** (0.0188)	0.103*** (0.0305)	0.0774** (0.0365)
$\ln Y_{im,t-1}$	0.169*** (0.0566)	1.326*** (0.472)	1.064* (0.555)
$\ln REER_t$	0.389*** (0.0462)	0.101* (0.0590)	0.206*** (0.0455)

---

①　我们也测算了城市出口产品种类数量和城市出口目的地数量的均值，并以此进行异常样本剔除，尽管所得最终观测样本数量有差异，但这并不影响最终估计结果。

续表

项目	(1)	(2)	(3)
被解释变量	城市出口贸易额	城市出口产品种类数量	城市出口目的地数量
$\ln REER_{t-1}$	-0.616***	-0.322***	-0.186***
	(0.0379)	(0.0790)	(0.0462)
lnRES	0.161**	0.264***	0.219***
	(0.0652)	(0.0801)	(0.0813)
ESlnRES	-0.103***	-0.470***	-0.266***
	(0.0158)	(0.120)	(0.0159)
lnAGG	0.320***	0.118***	0.140***
	(0.0777)	(0.0168)	(0.0171)
lnDIS	-0.187***	-0.103***	-0.0899***
	(0.0116)	(0.0123)	(0.0123)
ETDZ	0.306***	0.191***	0.0585**
	(0.0359)	(0.0395)	(0.0281)
Constant	0.151	0.256***	0.262***
	(0.0963)	(0.0532)	(0.0499)
Observations	1 864	1 864	1 864
Number of city	267	267	267
AR (2) —p 值	0.352	0.261	0.241
Hansen test—p 值	0.463	0.401	0.315

资料来源：笔者根据《中国城市统计年鉴》、中国海关数据库、中华人民共和国国家统计局国际统计数据库和国际清算银行数据库的相关数据，运用 Stata 软件计算整理而得。

第四节　本章小结

本章使用 2003~2011 年中国的 286 个地级及以上城市的出口数据，采用系统 GMM 方法，检验了外部需求冲击对中国城市出口贸易（城市出口贸易额、城市出口产品种类数量和城市出口目的地数量）的影响，以及城市经济韧性能否有效地缓解外部需求冲击给城市出口贸易发展带来的冲击和压力。通过研究，本章得到四点主要结论：（1）2008 年金融危机造成的外部需求下降，导致了中国城市出口贸易额、城市出口产品种类数量和城市出口目的地数量的显著下降。（2）从城市规模层面看，城市规模不同，外部需求冲击给城市出口贸易造成的影响不同。具体来说，外部需求冲击对小城市的出口贸易额和城市出口产品种类数量的下降幅度影响最大，中等城市次之，对大城市的影响最小；外部需求冲击使大城市和中等城市的城市出口目的地数量显著下降，对小城市的影响作用不明显，即外部需求冲击显著阻碍了大城市和中等城市的出口市场多元化战略的实施，而对小城市出口市场多元化战略实施的消极影响作用不明显。(3) 从城市区位来看，城市区位不同，外部需求冲击给城市出口贸易造成的影响也不同。具体而言，外部需求冲击显著降低了东部城市出口贸易额、中部城市出口贸易额和西部城市出口贸易额，但是，外部需求冲击对中部城市出口贸易额的影响最大，东部城市次之，西部城市影响最小；外部需求冲击导致东部城市、中部城市的城市出口产品种类数量和城市出口目的地数量显著下降，且对中部城市的影响作用大于对东部城市的影响作用。而外部需求冲击虽然对西部城市的城市出口产品种类数量和城市出口目的地数量的影响为负，但不显著，即影响作用有限。(4) 良好的城市经济韧性，可以有效地缓解外部需求冲击给城市贸易带来的不利影响。

中国主要出口市场消费者需求下降对中国城市出口贸易产生了较大的冲击，这表明了中国城市出口贸易面临外部需求冲击时的脆弱性。其主要原因在于，城市经济韧性不高、城市出口市场过于集中、城市产业结构不合理等。因此，为了积极应对外部需求冲击、推动城市出口贸易平稳健康发展，应积极采取四点措施：一是加快推进城市出口市场多元化战略的实施，积极开拓新市场，降低对欧美日等传统出口市场的过度依赖；二是健全人民币汇率机制，避免因人民币汇率波动而给城市出口贸易带来的不利影响；三是优化城市产业结构和城市经济集聚，推进实施不同的城市化战略，提升城市经济韧性，将城市经济韧性作为城市贸易发展的比较优势，建设更具经济韧性的城市，以提高城市抵御外部需求冲击的能力；四是在积极开拓国外新市场的同时，努力扩大国内的内需市场，既可以有效地减小外部需求冲击给城市出口贸易发展带来的不利影响，也有助于加快城市经济增长方式的转变。

第七章

经济集聚影响城市出口贸易的作用渠道分解

前文研究已经证实了城市经济集聚程度的提高、城市经济韧性的强化，可以有效地促进城市出口贸易的发展，但并没有对城市经济集聚影响城市出口贸易的作用渠道进行分解。因此，本章将先从理论上对城市经济集聚影响城市出口贸易的作用渠道进行分解，然后，进行实证检验。本章研究发现：（1）城市经济集聚、城市经济韧性和城市生产率的提升，均显著促进了城市出口贸易的发展；（2）无论城市规模和城市区位如何，城市出口贸易的发展是城市经济集聚通过促进城市生产率和城市经济韧性提升两个渠道共同作用的结果，但是，城市生产率提升对城市出口贸易的促进作用相对更大；（3）城市规模不同，城市生产率和城市经济韧性对促进城市出口贸易的作用大小存在差异：对大城市的城市出口贸易额和城市出口产品种类数量的作用最大，中等城市次之，小城市最小；对中等城市的城市出口目的地数量的作用最大，大城市次之，小城市最小；（4）城市区位不同，城市生产率和城市经济韧性对促进城市出口贸易的作用大小也存在差异：城市经济集聚程度的提高，使得城市生产率和城市经济韧性提升对中部城市出口贸易的促进作用最大，东部城市次之，西部城市最小。因此，异质性城市在积极推进差异化城市发展战略中，不仅要继续充分利用城市经济集聚对城市生产率发展带来的正外部性，还应该充分发挥城市比较优势、重视城市经济韧性对城市经济贸易发展的重要推动作用。

第一节 问题的提出

城市是中国对外贸易活动的重要参与者，尽管城市贸易额在中国对外贸易总额中的比重近年来有所下降，但是，城市贸易额依然稳固占据中国对外贸易总额的50%以上。① 然而，无论是经验研究还是实际情况均表明：中国城市贸易发展是不平衡的，大城市、东部沿海城市是中国对外贸易的主力军；城市经济集聚与城市经济韧性、城市经济集聚与城市生产率、城市经济集聚与城市贸易，以及城市经济韧性、城市生产率与城市贸易之间均呈显著正相关。大量文献也证实了城市经济集聚与生产率（Marshall，1890；Rosenthal and Strange，2004；梁琦、钱学锋，2007）、城市经济集聚与城市经济韧性（Hill et al.，2012；Dawley，2014；Martin et al.，2016）、城市经济集聚与城市出口（张公嵬，梁琦，2010；王世平，钱学锋，2016）之间的正向关系。

结合已有文献和本书的前文研究，虽然本书已经证实了城市经济集聚可以有效地促进城市出口贸易，城市经济韧性也可以有效地促进城市出口贸易，但是，到目前为止，本书并没有对城市经济集聚影响城市贸易的作用渠道以及每个作用渠道的贡献程度大小进行有效识别。也就是说，城市经济集聚究竟是通过提升城市经济韧性来促进城市贸易发展，还是通过提升城市生产率水平来促进城市贸易，或是城市经济集聚通过提升城市经济韧性、提升城市生产率两个途径共同推进城市贸易发展。目前，这一重要问题并没有得到有效解决，而已有研究中也没有发现直接研究城市经济集聚影响城市贸易作用渠道的文献。因此，为了识别城市经济集聚影响城市贸易的作用渠道，测算影响渠道作用的大小，本章试图通

---

① 笔者根据2000~2011年中国海关数据库、《中国城市统计年鉴》的相关数据整理计算而得。

过构建动态面板模型，引入城市经济集聚与城市经济韧性、城市经济集聚与城市生产率交互项，来检验城市经济集聚影响城市贸易的作用渠道并比较每个渠道的作用贡献大小，从而使异质性城市能够充分发挥各自比较优势，进一步推进中国城市贸易发展。

第二节 城市经济集聚影响城市出口贸易作用渠道的理论分析

已有文献证明城市经济集聚显著促进了城市生产率的提升（Glaeser，2008；陈强远，钱学锋，李敬子，2016），并有效地促进了城市贸易发展（孙楚仁等，2015a；王世平，钱学锋，2016）。同时，前文研究发现，城市经济集聚也显著促进了城市经济韧性的提高，而城市经济韧性与城市出口贸易之间呈显著正相关。也就是说，城市经济集聚既可以通过促进城市生产率提升来推动城市贸易进一步发展，也可以通过强化城市经济韧性实现城市贸易发展。

一、城市生产率

城市经济集聚是推动城市经济增长的重要力量（范剑勇，2006；Glaeser，2008；王良举，陈甬军，2013；梁琦等，2013；韩峰，李玉双，2019）。马歇尔（Marshall，1890）指出，知识溢出、劳动力市场池和投入产出关联，是城市经济集聚促进本地经济增长的源泉。此后，诸多文献通过多种机制对城市经济集聚与生产率之间的关系进行了广泛研究。杜兰顿和普加（Duranton and Puga，2004）将城市经济集聚的微观基础和促进城市生产率提高的机制，归纳为分享、匹配和学习三种理论机制。与此同时，集聚经济效应的实证研究成果颇丰。斯维考斯卡斯（Sveikauskas，1975）认为，城市集聚显著促进了生产率的提高，如果城市规模增加1倍，则企业平均劳动生产率将增加5.98%。西科尼和霍尔（Ciccone and Hall，1996）发现，如果城市就业密度提高1倍，城市生产率则可以提高大约 6%，即城市集聚程度的提高对于城市劳动生产率发展具有显著的促进作用。格莱泽和马雷（Glaeser and Maré，2001）、西科尼（Ciccone，2002）、范剑勇（2006）、张公嵬和梁琦（2010）等的研究，也得到了相同结论。城市经济集聚有效地促进了城市生产率提升，也使得城市对高生产率企业和高技能劳动力的吸引力进一步增强，大量更高生产率企业和更高技能劳动力进入城市，加速了城市人力资本积累和技术进步，强化了产业前向关联效应和后向关联效应，从而有效地促进了国际贸易中城市产业专业化和城市产业多样化的形成。同时，城市集聚产生的排序效应，使更高生产率企业或更低成本企业进入大城市、低生产率企业或高成本企业进入中小城市（Baldwin and Okubo，2006；Ottaviano，2012），这将有助于城市产业结构优化和城市比较优势的形成，进而促进了城市贸易的发展（张公嵬，梁琦，2010；王世平，钱学锋，2016）。同样，城市贸易的进一步发展，反过来，又促进了城市生产率和城市经济集聚程度的提高，形成累积循环因果关系。

二、城市经济韧性

已有文献研究表明，城市经济集聚是提高城市经济韧性的重要途径，主要原因在于，城市经济集聚有效地促进了城市生产率的提高，城市经济集聚程度和城市生产率水平越高，在遭受外部冲击时，城市所体现出的韧性就越强（Martin et al.，2016）。也就是说，提高城市生产率是提高城市经济韧性的重要途径之一。此外，城市人力资本水平、城市研发水平的提高，以及城市产业结构和城市制度结构优化等也是强化城市经济韧性的重要因素（Dawley，2014；孙久文，孙翔宇，2017；Faggian et al.，2018；Rocchetta and Mina，2019），而城市经济集聚程度提高所产生的较强知识溢出效应和劳动力市场池，有效地促进了城市人力资本积累，降低了企业或劳动力的搜索匹配成本以及城市创新成本，促进了城市经济韧性的提高和城市贸易的发展（Hill et al.，2012；Li et al.，2020）。芬格尔顿和帕隆比（Fingleton and Palombi，2013）认为，城市多样化集聚有助于城市经济韧性的提高。尽管城市专业化集聚和城市多样化集聚促进了中国城市经济韧性的提高和城市出口贸易发展,但是相对而言,城市多样化集聚更有助于中国城市生产率的提升(梁琦,2004;梁琦、钱学锋,2007;贺灿飞、陈韬,2019)、城市经济集聚程度提高(李金滟、宋德勇,2008;陈强远等,2016)、经济韧性强化(Dawley,2014;Pierre-Alexandre et al.,2019;徐圆、邓胡艳,2020)和城市出口贸易的发展(王世平、钱学锋,2016;贺灿飞、陈韬,2019)。而城市出口贸易的发展,加速了城市专业化集聚和城市多样化集聚,城市经济集聚产生的规模经济效应和前向关联效应、后向关联效应,降低了贸易成本、加速了城市经济集聚、提高了城市经济韧性,进一步促进了城市贸易发展,使城市经济韧性与城市贸易之间也形成了累积循环效应。

第三节 城市经济集聚影响城市出口贸易作用渠道的经验研究

通过上文理论分析我们发现,城市经济集聚可以通过促进城市生产率和城市经济韧性提升来推进城市贸易的发展,但是,城市经济集聚促进城市贸易发展的两个渠道所起的具体作用有多大,以及哪个渠道的作用相对更大,这些问题并没有从实证上得以验证和解决。因此,本节将通过构建合适的计量模型,选取适当的变量,使用2003~2011年中国城市出口贸易相关数据,采用系统GMM方法,实证检验城市经济集聚影响城市贸易的作用渠道以及每个渠道所起作用的大小。

一、计量模型设定与变量选取

(一)计量模型设定

前文在研究城市经济集聚与城市经济韧性、城市经济韧性与城市出口贸易之间的关系时,都是通过构建动态面板计量模型来实现的,其主要原因在于,集聚与城市经济韧性、城市经济韧性与城市出口贸易之间均可能存在一定内生性。采取与前文研究城市经济韧性对城市出口贸易

影响时相同的思路,本章构建动态面板计量模型如下:①

$$\ln EX_{ct} = \alpha_0 + \alpha_1 \ln EX_{c,t-1} + \alpha_2 \ln nonagr_{ct} + \alpha_3 \ln resiliencs_{ct} \\ + \alpha_4 \ln productivity_{ct} + CV_{ct} + \varepsilon_{ct} \qquad (7-1)$$

与前文含义相同,被解释变量 $\ln EX_{ct}$ 表示城市出口贸易特征变量; $\ln EX_{c,t-1}$ 表示滞后一期的城市出口贸易特征变量; $\ln nonagr_{ct}$ 表示城市经济集聚; $\ln resilience_{ct}$ 表示城市经济韧性; $\ln productivity_{ct}$ 表示城市生产率; CV_{ct} 表示控制变量; ε_{ct} 表示误差项;下标 c 表示城市、下标 t 表示时间。

前文研究发现,城市经济集聚、城市经济韧性和城市生产率三个解释变量都可以影响城市出口贸易的发展,也就是说,理论上,系数 α_2、系数 α_3 和系数 α_4 分别表示解释变量城市经济集聚、城市经济韧性、城市生产率对被解释变量城市出口贸易变量 $\ln EX_{ct}$ 的影响程度,每个解释变量对被解释变量的影响不受其他解释变量取值的影响。这说明,只存在"主效应"(main effect)。然而,实际情况是,通过前文分析可知,每个解释变量对被解释变量的作用均在一定程度上依赖于其他解释变量,即,城市经济集聚、城市经济韧性与城市生产率三者之间存在相互影响关系,城市经济集聚程度的提高,可以促进城市经济韧性、城市生产率提高,而城市生产力发展或城市经济韧性的强化,又有利于促进城市经济集聚的进一步发展。这表明,存在条件效应(conditional effect)。为了解决条件效应问题,需要在估计模型中引入交互项。前文研究表明,城市经济集聚显著促进了城市贸易发展,但是,对于城市经济集聚影响城市贸易的具体途径,并没有进行具体检验。因此,本章通过引入两个交互项:城市经济集聚与城市经济韧性交互项($\ln Agg \times \ln Res$)、城市经济集聚与城市生产率交互项($\ln Agg \times \ln Pro$),试图厘清城市经济集聚影响城市贸易繁荣发展,究竟是通过提高城市经济韧性,还是通过促进城市生产率发展来实现的,两个渠道的影响作用究竟是多大。但是,因为交互项是由模型中已有的两个解释变量相乘而得,所以,交互项就可能和构成它

---

① 前文在估计城市经济韧性与城市出口贸易之间的关系时,仅将城市经济韧性作为核心解释变量,而将城市经济集聚、城市生产率作为控制变量引入计量模型。此处模型只是将城市经济集聚、城市生产率变量从控制变量转变为解释变量,因此,模型的含义与前文计量模型的含义实质上是一致的。

的两个解释变量之间存在较强的相互影响关系，进而导致多重共线性问题出现。在此情况下，因为不能将构成交互项的单独解释变量或者交互项从模型中剔除，所以，本章通过对城市经济集聚、城市经济韧性和城市生产率等相关数据进行了中心化处理，即先分别求出城市经济集聚、城市经济韧性、城市生产率的均值，然后，分别用原值减去求得的相应均值，并使用减去均值的城市经济集聚、城市经济韧性、城市生产率等相关数据，构造交互项，最后，将交互项（lnAgg×lnRes）和 lnAgg×lnPro、减去均值后的城市经济集聚（lnAgg）、城市经济韧性（lnRes）、城市生产率（lnPro）等相关变量代入估计模型。因此，计量方程式（7-1）可改写为：

$$\ln EX_{ct} = \alpha_0 + \alpha_1 \ln EX_{c,t-1} + \alpha_2 \ln Agg_{ct} + \alpha_3 \ln Res_{ct} + \alpha_4 \ln Pro_{ct} \\ + \alpha_5 \ln Agg \times \ln Res_{ct} + \alpha_6 \ln Agg \times \ln Pro_{ct} + CV_{ct} + \varepsilon_{ct} \quad (7-2)$$

另外，为了比较城市经济韧性和城市生产率两个变量通过城市经济集聚影响城市经济贸易的作用大小，在估计之前，本章对所有变量进行了标准化处理，即本章所有估计结果均为标准化估计结果，下文不再另行说明。

（二）数据来源与变量选取

1. **数据来源**

本章研究所涉及的主要数据来源有两个：2003~2011年，中国海关数据库和2004~2012年《中国城市统计年鉴》，涵盖了中国286个地级及以上城市的相关统计指标。采取与本书第四章相同的处理方式，本章对两大数据来源的相关数据进行了筛选和合并处理。数据经过处理后，最终得到中国286个城市2003~2011年的2 337个样本数据。

2. **变量选取与变量说明**

被解释变量为城市出口贸易变量（lnEX）。如前文所述，城市出口贸易变量包括三个分解变量：城市出口贸易额（lnvalue）、城市出口产品种类数量（lnnum）和城市出口产品目的地数量（lnnumcou）。

城市经济集聚变量 lnAgg、城市经济韧性变量 lnRes、城市生产率变量 lnPro、交互项（lnAgg×lnRes）和 lnAgg×lnPro 等解释变量的去中心化处理，如上文所述。这些变量是本章的核心解释变量。

控制变量（CV）。本章的控制变量主要包括：城市人力资本（lnphumc）、城市研发支出水平（lnrd）、城市运输成本（lnseadis）、城市对外开放程度（lnfdi）、城市基础设施建设水平（lnroadper）以及城市经济发展优惠政策虚拟变量（ETDZ）。各个控制变量的含义和数据处理以及预期符号与前文相同。

二、计量结果分析

（一）基准估计

因为城市经济集聚、城市经济韧性、城市生产率与城市贸易之间可能存在较强的内生性，所以，本章选择使用系统 GMM 方法进行经验研究。采用与前文相似的做法，本章借鉴钱学锋等（2013）的做法，使用核心解释变量滞后一期作为内生解释变量自身的工具变量；借鉴西科尼（Ciccone，2002）的做法，使用城市市辖区的土地面积作为普通外生变量的工具变量。当然，通过使用 AR（2）检验和 Hansen 过度识别检验，我们也对工具变量的有效性进行了检验，具体检验结果在本章每个估计结果列表中均有列出。检验结果表明了本章计量模型设定的合理性、工具变量选用的有效性。

表 7-1 的第（1）列是以城市出口贸易额为被解释变量时的估计结果。先来分析被解释变量的滞后一期（lnvalue1）与被解释变量（lnvalue）之间的关系。从估计结果可知，城市出口贸易额滞后一期对城市出口贸易额的影响在 1% 的水平上显著为正，这表明，上期的城市出口贸易额增长对本期存在显著的促进作用，也就是说，城市出口贸易额增长存在循环累积自我强化作用机制。城市经济集聚（lnAgg）与城市出口贸易额之间的关系在 1% 的水平上显著为正，城市经济集聚程度每提高 1%，将会使得城市出口贸易额提高 20.0%，城市经济集聚显著促进了城市出口贸易发展，这一结论也与前文的研究结论一致。而城市经济韧性和城市生产率的提升，同样对城市出口贸易的影响显著为正，但是，影响作用大小有差异，城市生产率增长对城市出口贸易的影响（系数为 0.0395）低于城市经济韧性的影响作用（系数为 0.0895）。

表7-1 城市经济集聚影响城市贸易的渠道分解基准估计结果

项目	(1)	(2)	(3)
被解释变量	城市出口贸易额	城市出口产品种类数量	城市出口目的地数量
lnvalue1	0.0598 *** (0.0173)		
lnnum1		0.108 ** (0.0518)	
lnnumcou1			0.106 *** (0.0398)
lnAgg	0.200 *** (0.0264)	0.462 ** (0.186)	0.241 * (0.130)
lnRes	0.0395 *** (0.0152)	0.192 * (0.105)	0.242 ** (0.0940)
lnPro	0.0895 *** (0.0258)	0.364 ** (0.164)	0.0401 ** (0.0200)
lnAgg × lnRes	0.150 ** (0.0697)	0.290 ** (0.118)	0.232 ** (0.0938)
lnAgg × lnPro	0.212 *** (0.0289)	0.385 ** (0.173)	0.315 * (0.184)
lnphumc	0.0476 ** (0.0209)	0.0567 *** (0.0142)	0.103 *** (0.0186)
lnrd	0.400 *** (0.0559)	0.161 *** (0.0456)	0.0792 * (0.0417)
lnseadis	-0.181 *** (0.0121)	-0.110 *** (0.0106)	-0.104 *** (0.0116)
lnfdi	0.0878 *** (0.0203)	0.0378 ** (0.0187)	0.203 *** (0.0218)
lnroadper	0.117 *** (0.0159)	0.0843 *** (0.0134)	0.104 *** (0.0153)
ETDZ	0.0489 ** (0.0201)	0.137 *** (0.0354)	0.0362 * (0.0208)
Constant	0.116 (0.224)	0.0216 (0.156)	0.0213 (0.137)
Observations	2 337	2 337	2 337
Number of city	280	280	280

续表

项目	（1）	（2）	（3）
被解释变量	城市出口贸易额	城市出口产品种类数量	城市出口目的地数量
AR（2）—p 值	0.510	0.447	0.241
Hansen test—p 值	0.306	0.421	0.656

资料来源：笔者根据《中国城市统计年鉴》、中国海关数据库、中华人民共和国国家统计局国际统计数据库和国际清算银行数据库的相关数据，运用 Stata 软件计算整理而得。

接着，分析交互项的作用。lnAgg×lnRes 对城市出口贸易额的影响在 5% 的水平上显著为正，表明随着城市经济集聚程度的提升，城市经济韧性显著地促进了城市出口贸易额的增加。而 lnAgg×lnPro 对城市出口贸易额的影响在 1% 的水平上显著为正。这也表明，随着城市经济集聚的强化，城市生产率的提升显著促进了城市贸易发展。这说明，城市经济集聚的提升，既可以通过提高城市经济韧性来促进城市贸易发展，也可以通过提升城市生产率来推进城市贸易发展。换而言之，提高城市经济韧性和城市生产率均是城市经济集聚促进城市出口贸易增加的重要渠道，但是，每个渠道的作用大小存在一定差异。从估计结果来看，城市经济集聚通过提升城市生产率来促进城市出口贸易增加的作用（影响系数为 0.212）大于通过提升城市经济韧性促进城市出口贸易的作用（影响系数为 0.150）。当然，交互项（lnAgg×lnRes）和 lnAgg×lnPro 的系数为正，也说明城市经济集聚和城市经济韧性、城市经济集聚和城市生产率这两组解释变量中的每个变量和被解释变量城市出口贸易额之间存在相互促进的（compounding）作用。

在控制变量中，城市人力资本（lnphumc）、城市研发支出水平（lnrd）、城市对外开放程度（lnfdi）、城市基础设施建设水平（lnroadper）以及城市经济发展优惠政策虚拟变量（ETDZ）均对城市出口贸易额的影响显著为正，而城市运输成本（lnseadis）的影响显著为负，这与我们的预期是一致的。

表 7-1 的第（2）列和第（3）列是分别以城市出口产品种类数量和城市出口目的地数量为被解释变量时的估计结果。从估计结果可以看出，被解释变量城市出口产品种类数量的滞后一期（lnnum1）、城市出口目的地数量滞后一期（lnnumcou1），分别对城市出口产品种类数量和城市出

口目的地数量的影响显著为正，即城市出口产品种类数量和城市出口目的地数量存在自我强化效应；对于城市经济集聚变量、城市经济韧性变量和城市生产率变量，这些变量与城市出口产品种类数量和城市出口目的地数量之间也呈显著正相关关系。这一结论与本书前几章的研究结论是相符的。而交互项（lnAgg×lnPro）对被解释变量城市出口产品种类数量、城市出口目的地数量的影响作用，与交互项（lnAgg×lnRes）对被解释变量城市出口产品种类数量、城市出口目的地数量的影响作用都呈显著正相关，尽管显著性有所差异，但交互项（lnAgg×lnPro）的影响作用大于交互项（lnAgg×lnRes）的影响作用。这表明，城市出口产品种类数量和城市出口目的地数量的增加，是城市经济集聚通过提升城市生产率和城市经济韧性两个途径共同实现的，但是，城市生产率的作用相对更大。其他控制变量对城市出口产品种类数量和城市出口目的地数量的影响，与对城市出口贸易额的影响作用基本一致。

综上所述，城市出口贸易的发展，是城市经济集聚通过促进城市生产率和城市经济韧性提高这两个渠道共同作用的结果，但是，相对而言，城市生产率的作用更大。

(二) 稳健性检验

1. 改变城市经济韧性测算方法检验

（1）使用城市失业率测算城市经济韧性后进行检验。

理论上，城市经济集聚程度越高，城市失业率越低、城市经济韧性越高。本书前面章节的实证研究结果，也支持了这一结论。因此，本章采用与本书之前章节相同的做法，通过城市失业率测算城市经济韧性，并对数据进行中心化处理、标准化处理后，得到以城市失业率作为刻画城市经济韧性的指标（lnRunepd），进而构建新的城市经济集聚与城市经济韧性交互项（lnAgg×lnRunepd）。其他各个变量包括交互项（lnAgg×lnPro）等，与本章基准估计时的含义和表示形式相同。测算城市经济韧性之后，采用系统 GMM 方法对计量方程式（7-2）进行了估计，估计结果见表 7-2。

表 7-2 的第（1）列是以城市出口贸易额为被解释变量的估计结果。

从估计结果来看，被解释变量滞后一期（lnvalued1）对被解释变量的影响仍然显著为正，表明被解释变量的累积循环自我强化机制仍然存在；城市经济集聚（lnAgg）和城市生产率（lnPro）与城市出口贸易额之间仍然呈显著正相关，即城市经济集聚和城市生产率的强化对于促进城市出口贸易额作用显著。这些结论与本章基准估计结果是一致的。再来分析城市经济韧性（lnRunepd）。估计结果显示，城市经济韧性（lnRunepd）对城市出口贸易额的影响在5%的水平上显著为负，城市失业率每下降1%（即城市经济韧性每提高1%），城市出口贸易额将增加8.29%，即城市失业率的下降，有效地促进了城市出口贸易额的增加，城市经济韧性的提高，显著地促进了城市贸易发展。城市经济集聚与城市经济韧性的交互项（lnAgg×lnRunepd）与城市出口贸易额之间的关系显著为负，表明随着城市经济集聚程度的提高和城市失业率下降，城市经济集聚通过降低城市失业率（即提高城市经济韧性）使得城市出口贸易额显著增加。但是，城市经济集聚与城市经济韧性的交互项（lnAgg×lnRunepd）对城市出口贸易额的影响作用（影响系数为0.140）低于城市经济集聚与城市生产率的交互项（lnAgg×lnPro）对城市出口贸易额的影响作用（影响系数为0.325）。这表明，改变城市经济韧性的测算方法后，城市经济集聚仍然是通过提升城市生产率和城市经济韧性两个渠道共同推进城市出口贸易额的进一步增加，当然，提升城市生产率仍是城市经济集聚促进城市出口贸易额增加的主要渠道。这一结论与本章的基准估计结果一致，也说明前文基准估计结果是稳健的。对于所有控制变量，其与城市出口贸易额之间的关系，与前文基准估计时是一致的，只是作用系数和显著性稍有差异，但并不改变总体趋势和结论。

表7-2　用城市失业率测算城市经济韧性后城市经济集聚影响城市出口贸易的渠道分解估计结果

项目	(1)	(2)	(3)
被解释变量	城市出口贸易额	城市出口产品种类数量	城市出口目的地数量
lnvalue1	0.0608 *** (0.0187)		
lnnum1		0.0983 * (0.0562)	

续表

项目	(1)	(2)	(3)
被解释变量	城市出口贸易额	城市出口产品种类数量	城市出口目的地数量
lnnumcou1			0.0803 ***
			(0.0199)
lnAgg	0.207 ***	0.429 **	0.102 ***
	(0.0249)	(0.213)	(0.0244)
lnRunepd	-0.0829 **	-0.0757 *	-0.143 ***
	(0.0349)	(0.0419)	(0.0346)
lnPro	0.0893 ***	0.584 **	0.397 *
	(0.0263)	(0.265)	(0.240)
lnAgg × lnRunepd	-0.140 ***	-0.0185 **	-0.0611 *
	(0.0369)	(0.00798)	(0.0355)
lnAgg × lnPro	0.325 ***	0.108 ***	0.268 *
	(0.0390)	(0.0165)	(0.156)
lnphumc	0.0483 **	0.0566 ***	0.103 ***
	(0.0209)	(0.0142)	(0.0186)
lnrd	0.209 ***	0.209 ***	0.118 *
	(0.0289)	(0.0634)	(0.0618)
lnseadis	-0.179 ***	-0.111 ***	-0.104 ***
	(0.0121)	(0.0107)	(0.0117)
lnfdi	0.0894 ***	0.150 ***	0.203 ***
	(0.0204)	(0.0176)	(0.0218)
lnroadper	0.116 ***	0.0844 ***	0.104 ***
	(0.0160)	(0.0135)	(0.0154)
ETDZ	0.0217 **	0.139 ***	0.0990 ***
	(0.00890)	(0.0355)	(0.0237)
Constant	0.333 ***	0.451 ***	0.239 ***
	(0.114)	(0.0808)	(0.0755)
Observations	2 337	2 337	2 337
Number of city	280	280	280
AR（2）—p 值	0.414	0.225	0.327
Hansen test—p 值	0.554	0.725	0.632

资料来源：笔者根据《中国城市统计年鉴》、中国海关数据库、中华人民共和国国家统计局国际统计数据库和国际清算银行数据库的相关数据，运用 Stata 软件计算整理而得。

表7-2 的第（2）列和第（3）列，分别是以城市出口产品种类数量和城市出口目的地数量为被解释变量时的估计结果。从估计结果看，无论是解释变量还是控制变量，每个变量对被解释变量的影响，与本章基准检验时该变量对城市出口产品种类数量和城市出口目的地数量的影响作用基本一致，说明基准检验是稳健的。

因此，使用城市失业率来改变城市经济韧性的测算方法后的检验结果表明，城市经济集聚通过提高城市生产率、强化城市经济韧性，共同促进了城市出口贸易额、城市出口产品种类数量和城市出口目的地数量的增加，但是，城市生产率提升对城市贸易发展的促进作用，高于城市经济韧性的作用。

（2）使用三年滑动平均法测算城市经济韧性后进行检验。

除了使用城市失业率来刻画城市经济韧性外，还可以采用三年滑动平均方法来改变城市经济韧性的测算，并对基准检验进行稳健性检验。采用与本书前面所阐述的步骤和方法，通过三年滑动平均方法，初步测算出城市经济韧性，之后，对城市经济韧性数据进行中心化处理和标准化处理，得到使用三年滑动平均方法测算的城市经济韧性指标（lnResc）、城市经济集聚与城市经济韧性交互项指标（lnAgg×lnResc），其他各个变量的取值和表示形式，与本章基准检验时相同。数据处理后，对模型进行了系统 GMM 估计，估计结果见表7-3。

表7-3　用三年滑动平均测算城市经济韧性后城市经济集聚影响城市贸易的渠道分解估计结果

项目	（1）	（2）	（3）
被解释变量	城市出口贸易额	城市出口产品种类数量	城市出口目的地数量
lnvalue1	0.0623 *** (0.0187)		
lnnum1		0.0473 ** (0.0227)	
lnnumcou1			0.0284 *** (0.0101)

续表

项目	(1)	(2)	(3)
被解释变量	城市出口贸易额	城市出口产品种类数量	城市出口目的地数量
lnAgg	0.204***	0.468*	0.146***
	(0.0249)	(0.259)	(0.0379)
lnResc	0.0825**	0.0406*	0.0939***
	(0.0349)	(0.0210)	(0.0217)
lnPro	0.0899***	0.329*	0.290**
	(0.0259)	(0.195)	(0.141)
lnAgg × lnResc	0.175**	0.0312***	0.0383***
	(0.0853)	(0.0111)	(0.0113)
lnAgg × lnPro	0.327***	0.108***	0.495*
	(0.0389)	(0.0165)	(0.260)
lnphumc	0.0477**	0.0567***	0.103***
	(0.0208)	(0.0142)	(0.0186)
lnrd	0.345***	0.116***	0.0984***
	(0.0443)	(0.0371)	(0.0237)
lnseadis	-0.182***	-0.171**	-0.103***
	(0.0121)	(0.0833)	(0.0116)
lnfdi	0.0882***	0.150***	0.203***
	(0.0204)	(0.0177)	(0.0218)
lnroadper	0.117***	0.0843***	0.104***
	(0.0158)	(0.0134)	(0.0153)
ETDZ	0.0548	0.0362**	0.0795***
	(0.0379)	(0.0143)	(0.0173)
Constant	0.254***	0.225***	0.291***
	(0.0902)	(0.0503)	(0.0785)
Observations	2 337	2 337	2 337
Number of city	280	280	280
AR (2) —p 值	0.845	0.408	0.257
Hansen test—p 值	0.670	0.391	0.438

资料来源：笔者根据《中国城市统计年鉴》、中国海关数据库、中华人民共和国国家统计局国际统计数据库和国际清算银行数据库的相关数据，运用 Stata 软件计算整理而得。

从表7-3的估计结果可知，无论是将城市出口贸易额作为被解释变量，还是将城市出口产品种类数量或者城市出口目的地数量作为被解释变量，各个解释变量对被解释变量的影响与其在基准估计时的估计结果是相符的。对于城市经济集聚与城市生产率的交互项（lnAgg×lnPro）、城市经济集聚与城市经济韧性的交互项（lnAgg×lnResc），两者对城市出口贸易额、城市出口产品种类数量和城市出口目的地数量的影响，也与本章前文基准估计结果相一致。即采用三年滑动平均方法测算城市经济韧性后，估计结果表明，城市经济集聚仍然通过提高城市生产率和城市经济韧性两个途径，共同推进城市贸易的进一步发展，但城市生产率提高对促进城市贸易的作用仍然大于城市经济韧性提高对促进城市贸易的作用。这也表明，本章前文基准估计结果是稳健的。

2. 区分城市规模进行检验

城市规模不同，城市经济集聚影响城市贸易的作用渠道，可能存在一定差异。因此，有必要对城市规模进行划分后，检验城市经济集聚对不同规模城市的城市贸易影响途径。采用前文相同的方法，本章将城市规模划分为三类：大城市（包括特大城市）、中等城市和小城市。区分城市规模后，本书采用系统GMM方法对城市经济集聚影响城市贸易的作用渠道进行了估计，估计结果见表7-4。

表7-4是不同规模城市下，城市经济集聚影响城市出口贸易额的作用渠道分解估计结果。无论是大城市、中等城市，还是小城市，城市经济集聚、城市经济韧性、城市生产率均显著促进了城市出口贸易额的提高，尽管对于不同规模城市的影响程度存在一定差异，但影响趋势相同。我们重点分析两个交互项对不同规模城市出口贸易额的影响。城市经济集聚与城市经济韧性交互项（lnAgg×lnRes）对不同规模城市的出口额影响均显著为正，但显著性和影响作用大小存在差异。具体而言，交互项（lnAgg×lnRes）对大城市出口贸易额的促进作用最大，中等城市次之，小城市最小；城市经济集聚与城市生产率交互项（lnAgg×lnPro）对不同规模城市出口贸易额的影响也呈显著正相关，且对大城市出口贸易额的影响最大、中等城市次之、小城市最小，这与交互项（lnAgg×lnRes）对不同规模城市出口贸易额的影响作用趋势相同。这说明，无论是交互项

（lnAgg×lnPro），还是交互项（lnAgg×lnRes），对大城市出口贸易额增加的促进作用最大，中等城市次之，小城市最小。

但是，在相同规模城市下，交互项（lnAgg×lnPro）和交互项（lnAgg×lnRes）对城市出口贸易额的作用大小，也存在一定差异。表7-4的第（1）列是对大城市的城市出口贸易额的估计结果。估计结果表明，尽管交互项（lnAgg×lnPro）和交互项（lnAgg×lnRes）对大城市出口贸易额的影响显著为正，即城市经济集聚可以通过提高城市生产率和城市经济韧性两个途径，共同促进大城市出口贸易额的增加，但是，通过提升城市生产率对城市出口贸易额的促进作用（影响系数为0.338）高于提升城市经济韧性对城市出口贸易额的促进作用（影响系数为0.237）。表7-4的第（2）列和第（3）列分别是对中等城市的城市出口额和小城市的出口贸易额的估计结果。从估计结果可知，交互项（lnAgg×lnPro）和交互项（lnAgg×lnRes）对中等城市的城市出口贸易额、小城市的城市出口贸易额的影响趋势，与对大城市的城市出口贸易额的影响趋势相同。

表7-4　城市经济集聚影响不同规模城市出口贸易额的渠道分解估计结果

项目	（1）大城市	（2）中等城市	（3）小城市
被解释变量	城市出口贸易额		
lnvalue1	0.166***	0.145**	0.0672**
	(0.0572)	(0.0642)	(0.0295)
lnAgg	0.219***	0.214**	0.0356**
	(0.0591)	(0.105)	(0.0171)
lnRes	0.300***	0.143***	0.0228
	(0.0431)	(0.0340)	(0.0216)
lnPro	0.0790*	0.0627*	0.0549**
	(0.0468)	(0.0332)	(0.0224)
lnAgg×lnRes	0.237*	0.0737**	0.0287*
	(0.124)	(0.0292)	(0.0172)
lnAgg×lnPro	0.338***	0.124***	0.0944***
	(0.0832)	(0.0456)	(0.0336)

续表

项目	(1) 大城市	(2) 中等城市	(3) 小城市
被解释变量		城市出口贸易额	
lnphumc	0.170 ***	0.0683 *	0.400 *
	(0.0466)	(0.0389)	(0.227)
lnrd	0.214 **	0.172 ***	0.247 ***
	(0.0841)	(0.0436)	(0.0708)
lnseadis	-0.122 **	-0.219 ***	-0.203 *
	(0.0608)	(0.0239)	(0.110)
lnfdi	0.491 **	0.156 ***	0.0327
	(0.202)	(0.0468)	(0.0257)
lnroadper	0.263 *	0.0954 ***	0.100 ***
	(0.156)	(0.0281)	(0.0225)
ETDZ	0.0533 **	0.169 *	0.103
	(0.0261)	(0.0970)	(0.120)
Constant	0.141 ***	0.321 ***	0.434 **
	(0.0443)	(0.118)	(0.219)
Observations	619	723	995
Number of city	126	152	159
AR (2) -p 值	0.538	0.377	0.405
Hansen test-p 值	0.329	0.402	0.585

资料来源：笔者根据《中国城市统计年鉴》、中国海关数据库、中华人民共和国国家统计局国际统计数据库和国际清算银行数据库的相关数据，运用 Stata 软件计算整理而得。

表7-5是在不同规模城市下，城市经济集聚影响城市出口产品种类数量和城市出口目的地数量的作用渠道分解估计结果。从估计结果可知，无论是对于城市出口产品种类数量，还是城市出口目的地数量，各个解释变量（包括交互项（lnAgg×lnPro）和交互项（lnAgg×lnRes））对被解释变量的影响趋势，与表7-4中将城市出口贸易额

作为被解释变量时的估计结果相一致。

综上所述,城市经济集聚通过提高城市生产率和城市经济韧性,可以有效地促进城市出口贸易额、城市出口产品种类数量和城市出口目的地数量的增加,且提高城市生产率对促进城市出口贸易额、城市出口产品种类数量和城市出口目的地数量增加的作用,大于城市经济韧性的作用。这一结论与前文基准估计结果相一致,说明基准估计是稳健的。此外,城市经济集聚通过城市生产率和城市经济韧性提高而对城市出口贸易额、城市出口产品种类数量和城市出口目的地数量产生的促进作用因城市规模不同而存在差异:对促进大城市的城市出口贸易额和城市出口目的地数量增加的作用最大,中等城市次之,而小城市最小;对中等城市的城市出口产品种类数量增加的促进作用最大,大城市次之,小城市最小。

表7-5 城市经济集聚影响不同规模城市的城市出口产品种类数量和城市出口目的地数量的渠道分解估计结果

项目	(1) 大城市	(2) 中等城市	(3) 小城市	(4) 大城市	(5) 中等城市	(6) 小城市
被解释变量	城市出口产品种类数量			城市出口目的地数量		
lnnum1	0.103** (0.0483)	0.0698** (0.0287)	0.133* (0.0785)			
lnnumcou1				0.120*** (0.0364)	0.0617 (0.0773)	0.274*** (0.0766)
lnAgg	0.134*** (0.0478)	0.256** (0.107)	0.136*** (0.0375)	0.111* (0.0600)	0.399** (0.184)	0.133*** (0.0337)
lnRes	0.460*** (0.0613)	0.232* (0.133)	0.0216 (0.0163)	0.481*** (0.0808)	0.194* (0.106)	0.0337* (0.0201)
lnPro	0.183*** (0.0365)	0.294* (0.161)	0.0841*** (0.0243)	0.455*** (0.106)	0.266*** (0.0949)	0.196*** (0.0670)
lnAgg × lnRes	0.176* (0.100)	0.261** (0.117)	0.0510* (0.0291)	0.230* (0.129)	0.129*** (0.0317)	0.0595*** (0.0200)
lnAgg × lnPro	0.212*** (0.0361)	0.339** (0.164)	0.178* (0.0965)	0.241** (0.117)	0.156*** (0.0452)	0.0994*** (0.0371)

续表

项目	(1) 大城市	(2) 中等城市	(3) 小城市	(4) 大城市	(5) 中等城市	(6) 小城市
被解释变量	城市出口产品种类数量			城市出口目的地数量		
lnphumc	0.150***	0.486**	0.0406**	0.149***	0.106***	0.0819***
	(0.0332)	(0.239)	(0.0166)	(0.0516)	(0.0400)	(0.0233)
lnrd	0.139***	0.0850**	0.144**	0.113**	0.114**	0.148**
	(0.0497)	(0.0406)	(0.0726)	(0.0465)	(0.0452)	(0.0731)
lnseadis	-0.0657***	-0.179*	-0.261**	-0.0516***	-0.0942***	-0.251***
	(0.0126)	(0.107)	(0.122)	(0.0130)	(0.0189)	(0.0454)
lnfdi	0.153***	0.135***	0.120***	0.329*	0.179***	0.158***
	(0.0561)	(0.0339)	(0.0224)	(0.177)	(0.0417)	(0.0275)
lnroadper	0.127***	0.107***	0.0551***	0.308**	0.127***	0.0651***
	(0.0237)	(0.0284)	(0.0188)	(0.130)	(0.0279)	(0.0236)
ETDZ	0.130	0.0647*	0.0811	0.116***	0.0305	0.0189
	(0.104)	(0.0353)	(0.108)	(0.0248)	(0.0682)	(0.195)
Constant	0.102	0.241**	0.372***	0.169*	0.332*	0.303
	(0.209)	(0.0970)	(0.130)	(0.0958)	(0.196)	(0.248)
Observations	619	723	995	619	723	995
Number of city	126	152	159	126	152	159
AR(2)-p值	0.251	0.760	0.753	0.241	0.440	0.341
Hansen test-p值	0.330	0.359	0.434	0.561	0.382	0.288

资料来源：笔者根据《中国城市统计年鉴》、中国海关数据库、中华人民共和国国家统计局国际统计数据库和国际清算银行数据库的相关数据，运用 Stata 软件计算整理而得。

3. 区分城市区位进行检验

不同区位城市，城市经济集聚影响城市贸易的作用渠道，可能会存在差异。因此，根据城市所处区位，本章将城市分为三类：东部城市、中部城市和西部城市。[①] 区分城市区位后，对城市经济集聚影响城市贸易的作用渠道采用系统 GMM 方法进行了估计，具体估计结果见表 7-6。

---

① 东部城市、中部城市和西部城市的划分依据和具体类别，见本书第三章相关注释。

表7-6 城市经济集聚影响不同区位城市出口贸易额的渠道分解估计结果

项目	(1) 东部城市	(2) 中部城市	(3) 西部城市
被解释变量	城市出口贸易额		
lnvalue1	0.0947***	0.157**	0.146*
	(0.0344)	(0.0759)	(0.0867)
lnAgg	0.217***	0.249***	0.130***
	(0.0463)	(0.0612)	(0.0451)
lnRes	0.179***	0.356***	0.0612
	(0.0605)	(0.0423)	(0.291)
lnPro	0.240**	0.274***	0.126***
	(0.101)	(0.0703)	(0.0283)
lnAgg × lnRes	0.100**	0.192***	0.0714***
	(0.0405)	(0.0342)	(0.0270)
lnAgg × lnPro	0.124***	0.222*	0.0849***
	(0.0405)	(0.126)	(0.0134)
lnphumc	0.0299*	0.101***	0.0111
	(0.0175)	(0.0335)	(0.290)
lnrd	0.270***	0.300***	0.248***
	(0.0454)	(0.0587)	(0.0661)
lnseadis	-0.176***	-0.114***	-0.356**
	(0.0590)	(0.0439)	(0.176)
lnfdi	0.447***	0.260***	0.0658**
	(0.0951)	(0.0713)	(0.0283)
lnroadper	0.0507**	0.121***	0.143***
	(0.0200)	(0.0265)	(0.0340)
ETDZ	0.123**	0.325*	0.100
	(0.0611)	(0.175)	(0.165)
Constant	0.139*	0.402***	0.277
	(0.0794)	(0.124)	(0.477)
Observations	875	926	536
Number of city	102	109	69
AR (2) -p 值	0.558	0.426	0.432
Hansen test -p 值	0.152	0.774	0.219

资料来源：笔者根据《中国城市统计年鉴》、中国海关数据库、中华人民共和国国家统计局国际统计数据库和国际清算银行数据库的相关数据，运用Stata软件计算整理而得。

表7-6是在不同区位下，城市经济集聚影响城市出口贸易额的作用渠道估计结果。从估计结果可知，无论城市区位如何，被解释变量滞后一期（lnvalued1）的自我强化效应仍然显著存在；城市经济集聚、城市经济韧性、城市生产率与城市出口额之间仍然呈显著正相关（但城市经济韧性对西部城市的城市出口贸易额影响为正但不显著），即城市经济集聚、城市经济韧性和城市生产率的提高，显著地促进了城市出口贸易额的增加；所有控制变量对不同区位城市出口贸易额的影响，与前文没有区分城市区位时基准检验的结果是相符的，此处不再重复分析。

我们重点分析交互项（lnAgg×lnPro）和交互项（lnAgg×lnRes）。无论城市区位如何，交互项（lnAgg×lnRes）对城市出口贸易额的影响均显著为正，说明城市经济集聚使得城市经济韧性提高，进而有效地促进了城市出口贸易额的增加。但是，城市经济韧性提高对城市出口贸易额的促进作用大小却因城市区位差异而存在一定差异，具体来说，交互项（lnAgg×lnRes）对中部城市出口贸易额的促进作用最大，东部城市次之，西部城市最小。而交互项（lnAgg×lnPro）同样也与不同区位城市的出口额之间呈显著正相关，且对中部城市的作用最大，东部城市作用次之，西部城市作用最小，这与交互项（lnAgg×lnRes）对不同区位城市的作用大小方向是相一致的。

表7-6的第（1）列是对东部城市出口贸易额的估计结果。从估计结果可知，尽管交互项（lnAgg×lnPro）和交互项（lnAgg×lnRes）均对东部城市出口贸易额的影响显著为正，但是，交互项（lnAgg×lnPro）的影响作用高于交互项（lnAgg×lnRes）的作用。这说明，随着城市经济集聚程度的提高，城市生产率提高对促进城市出口贸易额增加的作用，高于城市经济集聚程度提高时城市经济韧性提高对促进对城市出口贸易额增加的作用。也就是说，东部城市出口贸易额的增加，是城市经济集聚推动城市生产率、城市经济韧性提高两者共同作用的结果，但是，城市生产率提高是城市经济集聚促进东部城市出口贸易额增加的主要原因。此外，交互项（lnAgg×lnPro）和交互项（lnAgg×lnRes）对于中部城市和西部城市的影响作用，与对东部城市的影响作用趋势相同。

表7-7是城市经济集聚对不同区位城市的城市出口产品种类数量和

城市出口目的地数量的估计结果。从估计结果可以看出，无论是以城市出口产品种类数量作为被解释变量，还是以城市出口目的地数量作为被解释变量，城市经济集聚、城市经济韧性、城市生产率等各个解释变量以及控制变量对不同区位城市被解释变量的影响作用，与以城市出口贸易额为被解释变量时的影响作用趋势相一致。对于同一区位城市而言，交互项（lnAgg×lnPro）的作用仍然大于交互项（lnAgg×lnRes）的作用。这说明，通过提高城市生产率来促进城市出口产品种类数量和城市出口目的地数量增加，仍然是城市经济集聚促进城市贸易发展的主要渠道。

表7-7 城市经济集聚影响不同区位城市的城市出口产品种类数量和城市出口目的地数量的渠道分解估计结果

项目	(1) 东部城市	(2) 中部城市	(3) 西部城市	(1) 东部城市	(2) 中部城市	(3) 西部城市
被解释变量	城市出口产品种类数量			城市出口目的地数量		
lnnum1	0.0881*** (0.0293)	0.140* (0.0773)	0.0977* (0.0529)			
lnnumcou1				0.0643*** (0.0203)	0.152** (0.0659)	0.274** (0.132)
lnAgg	0.234*** (0.0525)	0.209*** (0.0331)	0.0793*** (0.0190)	0.293*** (0.0661)	0.135*** (0.0443)	0.0776*** (0.0271)
lnRes	0.259** (0.106)	0.158*** (0.0513)	0.0629 (0.0384)	0.231** (0.102)	0.295* (0.176)	0.0602 (0.0404)
lnPro	0.258*** (0.0836)	0.124** (0.0483)	0.0507** (0.0220)	0.119** (0.0471)	0.122*** (0.0318)	0.0698*** (0.0172)
lnAgg×lnRes	0.159*** (0.0569)	0.0984** (0.0449)	0.0371** (0.0156)	0.0994* (0.0577)	0.182** (0.0896)	0.0609** (0.0298)
lnAgg×lnPro	0.261** (0.114)	0.270** (0.119)	0.102*** (0.0386)	0.119*** (0.0298)	0.362** (0.167)	0.111* (0.0664)
lnphumc	0.0702*** (0.0190)	0.0768** (0.0301)	0.0529* (0.0278)	0.0931*** (0.0226)	0.128*** (0.0334)	0.0993 (0.274)
lnrd	0.102** (0.0407)	0.0626* (0.0329)	0.0371** (0.0156)	0.0820** (0.0399)	0.0490* (0.0279)	0.0178 (0.0559)

续表

项目	(1) 东部城市	(2) 中部城市	(3) 西部城市	(1) 东部城市	(2) 中部城市	(3) 西部城市
被解释变量	城市出口产品种类数量			城市出口目的地数量		
lnseadis	-0.0259*	-0.236**	-0.182***	-0.0995**	-0.143***	-0.217***
	(0.0135)	(0.103)	(0.0583)	(0.0477)	(0.0486)	(0.0379)
lnfdi	0.419***	0.112***	0.0661***	0.296***	0.0944***	0.121***
	(0.0995)	(0.0328)	(0.0233)	(0.0660)	(0.0322)	(0.0314)
lnroadper	0.0390**	0.0687***	0.0654***	0.0606***	0.116***	0.0724**
	(0.0166)	(0.0262)	(0.0250)	(0.0161)	(0.0280)	(0.0335)
ETDZ	0.0755**	0.413***	0.0941*	0.121**	0.296***	0.106
	(0.0375)	(0.111)	(0.0519)	(0.0477)	(0.0761)	(0.105)
Constant	0.673***	0.584***	0.176	0.227*	0.839***	0.177
	(0.125)	(0.191)	(0.512)	(0.124)	(0.293)	(0.557)
Observations	875	926	536	875	926	536
Number of city	102	109	69	102	109	69
AR(2)-p值	0.151	0.406	0.558	0.405	0.141	0.419
Hansen test-p值	0.292	0.589	0.368	0.371	0.464	0.559

资料来源：笔者根据《中国城市统计年鉴》、中国海关数据库、中华人民共和国国家统计局国际统计数据库和国际清算银行数据库的相关数据，运用 Stata 软件计算整理而得。

综上所述，无论城市区位如何，城市出口贸易额、城市出口产品种类数量和城市出口目的地数量的增加，是城市经济集聚推动城市生产率和城市经济韧性提高两者共同作用的结果，但是，城市生产率提升对城市出口贸易发展所起作用相对更大。

4. 剔除异常值检验

样本中异常值的存在，可能会造成估计结果的偏误。为解决这一问题，我们先求出城市出口贸易额的均值、城市出口贸易额的10分位数和90分位数，之后，将小于城市出口贸易额10分位数、大于城市出口贸额 90 分位数的样本视为异常样本，并从总体样本中剔除。① 数据经过处理后，最终得到了 1 871 个样本数据。采用系统 GMM 方法，以城市出口贸易额、城市出口产品种类数量和城市出口目的地数量作为被解释变量，对剔除异常值后的样本进行了估计，估计结果见表 7-8。估计结果显示，各解释变量和控制变量对城市出口贸易额、城市出口产品种类数量和城市出口目的地数量的影响作用，与本章前文基准估计时的结论是一致的，这也表明前文基准估计是稳健的。

表 7-8　剔除异常值后城市经济集聚影响城市贸易的渠道分解估计结果

项目	(1)	(2)	(3)
被解释变量	城市出口贸易额	城市出口产品种类数量	城市出口目的地数量
lnvalue1	0.0859 *** (0.0257)		
lnnum1		0.135 *** (0.0264)	
lnnumcou1			0.0899 *** (0.0275)
lnAgg	0.295 ** (0.148)	0.261 ** (0.117)	0.257 * (0.140)
lnRes	0.384 *** (0.0444)	0.143 *** (0.0388)	0.192 *** (0.0245)
lnPro	0.136 *** (0.0431)	0.127 *** (0.0217)	0.118 *** (0.0307)
lnAgg × lnRes	0.120 ** (0.0604)	0.102 *** (0.0241)	0.0587 *** (0.0225)
lnAgg × lnPro	0.322 *** (0.107)	0.161 *** (0.0367)	0.149 *** (0.0297)
lnphumc	0.0481 * (0.0279)	0.0645 * (0.0341)	0.104 *** (0.0217)

---

① 若求出城市出口产品种类数量、城市出口目的地数量等变量的均值以及相应的 10 分位数、90 分位数，并以此剔除异常值后，所得估计结果与以城市出口贸易额对数据处理后的估计结果相一致。

续表

项目	(1)	(2)	(3)
被解释变量	城市出口贸易额	城市出口产品种类数量	城市出口目的地数量
lnrd	0.432***	0.100***	0.102***
	(0.116)	(0.0273)	(0.0312)
lnseadis	-0.247***	-0.195***	-0.0846***
	(0.0296)	(0.0722)	(0.0121)
lnfdi	0.0919***	0.128***	0.0494***
	(0.0227)	(0.0198)	(0.0181)
lnroadper	0.0902***	0.0489***	0.0761***
	(0.0177)	(0.0148)	(0.0174)
ETDZ	0.0742**	0.221**	0.157*
	(0.0356)	(0.0861)	(0.0849)
Constant	0.332***	0.350***	0.260***
	(0.116)	(0.0619)	(0.0939)
Observations	1 871	1 871	1 871
Number of city	274	274	274
AR(2)-p 值	0.470	0.381	0.975
Hansen test-p 值	0.183	0.150	0.190

资料来源：笔者根据《中国城市统计年鉴》、中国海关数据库、中华人民共和国国家统计局国际统计数据库和国际清算银行数据库的相关数据，运用 Stata 软件计算整理而得。

第四节 本章小结

本章通过构建动态面板模型，采用系统 GMM 方法对城市经济集聚影响城市贸易的作用渠道进行了分解并予以检验。研究发现：（1）城市经济集聚、城市经济韧性和城市生产率，均显著促进了城市贸易（城市出口贸易额、城市出口产品种类数量和城市出口目的地数量）的发展。（2）城市生产率的提升、经济韧性的强化是城市经济集聚促进城市贸易发展的两个重要渠道，但是相对而言，城市生产率的提升对城市出口贸易发展的促进作用更大。（3）无论城市规模如何，城市经济集聚通过城市生产率和城市经济韧性两个渠道有效地推进了城市贸易发展，且城市生产率所起的作用相对更大。但是，城市规模不同，城市经济集聚通过城市生产率和城市经济韧性两个渠道对城市出口贸易的促进作用，也存在一定差异。具体而言，城市生产率和城市经济韧性的提高，对大城市的城市出口贸易额、城市出口产品种类数量的促进作用最大，对中等城市的促进作用次之，而对小城市的促进作用最小；对中等城市的城市出口目的地数量促进作用最大，对大城市的促进作用次之，而对小城市的促进作用最小。(4) 无论城市区位如何，城市出口贸易发展，是城市经济集聚促进城市生产率提高和城市经济韧性强化两者共同作用的结果，但提高城市生产率对促进出口贸易发展的作用相对更大。此外，城市区位不同，城市经济集聚通过城市生产率和城市经济韧性对城市出口贸易的影响作用大小也不同。随着城市经济集聚程度的提高，城市生产率和城市经济韧性对中部城市出口贸易发展的促进作用最大，对东部城市的促进作用次之，而对西部城市的促进作用最小。

因此，本章的政策含义在于，在推进差异化城市发展战略的进程中，既要充分利用提高城市生产率对城市经济集聚和城市贸易发展带来的正外部性，也要重视城市经济韧性强化对促进城市经济集聚和城市贸易的重要意义。此外，异质性城市应该根据城市规模和城市区位的特点，充分发掘城市比较优势，制定适合城市经济集聚和城市贸易发展的差异化城市发展战略，从而加快城市贸易结构优化升级，促进中国新型城市化发展战略的实施。

第八章
结论和政策含义

第一节 主要结论

本书在已有研究成果的基础上,将国际贸易学和空间经济学的研究框架相结合,通过理论分析和实证研究,深入分析了城市经济集聚、城市经济韧性与城市出口比较优势间的关系。一是本书从城市经济集聚形成的逻辑结构、城市经济集聚与城市经济增长、城市经济韧性与城市经济增长,以及城市经济集聚、经济韧性与城市出口贸易三个方面,分析了城市经济集聚、城市经济韧性与城市贸易发展之间的理论影响机制。二是本书探讨了城市经济集聚与城市经济韧性之间的关系,并将城市经济集聚分解为城市产业多样化集聚和城市产业专业化集聚,进而从理论与实证两方面分析了城市产业多样化集聚、城市产业专业化集聚与城市经济韧性之间的关系。三是本书分析了集聚效应和排序效应对中国城市贸易发展的影响,探讨了影响中国城市出口贸易发展的核心因素究竟是源于集聚效应还是排序效应。四是本书对城市经济韧性与城市出口贸易之间的关系进行了实证研究。在此基础上,本书分析了外部需求冲击对中国城市出口贸易的影响机制,并对外部需求冲击与中国城市出口贸易的关系、城市经济韧性是否有效地缓解了外部需求冲击给城市出口贸易发展带来的冲击和破坏力展开了细致的经验研究。五是本书对城市经济集聚影响城市出口贸易的作用渠道进行了分解,并对城市经济集聚影响城市出口贸易的渠道,每个渠道的作用大小进行了实证检验。通过上述分析,本书得到以下五点主要结论。

一、城市经济集聚对城市经济韧性的影响

本书在分析城市经济集聚对城市经济韧性的影响时,先分析了城市经济集聚与城市经济韧性之间的关系,之后,将城市经济集聚的来源分解为城市产业多样化集聚和城市产业专业化集聚,并检验了城市产业多样化集聚、城市产业专业化集聚对城市经济韧性的影响。研究发现,城市经济集聚显著促进了城市经济韧性的提高;城市产业多样化集聚显著提高了城市经济韧性,而城市产业专业化集聚对城市经济韧性的作用不明显。城市产业多样化集聚对增强大城市、中等城市的城市经济韧性作用显著,城市产业专业化集聚对小城市的城市经济韧性作用显著;无论区位如何,城市产业多样化集聚是增强城市经济韧性的核心因素,但城市产业多样化集聚对东部城市经济韧性影响作用最大、对中部城市影响最小,城市产业专业化集聚对东部城市经济韧性的影响最大,对西部城市影响最小。

二、城市经济集聚对城市出口贸易的影响

在分析城市经济集聚对城市出口贸易的影响时,本书基于空间经济学理论框架,考察了集聚效应、排序效应与城市出口贸易之间的关系。研究发现,中国城市生产率提升、城市出口贸易发展是集聚效应和排序效应两者共同作用的结果,但集聚效应是城市生产率提升、城市出口贸易发展的核心源泉;集聚效应、排序效应对中等城市生产率、城市出口贸易的促进作用最大,对大城市的促进作用最小;集聚效应和排序效应对中部城市生产率的提升作用最大,对西部城市的提升作用最小;集聚效应和排序效应对中部城市出口贸易的促进作用最大,而对东部城市的促进作用最小。

三、城市经济韧性对城市出口贸易的影响

通过对城市经济韧性与城市出口贸易发展之间的关系研究，本书发现：城市经济韧性与城市出口贸易发展（城市出口贸易额、城市出口产品种类数量和城市出口目的地数量的增加）之间呈正向关系。即城市经济韧性的提高显著促进了城市出口贸易的发展；城市经济韧性对异质性城市的影响也有差异，具体而言，城市经济韧性对大城市、中等城市出口贸易发展的影响显著为正，且对大城市的影响程度大于中等城市，城市经济韧性对小城市出口贸易发展的影响作用不显著；城市经济韧性对东部城市、中部城市出口贸易的影响显著为正，且对东部城市的影响程度高于中部城市，城市经济韧性对西部城市出口贸易发展的作用不明显。

四、外部需求冲击对城市出口贸易的影响

本书以2008年金融危机作为外部需求冲击，通过使用2003~2011年中国城市出口数据，以及欧元区28国、美国、日本、俄罗斯、印度、巴西、墨西哥、澳大利亚和韩国等国家的相关数据指标，探讨了外部需求冲击对中国城市出口贸易的影响。研究发现，外部需求下降，致使中国城市出口贸易显著下降；外部需求冲击使中国小城市的城市出口贸易额和城市出口产品种类数量下降幅度最大，中等城市次之，大城市最小；而外部需求冲击使中国大城市、中等城市的城市出口目的地数量显著下降，对小城市的影响不显著；无论城市区位如何，外部需求冲击对城市出口贸易额影响均显著为负，但对中部城市的影响最大，东部城市次之，西部城市最小；外部需求冲击致使东部城市、中部城市的城市出口产品种类数量，城市出口目的地数量显著减少，而对西部城市的影响作用不显著。同时，本书研究发现，城市经济韧性的提升，有效地缓解了外部冲击给城市出口贸易发展造成的不利影响。

五、城市经济集聚对城市出口贸易的影响渠道

结合现有文献和本书相关研究结论，本书将城市经济集聚促进城市出口贸易的作用渠道归因于城市生产率和城市经济韧性的提升。通过实证检验，本书发现，城市经济集聚和城市经济韧性均显著推进了城市贸易的进一步发展，也就是说，城市生产率提升、城市经济韧性强化，是城市经济集聚促进城市出口贸易发展的两个重要渠道。但是，相比而言，城市生产率提升对城市出口贸易发展的促进作用更强。此外，城市规模不同、城市区位不同，城市生产率和城市经济韧性对城市出口贸易的影响作用大小存在差异。从城市规模来看，就城市出口贸易额和城市出口产品种类数量而言，城市生产率和城市经济韧性的提高，对大城市的影响最大，中等城市次之，小城市最小；就城市出口目的地而言，城市生产率和城市经济韧性的提高，对中等城市影响最大，大城市次之，而小城市最小。从城市区位来看，城市生产率和城市经济韧性的提高，对中部城市出口贸易发展的促进作用最大，对东部城市的促进作用次之，对西部城市的促进作用最小。

第二节 政策建议

根据上述主要研究结论，结合当前中国城市化进程中城市经济集聚、城市经济韧性与城市出口贸易所体现出的特征，本书主要有以下五点政策建议。

一、积极采取差异化城市产业集聚政策

本书研究发现，城市经济集聚显著促进了城市经济韧性提高和城市出口贸易发展，但是，对于不同规模、不同区位的城市而言，城市经济集聚对城市经济韧性和城市出口贸易发展的影响作用有着明显差异。从

城市经济韧性的角度来说，大城市和中等城市在城市化战略推进过程中，应该注重多种产业在城市的协同发展，通过鼓励、协调和强化城市产业多样化集聚，进一步提高城市经济集聚程度，进而提升城市经济韧性；而小城市则应该根据城市禀赋，通过调整城市产业结构，加快实施城市产业专业化集聚发展；对于东部城市和中部城市，特别是东部城市，在继续强化和完善城市产业多样化集聚与城市产业专业化集聚协调、共同发展的同时，要格外注重城市产业多样化集聚的发展。这样，结合城市经济集聚程度或城市规模以及城市区位，充分发挥城市比较优势，通过科学、合理地实施差异化城市发展战略，最终促进城市经济集聚程度和城市经济韧性的持续提高，推动城市出口贸易的健康发展。

二、促进城市生产率和城市经济韧性协调发展

城市生产率的提升，既有利于城市经济集聚水平的提高，也有利于城市经济韧性的强化和城市出口贸易的进一步发展。同样，城市经济韧性的提高，也显著促进了城市经济集聚程度的提高和城市出口贸易的发展。而且，本书通过对城市经济集聚影响城市出口贸易的作用渠道分解后发现，城市出口贸易的发展，是城市经济集聚通过城市生产率和城市经济韧性提升共同作用于城市出口贸易的结果。也就是说，城市经济集聚程度的提高，使得城市生产率和城市经济韧性水平进一步提高，从而加速了城市贸易的发展。但是相比而言，城市生产率提升对城市出口贸易的促进作用更大些。当然，不同规模、不同区位的城市，城市生产率和城市经济韧性的城市出口贸易额、城市出口产品种类数量和城市出口目的地数量的影响作用大小是有差异的。因此，异质性城市应该结合城市自身特点，在充分发挥城市生产率比较优势的同时，还应该利用好自身具有的经济韧性优势，并将生产率优势和经济韧性优势密切结合，从而加速差异化城市经济贸易发展战略的实施。

三、优化城市产业结构和产业布局

城市产业布局的调整和产业结构的升级，应遵循城市经济发展和城

市经济集聚的规律，政府部门在制定城市经济发展和城市经济集聚政策时，要对本城市各个行业的发展情况深入调研，根据城市禀赋和比较优势，合理规划、调整城市产业布局，促进城市产业结构优化升级，对于提高城市的规模效应、集聚效应和城市经济韧性作用显著的产业，应积极予以合理引导，以进一步提高城市经济集聚带来的正外部性和城市经济韧性，从而促使城市贸易结构优化及城市出口贸易的发展。而对于促进城市经济集聚和城市经济韧性作用不显著的行业，则应该引导这些行业分散发展，或者引导其向适合的城市发展。例如，本书研究发现，大城市或者东部城市，是中国制造业、出口贸易的主要集聚地，因此，政府部门应该将城市经济集聚正外部性更强、城市经济集聚效率更高的行业引入大城市或东部城市，而将城市经济集聚外部性弱、城市经济集聚效率相对更低的行业转移至小城市或中西部城市，小城市或中西部城市也可以结合自身比较优势，充分发挥从东部城市或大城市转移来的行业的相对优势，形成小城市或西部城市的特色产业，并做大做强这些产业，从而推动其自身经济的快速发展。

四、加强城市研发投入和人力资本投入

随着城市化推进，大量企业和劳动力在城市集聚，一方面，使得城市规模迅速扩张、城市经济集聚水平提高，促使城市、企业全要素生产率快速提高、生产成本下降；另一方面，学习效应和知识溢出效应也使得劳动力技能水平得以进一步提高，从城市经济集聚中获得的收益更大。高生产率和高工资使城市对高生产率企业和高技能劳动力的吸引力更强，从而更多高生产率企业和高技能劳动力进入城市。高技能劳动力更愿意在大城市工作和生活，主要原因是在大城市或高技能劳动力集聚地区，学习效应更强、人力资本积累速度更快、劳动力匹配效率较高，使得劳动力在城市获得工作或变动工作的机会更多、收入增长也更快。因此，城市生产率和人力资本是影响城市经济集聚的关键因素之一。城市经济集聚程度较弱的城市，要想尽快形成比较理想的集聚状态，就必须增加对企业的研发投入和人力资本教育培训投入，以此来促进企业生产率、

城市生产率提升以及城市人力资本水平提升，为强化城市经济集聚和提高城市经济韧性奠定了良好的基础。当然，城市经济集聚程度高的城市，也应进一步加强城市研发投入和人力资本投入，推动城市经济集聚、城市经济韧性和城市出口贸易的协调发展。

五、强化城市基础设施建设和政策环境建设

良好的城市基础设施建设，可以显著促进城市生产率和城市经济集聚效率的提高，从而更进一步促进城市经济增长、加速城市经济集聚和城市经济韧性的有效提升。增加城市交通基础设施建设的投入，对于推动城市经济增长有着非常重要的意义。在提高城市基础设施建设等硬件建设的同时，还需要进一步优化城市经济发展的外部环境，即软件建设，如，根据城市特征和禀赋，出台合理的促进城市经济集聚和城市经济增长的配套政策措施，为城市经济发展提供公平、健康、宽松的融资环境、税收环境和法律环境，构建有利于城市经济集聚良性发展的融资咨询、法律咨询、信息咨询和技术人才培训等各类专业服务体系，从而为城市经济集聚、城市经济韧性和城市出口贸易的健康发展创造更适宜的外部环境。

第三节 未来研究方向

本书通过理论与实证相结合，比较深入地研究了城市经济集聚、城市经济韧性与城市出口比较优势之间的关系，得出了一些具有一定参考价值的结论，但是，仍然有许多本书没有涉及而又具有一定研究价值的相关问题，这些问题需要在今后的研究中持续、深入地关注和探讨。

第一，城市经济集聚与城市经济增长问题一直是学术界重点关注的问题之一，研究城市经济集聚、城市经济韧性和城市出口比较优势之间的关系，就需要将国际贸易学、空间经济学乃至劳动经济学等多种学科相互有机结合，但是，从现有文献来看，无论是理论研究还是实证研究，

将城市经济集聚、城市经济韧性和城市贸易纳入一个框架体系，尤其是鲜有对于城市经济韧性的相关研究，研究具有一定滞后性。而在复杂的世界经济发展环境之下，城市经济韧性对于城市经济集聚和城市出口贸易健康发展的作用不容小觑。因此，如何构建具有良好经济韧性的城市，是将来需要深入研究的一个重要课题。

第二，目前，学术界对于城市经济韧性的含义尚没有统一的概念和标准，城市经济韧性的测算也因各自研究目的不同而产生不同的测算标准和测算方法。加之数据可得性的限制，因此，目前没有学术界普遍接受的城市经济韧性测算方法。没有统一的城市经济韧性测算方法并不是说城市经济韧性的研究不重要，而是城市经济韧性的相关研究刚刚起步。在未来的研究中，如何定义城市经济韧性、怎样更合理地测算城市经济韧性以及检验城市经济韧性对于城市经济集聚和城市出口贸易增长的作用，值得我们进一步深入探讨。

第三，在城市经济集聚和城市经济韧性研究中，人力资本积累也是一个重要的议题。但因为数据可得性的限制，所以，本书在研究城市经济韧性时不能使用城市投入产出数据并采用投入—产出法来测算城市经济韧性，这就在一定程度上影响了本书研究结果的精确性。在未来，如果数据可得性问题得以解决，可以更加深入、更精确地研究中国城市经济韧性以及相关问题。

参考文献

［1］安虎森．新经济地理学原理（第二版）［M］．北京：经济科学出版社，2009．

［2］蔡昉，王德文．比较优势差异、变化及其对地区差距的影响［J］．中国社会科学，2002（5）：41-54．

［3］陈波，荆然．金融危机、融资成本与我国出口贸易变动［J］．经济研究，2013（2）：30-41，160．

［4］陈得文，苗建军．空间集聚与区域经济增长内生性研究——基于1995-2008年中国省域面板数据分析［J］．数量经济技术经济研究，2010（9）：82-93．

［5］陈建军，胡晨光．产业集聚的集聚效应——以长江三角洲次区域为例的理论和实证分析［J］．管理世界，2008（6）：68-83．

［6］陈良文，杨开忠，沈体雁，王伟．经济集聚密度与劳动生产率差异——基于北京市微观数据的实证研究［J］．经济学（季刊），2008（1）：99-114．

［7］陈强远，江飞涛，李晓萍．服务业空间集聚的生产率溢价：机制与分解［J］．经济学（季刊），2021，21（1）：23-50．

［8］陈强远，梁琦．技术比较优势、劳动力知识溢出与转型经济体城镇化［J］．管理世界，2014（11）：47-59．

［9］陈强远，钱学锋，李敬子．中国大城市的企业生产率溢价之谜［J］．经济研究，2016（3）：110-122．

［10］范剑勇．产业集聚与地区间劳动生产率差异［J］．经济研究，

2006（11）：72-81.

［11］傅十和，洪俊杰. 企业规模，城市规模与集聚经济［J］. 经济研究，2008（11）：112-125.

［12］韩峰，柯善咨. 空间外部性、比较优势与制造业集聚——基于中国地级市面板数据的实证分析［J］. 数量经济技术经济研究，2013（1）：22-38.

［13］韩峰，李玉双. 产业集聚、公共服务供给与城市规模扩张［J］. 经济研究，2019，54（11）：149-164.

［14］韩峰，阳立高. 生产性服务业集聚如何影响制造业结构升级？——一个集聚经济与熊彼特内生增长理论的综合框架［J］. 管理世界，2020，36（2）：72-94，219.

［15］贺灿飞，陈韬. 外部需求冲击、相关多样化与出口韧性［J］. 中国工业经济，2019（7）：61-80.

［16］洪银兴. 从比较优势到竞争优势：兼论国际贸易的比较利益理论的缺陷［J］. 经济研究，1997（6）：20-26.

［17］黄玖立，徐旻鸿. 境内运输成本与中国的地区出口模式［J］. 世界经济，2012（1）：58-77.

［18］黄先海，蔡婉婷，宋华盛. 金融危机与出口质量变动：口红效应还是倒逼提升［J］. 国际贸易问题，2015（10）：98-110.

［19］简新华，黄锟. 中国城镇化水平和速度的实证分析与前景预测［J］. 经济研究，2010（3）：28-39.

［20］柯善咨，姚德龙. 工业集聚与城市劳动生产率的因果关系和决定因素——中国城市的空间计量经济联立方程分析［J］. 数量经济技术经济研究，2008（12）：3-14.

［21］柯善咨，赵曜. 产业结构、城市规模与中国城市生产率［J］. 经济研究，2014（4）：76-88.

［22］李金滟，宋德勇. 专业化、多样化与城市集聚经济［J］. 管理世界，2008（2）：25-34.

［23］李连刚，张平宇，谭俊涛，关皓明. 韧性概念演变与区域经济韧性研究进展［J］. 人文地理，2019，34（2）：1-7，151.

［24］李强，陈宇琳，刘精明. 中国城镇化"推进模式"研究［J］. 中国社会科学，2012（7）：82-100.

［25］李晓萍，李平，吕大国，江飞涛. 经济集聚、选择效应与企业生产率［J］. 管理世界，2015（4）：25-37，51.

［26］梁琦. 产业集聚论［M］. 北京：商务印书馆，2004.

［27］梁琦. 空间经济：集聚、贸易与产业地理［M］. 北京：科学出版社，2014.

［28］梁琦. 空间经济学：过去、现在与未来［J］. 经济学（季刊），2005，4（4）：1067-1086.

［29］梁琦，陈强远，王如玉. 户籍改革、劳动力流动与城市层级体系优化［J］. 中国社会科学，2013（12）：36-59.

［30］梁琦，钱学锋. 外部性与集聚：一个文献综述［J］. 世界经济，2007（2）：84-96.

［31］梁琦，张二震. 比较利益理论再探讨：与杨小凯、张永生先生商榷［J］. 经济学（季刊），2002，2（1）：239-250.

［32］林毅夫，李永军. 比较优势、竞争优势与发展中国家的经济发展［J］. 管理世界，2003（7）：21-28，66.

［33］刘海洋，刘玉海，袁鹏. 集聚地区生产率优势的来源识别：集聚效应抑或选择效应？［J］. 经济学（季刊），2015，4（3）：1073-1092.

［34］刘修岩. 集聚经济与劳动生产率：基于中国城市面板数据的实证研究［J］. 数量经济技术经济研究，2009（7）：109-119.

［35］刘修岩，邵军，薛玉立. 集聚与地区经济增长：基于中国地级城市数据的再检验［J］. 南开经济研究，2012（3）：52-64.

［36］陆铭，高虹，佐藤宏. 城市规模与包容性就业［J］. 中国社会科学，2012（10）：47-66.

［37］倪鹏飞，颜银根，张安全. 城市化滞后之谜：基于国际贸易的解释［J］. 中国社会科学，2014（7）：107-124.

［38］钱学锋，陈勇兵. 国际分散化生产导致了集聚吗：基于中国省级动态面板数据GMM方法［J］. 世界经济，2009（12）：27-39.

[39] 钱学锋,黄玖立,黄云湖. 地方政府对集聚租征税了吗?——基于中国地级市企业微观数据经验研究[J]. 管理世界, 2012 (2): 19-29.

[40] 钱学锋,李赛赛. 进口的工资溢出:边际分解与作用渠道[J]. 中南财经政法大学学报, 2013 (3): 42-50.

[41] 钱学锋,王菊蓉,黄云湖,王胜. 出口与中国工业企业的生产率——自我选择效应还是出口学习效应?[J]. 数量经济技术经济研究, 2011 (2): 37-51.

[42] 钱学锋,王胜,黄云湖,王菊蓉. 进口种类与中国制造业全要素生产率[J]. 世界经济, 2011 (5): 3-25.

[43] 沈鸿,向训勇. 专业化、相关多样化与企业成本加成——检验产业集聚外部性的一个新视角[J]. 经济学动态, 2017 (10): 81-98.

[44] 苏红键,魏后凯,邓明. 城市集聚经济的多维性及其实证检验[J]. 财贸经济, 2014 (5): 115-126.

[45] 孙楚仁,陈思思,张楠. 集聚经济与城市出口增长的二元边际[J]. 国际贸易问题, 2015 (10): 59-72.

[46] 孙楚仁,郁志豪,章韬. 城市间企业出口模式差异:集聚外部性的视角[DB/OL]. 中国经济学学术资源网(CESG), 2015.

[47] 孙久文,孙翔宇. 区域经济韧性研究进展和在中国应用的探索[J]. 经济地理, 2017 (10): 1-9.

[48] 谭洪波. 生产者服务业与制造业的空间集聚:基于贸易成本的研究[J]. 世界经济, 2015 (3): 171-192.

[49] 谭俊涛,赵宏波,刘文新,张平宇,仇方道. 中国区域经济韧性特征与影响因素分析[J]. 地理科学, 2020, 40 (2): 173-181.

[50] 唐宜红,林发勤. 外部需求冲击与中国的出口波动——基于随机动态局部均衡模型的分析[J]. 世界经济研究, 2012 (1): 39-43.

[51] 佟家栋,李胜旗. 基于海运视角下的国际贸易与城市化发展[J]. 世界经济与政治论坛, 2014 (7): 103-117.

[52] 佟家栋,余子良. 系统性企业外部融资冲击与美国出口波动[J]. 世界经济, 2013 (8): 84-99.

[53] 王良举, 陈甬军. 集聚的生产率效应——来自中国制造业企业的经验证据 [J]. 财经研究, 2013, 39 (1): 49-60.

[54] 王小鲁. 中国城市化路径与城市规模的经济学分析 [J]. 经济研究, 2010 (10): 20-32.

[55] 王世平, 毛海涛, 钱学锋. 城市规模、流动成本与异质性就业 [J]. 中南财经政法大学学报, 2015 (4): 46-57.

[56] 王世平, 钱学锋. 中国城市出口: 集聚效应还是排序效应 [J]. 国际贸易问题, 2016 (8): 16-27.

[57] 王世平, 赵春燕. 城市经济韧性与城市出口——基于中国地级市面板数据的实证分析 [J]. 山西财经大学学报, 2016 (6): 1-14.

[58] 王永贵, 高佳. 新冠疫情冲击、经济韧性与中国高质量发展 [J]. 经济管理, 2020, 42 (5): 7-19.

[59] 王永进, 李坤望, 盛丹. 地理集聚影响了地区出口比较优势吗?——基于不完全契约的视角 [J]. 世界经济文汇, 2009 (5): 61-75.

[60] 魏浩, 毛日昇, 张二震. 中国制成品出口比较优势及贸易结构分析 [J]. 世界经济, 2005 (2): 21-33.

[61] 吴延兵. R&D 与生产率——基于中国制造业的实证研究 [J]. 经济研究, 2006 (11): 60-71.

[62] 冼国明, 文东伟. FDI、地区专业化与产业集聚 [J]. 管理世界, 2006 (12): 18-31.

[63] 谢燮, 杨开忠. 中国城市的多样化与专业化特征 [J]. 软科学, 2003, 17 (1): 10-13, 33.

[64] 徐圆, 邓胡艳. 多样化、创新能力与城市经济韧性 [J]. 经济学动态, 2020 (8): 88-104.

[65] 徐圆, 张林玲. 中国城市的经济韧性及由来: 产业结构多样化视角 [J]. 财贸经济, 2019 (7): 110-126.

[66] 杨小凯, 张永生. 新贸易理论、比较利益理论及其经验研究的新成果: 文献综述 [J]. 经济学 (季刊), 2001 (1): 19-44.

[67] 杨扬, 余壮雄, 舒元. 经济集聚与城市经济增长——来自中国

城市的经验证据 [J]. 当代经济科学, 2010 (5): 113 – 118.

[68] 余壮雄, 杨扬. 大城市的生产率优势: 集聚与选择 [J]. 世界经济, 2014 (10): 31 – 51.

[69] [德] 约翰·冯·杜能. 孤立国同农业和国民经济的关系 [M]. 吴衡康译. 北京: 商务印书馆, 2000.

[70] 张公嵬, 梁琦. 出口、集聚与全要素生产率增长——基于制造业行业面板数据的实证研究 [J]. 国际贸易问题, 2010 (12): 12 – 19.

[71] 张国锋, 李强, 王永进. 大城市生产率优势: 集聚、选择还是群分效应 [J]. 世界经济, 2017 (8): 169 – 194.

[72] 张杰, 李勇, 刘志彪. 出口与中国本土企业生产率——基于江苏制造业企业的实证分析 [J]. 管理世界, 2008 (11): 50 – 64.

[73] 张可云, 何大梽. 空间类分与空间选择: 集聚理论的新前沿 [J]. 经济学家, 2020 (4): 34 – 47.

[74] 章韬, 王桂新. 集聚密度与城市全要素生产率差异——来自中国地级城市面板数据的证据 [J]. 国际商务研究, 2012 (6): 45 – 54.

[75] 章元, 刘修岩. 集聚经济与经济增长: 来自中国的经验证据 [J]. 世界经济, 2008 (3): 60 – 70.

[76] 赵春明, 魏浩. 金融危机影响中国外贸出口的传导机制及政策建议 [J]. 太平洋学报, 2010 (2): 75 – 83.

[77] 赵春燕, 王世平. 经济集聚对城市经济韧性的影响 [J]. 中南财经政法大学学报, 2021 (1): 102 – 114.

[78] Abdel – Rahman H. M., Anas A. Theories of Systems of Cities [J]. Handbook of Regional and Urban Economics, 2004 (4): 2293 – 2339.

[79] Arellano M., Bond S. Some Tests of Specification for Panel Data: Monte Carlo Evidence and An Application to Employment Equations [J]. The Review of Economic Studies, 1991, 58 (2): 277 – 297.

[80] Arzaghi M., Henderson J. V. Networking of Madison Avenue [J]. The Review of Economic Studies, 2008, 75 (4): 1011 – 1038.

[81] Au C. C., Henderson J. V. Are Chinese Cities Too Small? [J]. The Review of Economic Studies, 2006, 73 (3): 549 – 576.

[82] Bacolod M. , Blum B. S. , Strange W. C. Skills in the City [J]. Journal of Urban Economics, 2009, 65 (2): 136 – 153.

[83] Baldwin R. E. , Martin P. , Ottaviano G. I. P. Global Income Divergence, Trade, and Industrialization: the Geography of Growth Takeoffs [J]. Journal of Economic Growth, 2001, 6 (1): 5 – 37.

[84] Baldwin R. E. , Martin P. Agglomeration and Regional Growth [J]. Handbook of Regional and Urban Economics, 2004 (4): 2671 – 2711.

[85] Baldwin R. E. , Okubo T. Heterogeneous Firms, Agglomeration and Economic Geography: Spatial Selection and Sorting [J]. Journal of Economic Geography, 2006, 6 (3): 323 – 346.

[86] Balland P. A. , Boschma R. A. , Crespo J. , et al. Smart Specialization Policy in the European Union: Relatedness, Knowledge Complexity and Regional Diversification [J]. Regional Studies, 2019, 53 (9): 1252 – 1268.

[87] Behrens K. , Duranton G. and Robert – Nicoud F. Productive Cities: Sorting, Selection, and Agglomeration [J]. Journal of Political Economy, 2014, 122 (3): 507 – 553.

[88] Behrens K. , Gaigne C. , Ottaviano G. I. P. , et al. Countries, Regions and Trade: On the Welfare Impacts of Economic Integration [J]. European Economic Review, 2007, 51 (5): 1277 – 1301.

[89] Behrens K. , Robert – Nicoud F. Are Cities Too Small? Equilibrium and Optimal Urban Systems With Heterogeneous Land [R]. Working Paper, 2015.

[90] Bernstein J. R. , Weinstein D. E. Do Endowments Predict the Location of Production? Evidence from National and International Data [J]. Journal of International Economics, 2002, 56 (1): 55 – 76.

[91] Bernard A. B. , Jensen J. B. , Redding S. J. , et al. Firms in International Trade [J]. The Journal of Economic Perspectives, 2007, 21 (3): 105 – 130.

[92] Békés G. , Harasztosi P. Agglomeration Premium and Trading Activity of Firms [J]. Regional Science and Urban Economics, 2013, 43 (1):

51-64.

[93] Bishop P. Knowledge Diversity and Entrepreneurship Following an Economic Crisis: An Empirical Study of Regional Resilience in Great Britain [J]. Entrepreneurship and Regional Development an International Journal, 2019, 31 (5-6): 496-515.

[94] Black D., Henderson V. A Theory of Urban Growth [J]. Journal of Political Economy, 1999, 107 (2): 252-284.

[95] Blundell R., Bond S. Initial Conditions and Moment Restrictions in Dynamic Panel Data Models [J]. Journal of Econometrics, 1998, 87 (1): 115-143.

[96] Boschma R. Constructing Regional Advantage and Smart Specialisation: Comparison of Two European Policy Concepts [J]. Science Regional, 2014, 13 (1): 51-68.

[97] Boschma R., Hartog Matté. Merger and Acquisition Activity as Driver of Spatial Clustering: The Spatial Evolution of the Dutch Banking Industry, 1850-1993 [J]. Economic Geography, 2014, 90 (3): 247-266.

[98] Boschma R., Martin R. Editorial: Constructing an Evolutionary Economic Geography [J]. Journal of Economic Geography, 2007 (7): 537-548.

[99] Brakman S., Garretsen H., Marrewijk C. Regional Resilience Rcross Europe: On Urbanisation and the Initial Impact of the Great Recession [J]. Cambridge Journal of Regions Economy & Society, 2015, 8 (2): 309-312.

[100] Brakman S., Van Marrewijk C. Lumpy Countries, Urbanization and Trade [J]. Journal of International Economics, 2013, 89 (1): 252-261.

[101] Briguglio L., Cordina G., Farrugia N., et al. Conceptualizing and Measuring Economic Resilience [J]. Building the Economic Resilience of Small States, Malta: Islands and Small States Institute of the University of Malta and London: Commonwealth Secretariat, 2006 (1): 265-288.

[102] Bristow G., Healy A. Innovation and Regional Economic Resilience: An Exploratory Analysis [J]. The Annals of Regional Science, 2018,

60: 265 - 284.

[103] Brown L., Greenbaum R. T. The Role of Industrial Diversity in Economic Resilience: An Empirical Examination Across 35 Years [J]. Urban Studies, 2017, 54 (6): 1347 - 1366.

[104] Caro D. Recessions, Recoveries and Regional Resilience: Evidence on Italy [J]. Cambridge Journal of Regions Economy and Society, 2015, 8 (2): 273 - 291.

[105] Coe D. T., Helpman E. International R&D Spillovers [J]. European Economic Review, 1995, 39 (5): 859 - 887.

[106] Ciccone A. Agglomeration Effects in Europe [J]. European Economic Review, 2002, 46 (2): 213 - 227.

[107] Ciccone A., Hall R. Productivity and the Density of Economic Activity [J]. American Economic Review, 1996, 86 (1): 54 - 70.

[108] Combes P., Duranton G. Labour Pooling, Labour Poaching, and Spatial Clustering [J]. Regional Science and Urban Economics, 2006, 36 (1): 1 - 28.

[109] Combes P., Duranton G., Gobillon L. Spatial Wage Disparities: Sorting Matters! [J]. Journal of Urban Economics, 2008, 63 (2): 723 - 742.

[110] Combes P., Duranton G., Gobillon L., et al. Estimating Agglomeration Economies with History, Geology, and Worker Effects [M]. Agglomeration Economics, University of Chicago Press, 2010.

[111] Combes P., Duranton G., Gobillon L., Puga D. and Roux S. The Productivity Advantages of Large Cities: Distinguishing Agglomeration from Firm Selection [J]. Econometrica, 2012, 80 (6): 2543 - 2594.

[112] Combes P., Duranton G., Overman H. G. Agglomeration and the Adjustment of the Spatial Economy [J]. Papers in Regional Science, 2005, 84 (3): 311 - 349.

[113] Costinot A. An Elementary Theory of Comparative Advantage [J]. Econometrica, 2009, 77 (4): 1165 - 1192.

［114］Costinot A. , Vogel J. Matching and Inequality in the World Economy［J］. Journal of Political Economy, 2010, 118（4）: 747 - 786.

［115］Courant P. N. , Deardorff A. V. Amenities, Nontraded Goods, and the Trade of Lumpy Countries［J］. Journal of Urban Economics, 1993, 34（2）: 299 - 317.

［116］Cross R. , McNamara H. , Pokrovskii A. V. Memory of Recessions［J］. Journal of Post Keynesian Economics, 2012, 34（3）: 413 - 430.

［117］Cuadradoroura J. R. , Maroto A. Unbalanced Regional Resilience to the Economic Crisis in Spain: A Tale of Specialization and Productivity［J］. Cambridge Journal of Regions, Economy and Society, 2016, 9（1）: 153 - 178.

［118］Davies A. , Tonts M. Economic Diversity and Regional Socioeconomic Performance: An Empirical Analysis of The Western Australian Grain Belt［J］. Geographical Research, 2010, 48（3）: 223 - 234.

［119］Davis D. R. , Dingel J. I. The Comparative Advantage of Cities［R］. National Bureau of Economic Research, 2014.

［120］Davis D. R. , Weinstein D. E. Bones, Bombs, and Break Points: The Geography of Economic Activity［J］. The American Economic Review, 2002, 92（5）: 1269 - 1289.

［121］Dawley S. Creating New Paths? Offshore Wind, Policy Activism, and Peripheral Region Development［J］. Economic Geography, 2014, 90（1）: 91 - 112.

［122］Dekle R. , Eaton J. Agglomeration and Land Rents: Evidence From the Prefectures［J］. Journal of Urban Economics, 1999, 46（2）: 200 - 214.

［123］Desmet K. , Rossi - Hansberg E. Spatial Growth and Industry Age［J］. Journal of Economic Theory, 2009, 144（6）: 2477 - 2502.

［124］Diodato D. , Weterings A. The Resilience of Dutch Regions to Economic Shocks［J］. Measuring the Relevance of Interactions Among Firms and Workers, Utrecht University, Paper in Evolutionary Economic Geography, 2012.

[125] Di Caro P. Recessions, Recoveries and Regional Resilience: Evidence on Italy [J]. Cambridge Journal of Regions, Economy and Society, 2015, 8 (2): 273-291.

[126] Dixit A. K. The Optimum Factory Town [J]. Bell Journal of Economics, 1973, 4 (2): 637-654.

[127] Dixit A. K., Stiglitz J. E. Monopolistic Competition and Optimum Product Diversity [J]. American Economic Review, 1977, 67: 297-308.

[128] Doran J., Fingleton B. US Metropolitan Area Resilience: Insights from Dynamic Spatial Panel Estimation [J]. Environment and Planning, 2018, 50 (1): 111-132.

[129] Drobniak A. The Urban Resilience - Economic Perspective [J]. Journal of Economics & Management/University of Economics in Katowice, 2012 (10): 5-20.

[130] Duranton G. Viewpoint: From Cities to Productivity and Growth in Developing Countries [J]. Canadian Journal of Economics/Revue Canadienne D'économique, 2008, 41 (3): 689-736.

[131] Duranton G. Growing Through Cities in Developing Countries [J]. The World Bank Research Observer, 2015, 30 (1): 39-73.

[132] Duranton G., Kerr W. R. The Logic of Agglomeration [R]. National Bureau of Economic Research, 2015.

[133] Duranton G., Overman H. G. Testing for Localization Using Micro-Geographic Data [J]. The Review of Economic Studies, 2005, 72 (4): 1077-1106.

[134] Duranton G., Puga D. Nursery Cities: Urban Diversity, Process Innovation, and the Life Cycle of Products [J]. American Economic Review, 2001, 91 (5): 1454-1477.

[135] Duranton G., Puga D. Micro-foundations of Urban Agglomeration Economies [J]. Handbook of Regional and Urban Economics, 2004 (4): 2063-2117.

[136] Duval R., Elmeskov J., Vogel L. Structural Policies and Econom-

ic Resilience to Shocks [R]. OECD Publishing, 2007.

[137] Ellison G. , Glaeser E. L. , Kerr W. R. What Causes Industry Agglomeration? Evidence from Coagglomeration Patterns [J]. The American Economic Review, 2010, 100 (3): 1195-1213.

[138] Epifani P. Heckscher – Ohlin and Agglomeration [J]. Regional Science and Urban Economics, 2005, 35 (6): 645-657.

[139] Faggian A. , Gemmiti R. , Jaquet T. , Santini I. Regional Economic Resilience: the Experience of the Italian Local Labor Systems [J]. The Annals of Regional Science, 2018, 60: 393-410.

[140] Fallick B. , Fleischman C. A. , Rebitzer J. B. Job-hopping in Silicon Valley: Some Evidence Concerning the Microfoundations of a High – Technology Cluster [J]. The Review of Economics and Statistics, 2006, 88 (3): 472-481.

[141] Feder C. , Mustra V. Effects of Fiscal Consolidation On Regional Economics Resilience: Institutional Design Matters? [J]. Regional Science Inquiry, 2018, 10 (1): 37-45.

[142] Fingleton B. , Palombi S. Spatial Panel Data Estimation, Counterfactual Predictions, and Local Economic Resilience among British Towns and the Victorian Era [J]. Regional Science and Urban Economics, 2013, 43 (4): 649-660.

[143] Friedman M. The "Plucking Model" of Business Fluctuations Revisited [J]. Economic Inquiry, 1993, 31 (2): 171-177.

[144] Fujita M. , Krugman P. , Venables A. J. The Spatial Economics: Cities, Regions and International Trade [M]. Cambridge M. A. : MIT Press, 1999.

[145] Fujita M. , Ogawa H. Multiple Equilibria and Structural Transition of Non – monocentric Urban Configurations [J]. Regional Science and Urban Economics, 1982, 12 (2): 161-196.

[146] Fujita M. , Thisse J. F. Economics of Agglomeration: Cities, Industrial Locations, and Regional Growth [M]. Cambridge M. A. : Cambridge University Press, 2002: 169-216.

[147] Gerst J. , Doms M. E. , Daly M. C. Regional Growth and Resilience: Evidence from Urban IT Centers [J]. Economic Review, 2009 (1) 1 - 11.

[148] Giannakis E. , Bruggeman A. Determinants of Regional Resilience to Economic Crisis: A European Perspective [J]. European Planning Studies, 2017, 25 (8): 1394 - 1415.

[149] Glaeser E. L. Learning in Cities [J]. Journal of Urban Economics, 1999, 46 (2): 254 - 277.

[150] Glaeser E. L. Cities, Agglomeration and Spatial Equilibrium [M]. New York: Oxford University Press, 2008.

[151] Glaeser E. L. , Gottlieb J. D. The Wealth of Cities: Agglomeration Economies and Spatial Equilibrium in the United States [J]. Journal of Economic Literature, 2009, 47 (4): 983 - 1028.

[152] Glaeser E. L. , Kahn M. E. Sprawl and Urban Growth [J]. Handbook of Regional and Urban Economics, 2004 (4): 2481 - 2527.

[153] Glaeser E. L. , Kallal H. D. , Scheinkman J. A. , et al. Growth in Cities [J]. Journal of Political Economy, 1992, 100 (6): 1126 - 1152.

[154] Glaeser E. L. , Kerr S. P. , Kerr W. R. Entrepreneurship and Urban Growth: An Empirical Assessment with Historical Mines [J]. Review of Economics and Statistics, 2015, 97 (2): 498 - 520.

[155] Glaeser E. L. , Maré D. C. Cities and Skills [J]. Journal of Labor Economics, 2001, 19 (2) : 316 - 342.

[156] Glaeser E. L. , Saiz A. The Rise of the Skilled City [J]. Urban Affairs, 2004 (5): 47 - 105.

[157] Gong H. , Hassink R. Exploring the Clustering of Creative Industries [J]. European Planning Studies, 2017, 25 (4): 583 - 600.

[158] Grossman G. , E. Helpman. Innovation and Growth in the World Economy [M]. Cambridge M. A. : MIT Press, 1991.

[159] Helsley R. W. , Strange W. C. Matching and Agglomeration Economics in a System of Cities [J]. Regional Science and Urban Economics,

1990, 20 (2): 189 - 212.

[160] Helsley R. W., Strange W. C. Coagglomeration and the Scale and Composition of Clusters [J]. Journal of Political Economy, 2014, 122 (5): 1064 - 1093.

[161] Henderson J. V. The Sizes and Types of Cities [J]. The American Economic Review, 1974, 64 (4): 640 - 656.

[162] Henderson J. V. Systems of Cities in Closed and Open Economies [J]. Regional Science and Urban Economics, 1982, 12 (3): 325 - 350.

[163] Henderson J. V. The Urbanization Process and Economic Growth: The So-What Question [J]. Journal of Economic Growth, 2003, 8 (1) : 47 - 71.

[164] Henderson V., Kuncoro A., Turner M. Industrial Development in Cities [J]. Journal of Political Economy, 1995, 103 (5): 1067 - 1090.

[165] Hill E., St Clair T., Wial H., et al. Economic Shocks and Regional Economic Resilience [J]. Building Resilient Regions: Urban and Regional Policy and Its Effects, 2012 (4): 193 - 274.

[166] Hill E., Wial H., Wolman H. Exploring Regional Economic Resilience [R]. Working Paper, Institute of Urban and Regional Development, 2008.

[167] Holling C. S. Resilience and Stability of Ecological Systems [J]. Annual Review of Ecology and Systematics, 1973 (4): 1 - 23.

[168] Jacobs J. The Economy of Cities [M]. New York: Random House, 1969.

[169] Jacobs J. Cities and the Wealth of Nations [M]. New York: Random House, 1984.

[170] Kerr W. R., Kominers S. D. Agglomerative Forces and Cluster Shapes [J]. Review of Economics and Statistics, 2015, 97 (4): 877 - 899.

[171] Kim C. J., Nelson C. R. Friedman's Plucking Model of Business Fluctuations: Tests and Estimates of Permanent and Transitory Components [J]. Journal of Money, Credit and Banking, 1999, 31 (3): 317 - 334.

[172] Kitsos A., Carrascal - Incera A., Ortega - Argilés R. The Role of Embeddedness on Regional Economic Resilience: Evidence from the UK [J].

Sustainability, 2019, 11 (14): 1 – 19.

[173] Klepper S. The Origin and Growth of Industry Clusters: The Making of Silicon Valley and Detroit [J]. Journal of Urban Economics, 2010, 67 (1): 15 – 32.

[174] Krugman P. Increasing Returns and Economic Geography [J]. The Journal of Political Economy, 1991, 99 (3): 483 – 499.

[175] Krugman P., Venables A. J. Globalization and the Inequality of Nations [J]. The Quarterly Journal of Economics, 1995, 110 (4): 857 – 880.

[176] Lawless M. Deconstructing Gravity: Trade Costs and Extensive and Intensive Margins [J]. Canadian Journal of Economics, 2010, 43 (4): 1149 – 1172.

[177] Leamer E. E. Sources of International Comparative Advantage: Theory and Evidence [M]. Cambridge M. A.: MIT press, 1984.

[178] Li L., Zhang P., Lo K., et al. The Evolution of Regional Economic Resilience in the Old Industrial Bases in China: A Case Study of Liaoning Province, China [J]. Chinese Geographical Science, 2020, 30 (2): 1 – 12.

[179] Lucas R. E. On the Mechanics of Economic Development [J]. Journal of Monetary Economics, 1988, 22 (1): 3 – 42.

[180] Lucas R. E., Rossi – Hansberg E. On the Internal Structure of Cities [J]. Econometrica, 2002, 70 (4): 1445 – 1476.

[181] Levchenko A., L. Lewis, L. Tesar. The Collapse of International Trade During the 2008 – 2009 Crisis: In Search of the Smoking Gun [J]. IMF Economic Review, 2010, 58 (2): 214 – 253.

[182] Mankiw N. G., Romer D., Weil D. N. A Contribution to the Empirics of Economic Growth [J]. The Quarterly Journal of Economics, 1992, 107 (2): 407 – 437.

[183] Marshall A. Principles of Economics [M]. London, MacMillan, 1890.

[184] Martin R. Regional Economic Resilience, Hysteresis and Recession-

ary Shocks [J]. Journal of Economic Geography, 2012, 12 (1): 1 -32.

[185] Martin R. Roepke Lecture in Economic Geography—Rethinking Regional Path Dependence: Beyond Lock – in to Evolution [J]. Economic Geography, 2010, 86 (1): 1 -27.

[186] Martin R., Gardiner B. The Resilience of Cities to Economic Shocks: A Tale of Four Recessions [J]. Papers in Regional Science, 2019, 98 (4): 1801 -a1.

[187] Martin P., Mayer T., Mayneris F. Are Clusters More Resilient in Crises? Evidence from French Exporters in 2008 – 2009 [R]. CEPR Discussion Papers, 2016.

[188] Martin P., Ottaviano G. I. P. Growing Locations: Industry Location in a Model of Endogenous Growth [J]. European Economic Review, 1999, 43 (2): 281 -302.

[189] Martin R., Sunley P. Path Dependence and Regional Economic Evolution [J]. Journal of Economic Geography, 2006, 6 (4): 395 -437.

[190] Martin R., Sunley P. The New Economic Geography and Policy Relevance [J]. Journal of Economic Geography, 2010, 11 (2): 357 -369.

[191] Martin R., Sunley P. On the Notion of Regional Economic Resilience: Conceptualization and Explanation [J]. Journal of Economic Geography, 2015, 15 (1): 1 -42.

[192] Mayer T., Ottaviano G. I. P. The Happy Few: The Internationalisation of European Firms [J]. Intereconomics, 2008, 43 (3): 135 -148.

[193] Mayneris F., Mayer T., Martin P. Spatial Concentration and Firm – level Productivity in France [J]. Sciences Po Working Paper, 2008.

[194] Melitz M. J. The Impact of Trade on Intra – Industry Reallocations and Aggregate Industry Productivity [J]. Econometrica, 2003, 71 (6): 1695 -1725.

[195] Melitz M. J., Ottaviano G. I. P. Market Size, Trade, and Productivity [J]. The Review of Economic Studies, 2008, 75 (1): 295 -316.

[196] Mills E. S. An Aggregative Model of Resource Allocation in a Metropolitan Area [J]. American Economic Review, 1967, 57 (2): 197 -210.

［197］Muth R. Cities and Housing［M］. Chicago: University of Chicago Press, 1969.

［198］Nyström K. Regional Resilience to Displacements［J］. Regional Studies, 2018, 52（1）: 4 – 22.

［199］Ohlin B. Interregional and International Trade［M］. Cambridge: Harvard University Press, 1933.

［200］Ottaviano G. I. P. Agglomeration, Trade and Selection［J］. Regional Science and Urban Economics, 2012, 42（6）: 987 – 997.

［201］Ottaviano G. I. P, Tabuchi T. , Thisse J. F. Agglomeration and Trade Revisited［J］. International Economic Review, 2002, 43（2）: 409 – 436.

［202］Pendall R. , Foster K. A. , Cowell M. Resilience and Regions: Building Understanding of the Metaphor［J］. Cambridge Journal of Regions, Economy and Society, 2009, 3（1）: 71 – 84.

［203］Perrings C. Resilience and Sustainable Development［J］. Environment and Development Economics, 2006, 11（4）: 417 – 427.

［204］Pierre – Alexandre Balland, Ron Boschma, Joan Crespo, David L. Smart Specialization Policy in the European Union: Relatedness, Knowledge Complexity and Regional Diversification［J］. Regional Studies, 2019, 53（9）: 1252 – 1268.

［205］Pike A. , Dawley S. , Tomaney J. Resilience, Adaptation and Adaptability［J］. Cambridge Journal of Regions, Economy and Society, 2010, 3（1）: 59 – 70.

［206］Reggiani A. , de Graff T. , Nijkamp P. Resilience: An Evolutionary Approach to Spatial Economic Systems［J］. Networks and Spatial Economics, 2002（2）: 211 – 229.

［207］Rocchetta S. , Mina A. Technological Coherence and the Adaptive Resilience of Regional Economies［J］. Regional Studies, 2019, 53（10）: 1421 – 1434.

［208］Romer P. M. Endogenous Technological Change［J］. Journal of Political Economy, 1990, 98（5）: 71 – 102.

[209] Rose A. Economic Resilience to Disasters [R]. CARRI Research Report, 2009.

[210] Rose A., Liao S. Y. Modeling Regional Economic Resilience to Disasters: A Computable General Equilibrium Analysis of Water Service Disruptions [J]. Journal of Regional Science, 2005, 45 (1): 75 –112.

[211] Rosenthal S. S., Strange W. C. Evidence on the Nature and Sources of Agglomeration Economies [J]. Handbook of Regional and Urban Economics, 2004 (4): 2119 –2171.

[212] Setterfield M. Should Economists Dispense with the Notion of Equilibrium? [J]. Journal of Post Keynesian Economics, 1997, 20 (1): 47 –76.

[213] Simmie J., Martin R. The Economic Resilience of Regions: Towards an Evolutionary Approach [J]. Cambridge Journal of Regions, Economy and Society, 2010, 3 (1): 27 –43.

[214] Sveikauskas L. The Productivity of Cities [J]. The Quarterly Journal of Economics, 1975, 89 (3): 393 –413.

[215] Vale L. J., Campanella T. J. The Resilient City: How Modern Cities Recover from Disaster [M]. New York: Oxford University Press, 2005.

[216] Venables A. J. Productivity in Cities: Self – selection and Sorting [J]. Journal of Economic Geography, 2011, 11 (2): 241 –251.

[217] Walker B., Gunderson L., Kinzig A., et al. A Handful of Heuristics and Some Propositions for Understanding Resilience in Social –ecological Systems [J]. Ecology and Society, 2006, 11 (1): 13.

[218] Wall H. J. The Employment Cycles of Neighboring Cities [J]. Regional Science and Urban Economics, 2013, 43 (1): 177 –185.

[219] Yu H., Liu Y., Liu C., et al. Spatiotemporal Variation and Inequality in China's Economic Resilience across Cities and Urban Agglomerations [J]. Sustainability, 2018, 10 (12): 1 –19.

后　记

　　本书是在我的博士学位论文基础上修改完成的。本书的顺利完成得益于师长们的谆谆教诲和倾囊相授，得益于我对该研究领域锲而不舍的追踪和孜孜不倦的追求，得益于家人无微不至的关怀和竭尽全力的支持，得益于朋友们一如既往、坚定不移的帮助。在本书撰写期间，我既深深体会到了潜心研究时的孤独与艰辛，也享受着研究带来的欣喜与快乐。在本书付梓之际，特向给予我关怀、鼓励与帮助的老师、朋友和家人致以深深的谢意。

　　师从钱学锋教授，是我一生莫大的荣幸。本书的顺利完成，凝结了钱老师大量的心血和智慧，得到了钱老师高屋建瓴的悉心指导。钱老师深厚的理论水平、严谨的治学态度、敬业的工作精神以及朴素的生活作风，必将对我今后的学习、工作、生活产生深远的影响，并使我终生受益。任何语言都难以表达我内心对钱老师的崇敬与感激之情，唯有在今后学习、工作、生活中，倍加勤勉、努力，才能不负钱老师的期望和教诲。

　　感谢张建民教授、黄汉民教授、张华容教授、曹亮教授的无私教导与帮助。老师们不仅将国际贸易前沿知识倾心传授与我，并且，对本书的研究框架和研究思路等提出了宝贵的意见和建议。

　　感谢毛海涛、王备、蔡庸强、潘莹、王胜、张洁等师弟、师妹。学习中，与你们的讨论使我受益匪浅；生活中，大家互助友爱、亲如家人。感谢麦延厚、袁德胜、纪锐森、杨平丽、王晓轩、汪颖博等朋友，与你们一起品茶和讨论，实乃人生快意之事。

感谢我的家人，家人的关爱和鼓励是我强大的精神支柱。感谢父亲、母亲、岳父、岳母、兄弟姐妹一直以来对我学业的鼎力支持。特别要感谢我的爱人赵春燕博士长久以来对家庭默默的付出和无私的奉献。今年恰逢与爱人相识25周年，这么多年来，爱人始终与我同甘共苦，全力以赴支持我的工作、学习和生活，爱人的鼓励和支持是我不断追求上进的强大动力和精神支柱。感谢可爱懂事的儿子，儿子的健康、快乐成长带给我无尽的欢乐、喜悦和感动，也给我带来了不断前行的动力。感谢家人们对我的支持、理解和关心，我所有的成绩都源于你们长久的默默奉献和支持，在此，谨以此书献给我最爱的家人。

在本书的出版过程中，经济科学出版社的王柳松编辑对书稿的编辑加工付出了辛苦的劳动，在此表示深深的敬意和感谢！

由于本人知识的局限性，本书中难免有不足之处，欢迎读者朋友们批评、指正！

王世平

2021年6月